CONFÉRENCES ET LETTRES

DE

P. SAVORGNAN DE BRAZZA

ASNIÈRES. — IMPRIMERIE LOUIS BOYER ET Cⁱᵉ.

TEXTE PUBLIÉ ET COORDONNÉ PAR

NAPOLÉON NEY

CONFÉRENCES ET LETTRES

DE

P. SAVORGNAN DE BRAZZA

SUR SES

TROIS EXPLORATIONS DANS L'OUEST AFRICAIN

DE 1875 à 1886

OUVRAGE ILLUSTRÉ

De deux eaux-fortes et de dessins
exécutés d'après nature ou d'après les documents authentiques
ainsi que de cartes

PARIS

MAURICE DREYFOUS, ÉDITEUR

13, RUE DU FAUBOURG-MONTMARTRE, 13

—

1887

Droits de propriété et de traduction réservés

PRÉFACE

Ce livre avait d'abord été annoncé sous ce titre :

TROIS EXPLORATIONS DANS L'OUEST AFRICAIN
EFFECTUÉES DE 1876 A 1885
Par P. SAVORGNAN DE BRAZZA

Ouvrage illustré de deux eaux-fortes, de dessins et de croquis
exécutés d'après nature par Jacques de Brazza. Texte coordonné et mis en œuvre
Par NAPOLÉON NEY

M. Pierre de Brazza ayant craint que le public se méprît à cause du titre sur la nature du présent ouvrage, je l'ai, d'accord avec M. Dreyfous, modifié afin d'éviter tout malentendu.

Je me fais un vrai plaisir de dire ici que notre vaillant explorateur commencera bientôt dans le Tour du Monde *le récit de chacune de ses expéditions. Son œuvre définitive, absolument personnelle, formera ultérieurement trois forts volumes in-octavo qui seront successivement publiés par la Librairie Hachette.*

Il est bien entendu, que ce livre n'engage ni la responsabilité politique ni la responsabilité privée de M. de Brazza.

Les textes français et italiens des Conférences et des Lettres, etc., dans lesquelles Pierre de Brazza, mon ami depuis dix ans, a raconté ses voyages dans l'Ouest-Africain, ont été depuis longtemps publiés et réimprimés dans divers ouvrages. J'ai tiré de ces textes la matière de ce livre en me servant des textes mêmes; en en respectant la forme et, par conséquent, en conservant partout le « Je » dont s'est servi l'explorateur dans ses communications au public.

Pour atteindre un résultat meilleur, il m'est arrivé parfois de compléter les Conférences en y juxtaposant les détails intéressants empruntés à des communications faites aux Sociétés de géographie.

Il m'est, de même, arrivé — mais très rarement — de remplir par de petits raccords les intervalles qui existaient entre deux citations, lorsque cela était indispensable pour éviter des redites.

Afin de rendre la lecture plus facile à l'esprit et plus légère à l'œil, le texte provenant des Conférences a été découpé par moi en chapitres. J'ai écrit en tête de chacun de ces chapitres un sommaire qui le résume.

Voilà à proprement parler, ma seule copie.

La première partie intitulée : Conférence présente un tableau général de l'œuvre accomplie dans chaque exploration.

La deuxième partie contient les lettres adressées par M. de Brazza à sa famille.

Je crois payer une dette de reconnaissance en remerciant ici madame la Comtesse de Brazza, qui pour m'aider dans mon travail a eu l'obligeance de faire venir de Rome cette collection de lettres et de me la remettre.

Les conférences font connaître l'ensemble de l'exploration, les lettres disent la vie de l'explorateur. Elles ont un caractère primesautier, fiévreux et intime qui donne au panorama un peu sévère que forme le récit, une intensité de vie qui le transforme. Les Conférences sont le corps du livre ; les lettres en sont l'âme.

La correspondance qui a trait au troisième voyage émane pour la plus grande partie de M. Jacques de Brazza, frère de l'explorateur, et pour le reste, de M. A. Pecile, naturaliste attaché à la troisième mission. Elle est traduite des Bulletins de la Société de Géographie de Rome.

A la fin du volume figure une série de documents empruntés aux Archives publiques et aux notices publiées par les sociétés savantes. Elle complète les renseignements fournis par les premières parties du livre.

Mon travail, on le voit, est de bien mince importance. Mon but unique en l'accomplissant a été de montrer au public que si depuis dix ans il a accordé sa confiance à M. de Brazza, les résultats acquis prouvent aujourd'hui qu'il a eu raison de le faire.

Je ne veux pas terminer sans remercier M. Maurice Dreyfous du soin et de la conscience avec lesquels il a rassemblé tous les documents authentiques : gravures, dessins, eaux-fortes, etc. dont quelques-unes proviennent de M. Jacques de Brazza et qui lui ont permis de produire un ouvrage aussi bien illustré, et d'une exécution typographique aussi claire et aussi parfaite.

Napoléon NEY

ESCLAVES LIBÉRÉS, RAMENÉS A FRANCEVILLE A LA SUITE DU PREMIER VOYAGE.

CONFÉRENCES ET LETTRES

DE P. SAVORGNAN DE BRAZZA

SUR SES TROIS EXPLORATIONS DANS L'OUEST AFRICAIN

I

EXPLORATIONS DE 1875 A 1878

PREMIÈRE PARTIE

CONFÉRENCE

CHAPITRE PREMIER

En croisière sur les côtes d'Afrique. — A bord de *La Vénus*. — Projets d'exploration. — Voyage de MM. de Compiègne et Marche. — Le secret de l'Ogôoué. — A l'intérieur du continent mystérieux. — Insuccès des expéditions étrangères. — Ma lettre au ministre. — Plan du voyage. — Organisation de l'expédition. — Missions diverses.

En 1842, la France occupait, comme chacun sait, la côte abandonnée du Gabon, dans le but d'avoir un point de refuge et de ravitaillement destiné aux navires qu'elle envoyait croiser dans les eaux de l'Afrique occidentale pour empêcher la traite des nègres.

Dans ce temps, les géographes ignoraient presque encore

l'existence de l'Ogôoué. Bien que ce fleuve apportât à l'Atlantique méridional un tribut d'eau véritablement démesuré, il était, jusque dans ces temps derniers, demeuré inconnu à tous. La cause en était la multiplicité de ses embouchures dissimulées et perdues sur un long parcours de marais boisés aux émanations pestilentielles qui s'étendent de la baie de Nazareth jusqu'au cap Sainte-Catherine. De fait, les cartes suffisamment récentes ne portaient pas les traces de l'Ogôoué.

Le premier qui en soupçonna l'importance fut Du Chaillu quand, en 1862, il arriva à Ngunié, ayant suivi par voie de terre un des affluents de la rive gauche de l'Ogôoué. Mais l'honneur d'avoir signalé, sur cette côte perdue, l'existence du grand fleuve, de l'avoir, des premiers, remonté presque jusqu'au-dessus de l'immense Delta, cet honneur appartient à deux officiers de la marine française: MM. Serval et Grifon du Bellay. Plus tard, en 1867, M. Aynes le remonta jusqu'à l'affluent de Ngunié, et en 1873, M. Walker remontant le premier les rapides du fleuve, poussa ses reconnaissances jusqu'à Lopé, près des Okanda.

L'année suivante, MM. de Compiègne et Marche voulurent pénétrer plus avant, et montant des pirogues manœuvrées par les Okanda, ils arrivèrent jusqu'au confluent de l'Ivindo.

Mais là, au milieu de leurs plus belles espérances, au moment où ils voyaient s'étendre devant eux le fleuve aux eaux immenses, assaillis par une multitude d'Ossyeba (tribu belliqueuse et réputée anthropophage) armée de fusils à pierres et de zagaies, ils durent rétrograder précipitamment, entraînés par le courant et par l'épouvante des noirs de leur escorte qui s'étaient précipités sur leurs avirons. Ce désastre fut vivement déploré d'autant que, de cette façon, le problème des grandes lignes hydrographiques de l'Afrique restait irrésolu.

Presqu'en même temps enfin, Livingstone avait découvert

dans le cœur de l'Afrique un grand cours d'eau : le Lualaba qui, coulant du midi, se dirigeait vers le nord.

Deux solutions étaient en présence : le Lualaba se jetait-il dans les vastes lacs équatoriaux, donnait-il un débouché droit vers l'Atlantique; ou comment finissait-il? Tout cela était douteux, et l'opinion que l'Ogôoué devait son origine soit au Lualaba, soit aux lacs équatoriaux, était, jusqu'à ces temps derniers, des plus accréditée.

Pour résoudre cette question hardie, Cameron et Stanley

PAUL DU CHAILLU

étaient déjà partis de Zanzibar et on était sans nouvelles d'eux. Je présentai le projet d'une exploration de l'Ogôoué pour en démontrer l'importance comme route de communication vers les régions centrales de l'Afrique.

Attaché depuis deux ans à la station navale de l'Atlantique

sud, j'avais acquis pendant les loisirs de ma vie d'Afrique la conviction que l'Ogôoué, en amont des premiers rapides, était un fleuve très considérable et une voie de pénétration dans le continent mystérieux.

Le 23 juin 1874, embarqué sur la frégate *La Vénus*, j'adressai au ministre de la marine et des colonies qui était alors l'amiral de Montaignac une lettre datée du Gabon : « *A bord de la Vénus* », où je faisais part officiellement pour la première fois, à mes supérieurs hiérarchiques, de mon projet d'exploration de l'Ogôoué. Si le fleuve n'avait pas un parcours aussi considérable que je pensais, j'en serais quitte pour m'enfoncer vers l'est-nord-est. Et m'arrêtant chez les différentes peuplades, et apprenant peu à peu leur langue, je continuerais ma route à la recherche des lacs ou des fleuves, par où doit s'écouler la grande masse d'eau qui tombe sous l'équateur.

Le volume des eaux déversées par les lacs méridionaux qui donnent en effet naissance au Lualaba de Livingstone, est beaucoup trop considérable pour le débit du Nil supérieur. Ce débit devait, en effet, être double ou même triple de celui que les explorateurs avaient accusé. L'opinion que les eaux du Lualaba devaient trouver un écoulement vers l'Ouest et alimenter soit une grande mer extérieure, soit plutôt un des fleuves qui vont déboucher dans l'Atlantique, était généralement accréditée.

C'est cette opinion qui avait décidé les belles entreprises de Cameron et de Stanley à l'est et du côté de l'ouest, les entreprises plus laborieuses des Allemands vers le Congo, et du docteur autrichien Lenz sur l'Ogôoué.

Si le Congo, par son débit, pouvait en partie être considéré comme un déversoir des grands lacs équatoriaux, la situation australe de son embouchure, le grand nombre et l'importance de ses affluents déjà connus semblaient expliquer l'immense masse liquide qu'il verse dans l'Océan Atlantique.

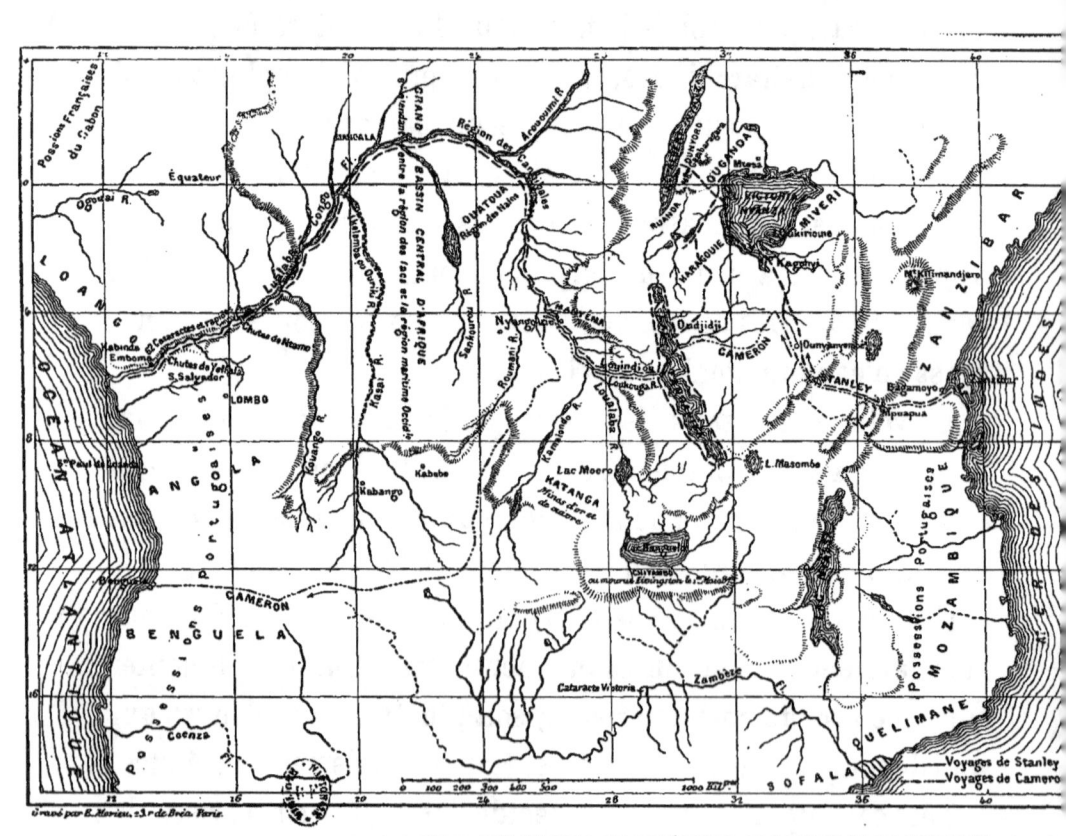

CARTE DU BASSIN DU CONGO, DRESSÉE EN 1877 (D'APRÈS LES ITINÉRAIRES DE STANLEY ET DE CAMERON).

L'Ogôoué, au contraire, donnait naissance, dans sa partie inférieure, à un grand nombre de lacs étendus et profonds. Et la plus grande quantité de ses eaux semblait se perdre dans le vaste promontoire de sable et de terrains alluvionnaires qui s'étend du Gabon au sud du cap Lopez. L'Ogôoué semblait donc

LE MARQUIS DE COMPIÈGNE

emprunter son cours, soit au Lualaba, soit à quelque branche détournée de ce grand fleuve.

Le voyage de MM. Compiègne et Marche n'avait pas été d'ailleurs sans fournir quelques résultats importants. En jetant un coup d'œil sur la carte de l'Afrique équatoriale publiée par le docteur Pétermann dans ses célèbres *Mitheilungen* en 1874, l'itinéraire de nos compatriotes, reproduit avec une parfaite bonne foi, du reste, par le géographe allemand, se prolonge dans l'intérieur des terres bien au-delà de celui des voyageurs anglais ou allemands.

En même temps que la modeste expédition entreprise aux frais d'un naturaliste français, M. Bouvier, trois expéditions avaient été organisées : une par l'Angleterre, celle de MM. Grandy, et deux par l'Allemagne, celle de MM. Bastian et Güssfelds. Bien que munie des plus larges ressources, elles échouèrent complétement pour des causes qu'il serait trop long d'énumérer ici. Pendant ce temps nos compatriotes, dit Malte-Brun dans son *Rapport annuel* à la Société géographique en 1875, « avaient planté le drapeau français au-delà des chutes de « Samba, » dans le pays des Iveia, où jamais blanc n'avait mis le pied. Ils s'étaient surtout conduits parmi ces tribus sauvages de manière à laisser des souvenirs d'humanité, de dignité et de bonne foi qui contribueront sans doute à bien faire recevoir le voyageur et surtout le voyageur français qui viendra derrière eux. »

L'amiral du Quilio, qui commandait la station de l'Atlantique sud, voulut se rendre compte par lui-même de l'importance de ce fleuve, et, accompagné de l'amiral Duperré, alors commandant *la Vénus*, et du docteur Gaigneron, il remonta jusqu'au confluent et là il conclut des traités avec Renoqué, chef des Inengas, et avec N'gombi, chef des Galois.

Dans la lettre que j'adressai au ministre, j'indiquais seulement les grandes lignes de mon projet. Je voulais d'abord être le seul blanc de l'expédition. Je compris vite que j'augmenterais de beaucoup les chances de réussite, si je pouvais m'adjoindre un autre blanc, deux tout au plus : blancs qui ayant déjà, comme moi, vécu sous un climat semblable, croiraient pouvoir résister aux fatigues de l'expédition. — C'est à la Pointe-Fétiche, où l'Okanda se jette dans l'Ogôoué, que devait réellement commencer l'expédition.

UN RAPIDE DE L'OGÔOUÉ

Dans ces pays malsains, parmi des peuples qui monopolisent la traite et qui doivent craindre de perdre le monopole de nos marchandises si les blancs remontent le fleuve, la prudence bien raisonnée consiste à s'enfoncer résolument dans l'intérieur en remontant le plus rapidement possible le cours du fleuve et en n'ayant, avec les villages riverains, que les relations strictement nécessaires.

Ma lettre se terminait ainsi :

« Je connais, monsieur le ministre, les dangers auxquels je m'expose. Et quoique ma santé pendant mon séjour sur la côte d'Afrique n'ait pas été altérée par les fatigues que, en prévision de cette expédition, je me suis imposées, je sais que la santé la plus robuste n'affronte pas impunément dans ces climats, des fatigues et des privations pareilles. Je sais aussi qu'il faut que je sois très heureux pour que le résultat que j'espère, vienne couronner mes efforts. Néanmoins, fermement décidé et avec un ardent désir de réussir, je l'entreprends et je n'aurai pas été inutile si l'Ogôoué a par moi sa première victime. Car un autre, plus heureux, reprendra la route que j'ai ouverte. »

Le rapport fait au ministre par le directeur du Dépôt des Cartes et plans de la marine à la suite de ma lettre concluait en faveur de mon projet. Je reçus l'ordre de fournir une esquisse plus étendue et mieux étudiée de l'expédition que je projetais. Cette note fut remise par moi à Paris le 14 décembre 1874.

J'exposai le plan général de mon voyage.

Il s'agissait d'abord de remonter le fleuve jusqu'à la Pointe Fétiche, au village de Lambaréné. Là se trouvait un vieux roi, Renoqué, qui, quoique aveugle, était le chef le plus influent du fleuve, et dont la puissance s'étendait jusqu'aux Okandas qui habitent la partie supérieure des rapides. Ces peuples ayant le plus grand intérêt à reprendre leurs relations commerciales avec le haut du fleuve accueilleraient certainement ma venue favorablement. Il est vrai que sur l'autre rive habitaient depuis peu les Ossyeba (tribu des Pahouins anthropophages) qui jouissent d'une fort mauvaise réputation.

Rien d'ailleurs, si ce n'est le goût de la chair humaine — et les nègres en général apprécient fort peu la chair du blanc — ne prouvait que les Ossyeba nous seraient hostiles. Un voyageur arrivant chez eux accompagné de deux Pahouins du Congo pour interprètes serait vraisemblablement bien accueilli, s'il apportait avec lui quelques cadeaux, et surtout s'il laissait entrevoir l'effet d'armes perfectionnées. Voudraient-ils même s'opposer à mon passage que leurs fusils à pierre, de peu de portée, chargés avec des fragments de métal, seraient impuissants à me créer de sérieux dangers.

Les Ossyebas une fois franchis je me trouverais chez les Aduma, peuplade amie des Okanda, qui, à partir de Lopé, fournissent les piroguiers. L'Ogôoué, dont les rapides cessent avant la rivière Ivindo, coule, autant qu'on peut le savoir, sans causer de nouvelles difficultés à la navigation.

Il était permis d'espérer que je pourrais, à l'aide du fleuve, m'avancer déjà fort loin dans l'intérieur. Dans les cas où les circonstances me rendraient possible, en quittant cette voie, de continuer à m'enfoncer par terre vers l'est, il va sans dire que mon intention était de poursuivre le voyage. Je me trouverais alors dans une contrée entièrement inconnue, dont les Anglais et les Allemands s'efforçaient à l'envi d'être les premiers explorateurs.

Il était à désirer que la France n'abandonnât pas à d'autres l'honneur de cette exploration, dont le point de départ est une terre française. Et j'avais le plus ferme espoir de mener à bonne fin une pareille entreprise.

L'aviso à vapeur le *Marabout* devait me conduire jusqu'à la Pointe-Fétiche. A partir de ce point, quatre grandes pirogues pouvant porter chacune vingt à vingt-quatre pagayeurs, m'étaient indispensables. Elles devaient être sans quilles et semblables à celles dont se servent les Galois et les Inengas pour remonter les rapides. Comme personnel : douze laptots bien choisis, parmi lesquels des hommes parlant les langues de l'inté-

M. ALFRED MARCHE

rieur. J'avais déjà fixé mon choix sur quatre : le gabonais Chilo, qui avait été chez les Okanda ; Shallon, pahouin, ancien domestique de M. Tinclair et enfin deux Pahouins du Congo parlant la langue m'ponguée. Mon matériel se composerait d'armes, d'instruments d'observation, d'armement, de munitions, de médicaments, de vivres.

Mon matériel se décomposait ainsi :

Armes. — Quatorze chassepots d'artillerie à cartouches

métalliques; quatre fusils de tirailleurs sénégalais; revolvers.

Instruments. — Deux sextans de poche; deux horizons à glace, à huile et à mercure; un cercle ; trois compas d'embarcation; trois compas de poche ; trois baromètres anéroïdes ; 4 thermomètres ; deux chronomètres

Armement. — Quatre grappins avec faux-bras; deux cents mètres de filin de petit diamètre; gaffes, marteaux, haches, scies, etc.

Campement. — Dix-sept couvertures de laine (couvertures d'équipage); 3 couvertures de laine (couvertures d'officier) ; dix-sept hâvre-sacs de soldat (construits avec soin); des caisses aménagées pour l'arrimage facile des objets à transporter; 8 barils, tortis, etc.

Munitions. — Cinq fusées de guerre dans une boîte étanche en plomb; vingt-quatre fusées de signaux par paquets de huit, dans trois boîtes étanches en plomb ; trois mille cartouches métalliques de chassepot, par paquet de deux cents, dans des boîtes étanches en plomb ; deux mille cartouches métalliques de chassepot pour exercer les laptots au tir avant le départ; cinq cents cartouches de revolver ; vingt kilogrammes de poudre à fusil.

Médicaments. — Sulfate de quinine, alcool et poudre de quinquina, arséniate de soude, émétique, sulfate de morphine, laudanum, rhubarbe, pilules de fer, nitrate d'argent, glycérine, acide phénique, extrait de saturne, camphre, sinapismes, toile à cataplasmes, taffetas gommé, agaric, charpie, bandes.

Vivres. — Biscuit, riz, café, sucre, sardines en daubage, eau-de-vie, vivres d'hôpital, chocolat.

J'emportais à titre de marchandises six cents kilogrammes de sel et quarante fusils à pierre destinés à être offerts en cadeaux, et des étoffes, verroteries, couteaux, rasoirs, fusils à pierre, objets qui en Afrique remplacent la monnaie et seuls donnent le moyen de capter l'amitié des chefs et d'acquérir d'eux les vivres nécessaires.

Pour collaborateurs dans cette entreprise ardue, on me donnait le docteur Ballay, médecin de la marine, M. Alfred Marche qui avait pris part à l'expédition précédente m'était adjoint en qualité de naturaliste, et le quartier-maître de marine Victor Hamon dont la robuste santé et l'habileté dans son métier devaient m'être du plus grand secours.

Notre escorte consistait en treize laptots marins mahométans noirs du Sénégal, dressés à l'exercice du chassepot et quatre Gabonais interprètes parmi lesquels un certain Cico, chrétien converti de la mission catholique, interprète et cuisinier de l'expédition ; ce dernier talent ne devant pas lui donner grand'chose à faire. A une subvention en marchandises et en armes fournies par le gouvernement français et par quelques sociétés scientifiques, j'avais pu ajouter quelques ressources à moi personnelles.

Après un an de préparatifs minutieux, tout le matériel, et les marchandises que nous devions emporter étaient prêts.

CHAPITRE II

Départ de Bordeaux (4 avril 1875). — Au Sénégal, puis au Gabon. — Dans l'Ogôoué — Lambaréné, point extrême des établissements européens. — Cupidité des indigènes. — Des pirogues et des porteurs. — Difficultés avec les Okota. — Le D' Ballay malade. — La fièvre (1876). — Chez les Apingis. — Naufrage dans les châlis. — Pillés. — Les Okanda. — Lopó quartier général. — Négociations. — Les malades évacués sur le Gabon. — Excursion chez les Fans cannibales, avec trois hommes. — Voyage très pénible. Souffrances et privations. — Loyauté de Zaburet. — Le D' Lenz. — Arrivée de MM. Ballay et Marche au pays des Sébés. — Très malade. — M. Marche à la rivière Lékélé. — 1877. Retenu à Lopé. — M. Marche malade rentre en Europe.

Partis de Bordeaux au mois d'août 1875, nous touchions le 4 septembre à Saint-Louis du Sénégal, où nous embarquions nos laptots, exercés depuis quelque temps au maniement des armes perfectionnées qu'on allait mettre entre leurs mains. Nous arrivâmes au Gabon le 20 octobre. Le vapeur français, le *Marabout*, commandé par M. le lieutenant de vaisseau le Troquer, nous transporta jusqu'à Lambaréné, point extrême des établissements européens.

A Lambaréné même, nous pûmes constater que les indigènes se montraient sinon hostiles, du moins peu empressés à nous être agréables. Nous ne pouvions nous passer de leur travail pour conduire nos pirogues, en raison de la grande quantité de marchandises que nous étions forcés d'emporter en Afrique. Partout où s'arrêtent les établissements européens, il est impossible de se procurer à prix d'or ou d'argent les objets et les aliments les plus indispensables, et tout se paye avec des étoffes, des verroteries, de la poudre, des armes ou autres produits d'échange auxquels les noirs attachent une valeur arbitraire et souvent variable suivant les pays.

Nous avions aussi à surmonter des difficultés d'un autre ordre. Les rives de l'Ogôoué sont peuplées de tribus différentes dont chacune a ses exigences et prétend rançonner

LE DOCTEUR LENZ

les blancs que la Providence lui envoie. En outre, ces tribus sont le plus souvent en querelle, sinon en guerre les unes avec les autres.

Ce ne fut donc pas sans peine que nous réussîmes à entrer en relation avec les premières peuplades sur le territoire desquelles nous allions passer. Ces négociations furent assez longues. Mais elles me permirent de faire l'acquisition de huit grandes pirogues et de louer les services d'une centaine d'indigènes.

Chez les Okota, où M. Marche avait pris les devants pour enrôler des pagayeurs, nouveaux déboires! Loin de se prêter à nos désirs, cette peuplade avait fait en sorte de déterminer la désertion des Bakalais que nous avions engagés.

Nous parvînmes assez rapidement jusqu'à Samquita, chez les Bakalais, mais avec le regret de laisser en arrière le docteur Ballay, qui payait alors son tribut aux premières fièvres.

Je parle ici une fois pour toutes de la fièvre, ce triste compagnon des voyageurs européens dans l'Afrique équatoriale. Depuis cette époque, en effet, nous eûmes constamment à lutter contre elle. Et il nous fallut un grand effort pour ne pas nous laisser décourager par l'affaiblissement et l'anémie, conséquences inévitables du mal. Au moment où j'allais marcher en avant avec les hommes restés fidèles, je fus moi-même atteint par la maladie et paralysé dans mes mouvements.

Ces événements se passaient dans les premières semaines de janvier 1876. Bientôt j'étais assez bien remis pour remonter les premiers rapides avec onze pirogues.

Il me fallut alors, pour la première fois, agir d'autorité sur un des chefs qui m'accompagnait et qui s'était approprié comme esclave une femme du pays que nous allions traverser. Comme il refusait de rendre cette femme à sa tribu et menaçait du couteau le laptot que j'avais chargé d'aller reprendre l'esclave, je lui fis enlever son poignard et lier les mains. Soit crainte, soit approbation tacite de ma conduite, la pirogue de ce chef fut dès lors celle dont j'eus le moins à me plaindre tant qu'elle marcha sous mes ordres.

Nous arrivâmes à la fin de janvier chez les Apingis, à l'endroit où le fleuve présente des rapides fort dangereux. L'inhabileté ou la mauvaise volonté des pagayeurs firent que sept pirogues chavirèrent. La perte qui en résulta nous semblait d'autant plus cruelle que nous étions au début de notre expédition. Les Apingis se trouvèrent à point sur le lieu du désastre pour piller un ballot de tabac et une grande partie de nos marchandises. Une perte plus grave encore fut celle de plusieurs instruments, dont les uns disparurent et les autres demeurèrent avariés.

Nous arrivâmes enfin vers le milieu de février à Lopé, village de la tribu des Okanda, situé à 9° 16 de longitude Est de Paris. Je résolus d'y établir mon quartier général, car il fallait, d'une part, entamer des négociations avec les riverains du cours supérieur, dont l'expédition précédente avait reçu un si mauvais accueil et, d'autre part, pourvoir au remplacement des marchandises perdues.

J'envoyai chercher le docteur Ballay, qui était resté malade à Samquita et le chargeai de ramener avec lui les marchandises qui nous faisaient défaut.

Au retour du docteur, les indigènes ne voulaient remonter le fleuve qu'à l'époque de la baisse des eaux, ce qui nous condamnait à une station forcée de plusieurs mois. Je profitai de ce temps d'arrêt pour renvoyer au Gabon un certain nombre d'hommes malades ou hors d'état de continuer la campagne. Le docteur Ballay les accompagna, avec la mission d'en engager d'autres.

J'étais pendant ce temps entré en relations avec les Fans Ossyeba qui avaient arrêté MM. Compiègne et Marche. Un de leurs chefs, Mamiaka, chez lequel j'étais allé plusieurs fois presque seul et sans escorte, se décida à me venir voir avec plusieurs de ses hommes et m'assura de ses bonnes intentions à notre égard. Il me fit faire, par terre, le difficile voyage des chutes de Booué, où j'entrai en rapport avec d'autres chefs; enfin il m'offrit de me faire conduire par son neveu Zaburet, jusqu'au pays des Aduma, inexploré jusqu'alors.

L'entreprise était périlleuse mais tentante. J'allais traverser le pays des Ossyeba ou Pahouins anthropophages qui avaient arrêté MM. Marche et de Compiègne. Je partis avec trois hommes d'escorte seulement, dont deux Sénégalais, et quelques Fans pour porter mes bagages. Ce voyage fut extrêmement pénible; nous eûmes à supporter des souffrances et des privations de toutes sortes et je fus forcé de laisser en arrière dans la forêt deux de mes hommes malades et incapables de me suivre; je revins les chercher ensuite.

A notre arrivée à Lopé, nous avions rencontré un explorateur autrichien, le docteur Lenz, envoyé par la Société de géographie allemande, il m'avait précédé de huit mois environ. Mais arrivé au seuil de la terre inconnue, il y fut arrêté, empêché dans sa marche en avant par les tribus Ossyeba. Après de vaines tentatives pour pénétrer dans l'intérieur, ce voyageur avait été rejeté d'une peuplade à l'autre sous divers prétextes. Depuis deux ans il déployait une énergie et une persistance extrêmes, mais sa santé et ses ressources commençaient à s'épuiser. Il fit cependant, à ce moment, une nouvelle tentative, vint par terre avec les Fans et me rejoignit au pays des Ossyeba. Nous marchâmes ensemble jusqu'au pays des Aduma, où je m'arrêtai, pendant qu'il poussait la reconnaissance du cours inconnu de l'Ogôoué jusqu'à la rivière Sébé. Ce fut son dernier effort, après lequel il rentra en Europe (1).

(1) L'honneur d'avoir les premiers exploré ce pays appartient aux Français. La lettre ci-dessous du Dr Ballay en fait foi.

Lopé, 21 juillet 1876.

M. le docteur Lenz, qui se trouvait ici depuis plus d'un an sans avoir trouvé le moyen d'avancer, profitant de la route que venait d'ouvrir M. de Brazza, suivait sa trace, à quelques jours de distance, et arrivait ainsi à rejoindre M. de Brazza au pays des Aduma. Pendant que M. de Brazza s'occupait de faire redescendre les Aduma pour chercher le matériel de l'expédition, le docteur Lenz

J'avais espéré faire descendre les Ossyeba et les Aduma jusqu'au pays des Okanda, mais je ne pus rien en obtenir. Ignorant ce que faisaient mes compagnons, surexcité par les mensonges, la fourberie et la duplicité des naturels, épuisé par cette longue marche à travers les terres, je me trouvai dans un état de santé tel que je crus ma dernière heure venue. Le docteur Ballay me prodigua tous ses soins, et me déposa au village de Gième, où je passai deux mois entre la vie et la mort.

Pour ne pas perdre tout ce temps d'inaction causée par ma maladie, MM. Ballay et Marche avaient pu remonter l'Ogôoué. Ils avaient trouvé le meilleur accueil sur toutes les rives habitées par les Fans qui leur avaient prêté aide à la chute de Booué, et dans plusieurs passages difficiles. Après avoir dépassé la rivière Ivindo, dernier point atteint sur le fleuve par la précédente expédition, ils me rejoignirent au pays des Ossyeba au moment où, épuisé, je descendais chercher leurs soins.

Je remis alors le commandement de l'expédition au docteur Ballay, fortement affaibli lui-même par des accès de fièvre violents et répétés. Je chargeai M. Marche de pousser une reconnaissance au-delà du point atteint par le docteur Lenz. Il parvint ainsi au confluent de la rivière Lékélé, au village M'poco où il arriva en septembre 1876, augmentant de soixante-quinze kilomètres nos connaissances sur le cours supérieur de l'Ogôoué.

---

s'avançait à trois journées de pirogue au-delà du point atteint par M. de Brazza mais dans un pays qui ne présentait aucune difficulté. Le docteur Lenz est de retour et rentre au Gabon...

J'ai tenu, commandant, à vous rendre compte de ces faits immédiatement, et sans attendre le retour de M. de Brazza, afin que le mérite d'avoir franchi le premier le passage difficile revînt à qui de droit. Et le mérite revient à M. de Brazza et à lui seul.

Je suis, etc.

BALLAY.
(Lettre du docteur Ballay au Commandant Supérieur du Gabon)

Malheureusement il avait fallu laisser en arrière une certaine quantité de marchandises sous la garde du quartier-maitre Hamon et de quelques hommes; aussi, dès que je fus un peu remis de ma maladie, je redescendis au quartier général de Lopé pour y chercher un dernier ravitaillement.

Au mois d'avril 1877, j'étais de nouveau revenu à Dumé avec tout le personnel de l'expédition. Nous eûmes, à ce moment-là, le regret de nous séparer de M. Marche, que l'état de sa santé rappela en Europe.

CHAPITRE III

Seconde partie du voyage. — Dans l'inconnu. Où vais-je? — Infructueux palabre avec les Aduma. — Un grand féticheur soudoyé : opportune malédiction du Bas-Fleuve. — La petite vérole. — « Les caisses de maladie ». — Ballay grand féticheur. — Départ de chez les Aduma. — Les bonnes caisses. — Naufrages successifs. — Je perds mes instruments. — Nouveau quartier général aux chutes Poubara (confluent de l'Ogôoué, résolu. — Le pavillon français connu et respecté dans l'intérieur de l'Afrique. — L'Afrique inconnue. — Le secret de l'Est. — Plus de porteurs.

Nous allions entreprendre la seconde partie, la plus fatigante, de cette campagne dans des conditions fort peu encourageantes, sans communication avec la côte, par conséquent avec les pays civilisés; affaiblis par diverses épreuves, mais soutenus par le désir de mener à bonne fin la reconnaissance géographique de l'Ogôoué, et désireux de ne revenir en Europe qu'avec un résultat satisfaisant.

La chute de Pubara dont nous avons entendu parler par les Adumas, fut désignée comme poste du nouveau quartier général et le docteur Ballay et le quartier-maître m'y précédèrent avec toutes les marchandises; ils y arrivèrent en juillet 1877. Quant à moi, je n'y vins que plus tard, et seulement lorsque je sus qu'ils y étaient arrivés.

Les difficultés de tout genre suscitées par la vanité, l'obstination, la mauvaise foi, la cupidité des Aduma, qui cherchaient chaque prétexte pour conserver nos marchandises sur leur territoire, ces difficultés, dis-je, furent telles et si nombreuses que nous désespérions presque de pouvoir les surmonter.

Nous pûmes triompher de cette difficulté en gagnant le grand féticheur à prix d'or, c'est-à-dire en sacrifiant un fort lot de marchandises et en lui faisant lancer une sorte d'interdit sur le cours en aval du fleuve, et menacer des malheurs les plus horribles les audacieuses pirogues qui oseraient descendre l'Ogôoué.

Chez ces peuples superstitieux, la résistance ouverte ou dissimulée aux féticheurs serait non seulement pour le coupable, mais pour la tribu tout entière, l'origine des plus épouvantables désastres.

Pour partir nous eûmes recours à la ruse.

Un certain nombre de caisses vides qui, soigneusement fermées et chargées d'objets sans valeur, paraissaient constituer le plus net de notre capital furent placées en évidence.

Lorsque l'heure du départ fut arrivée, le docteur Ballay et le quartier-maître Hamon chargèrent les bonnes caisses sur les pirogues et remontèrent le fleuve. Pour n'éveiller aucune défiance, je restai au quartier général avec quelques-uns de mes laptots.

Quand les Adumas rentrèrent dans leur pays, je leur fis voir les caisses vides et leur annonçai que j'allais partir à mon tour, mais aucun d'eux ne voulut m'accompagner. Je dus donc m'embarquer avec mes laptots pour aller rejoindre mes compagnons. C'était une tentative assez périlleuse, car la partie de l'Ogôoué que nous avions à remonter est semée de rapides et mes hommes n'étaient pas habitués à cette navigation. Mais, en somme, nous ne risquions guère que notre peau. Il est vrai qu'elle fut soumise à de rudes épreuves, car notre inexpérience nous fit chavirer à maintes et maintes reprises. J'y perdis ma meilleure boussole, mon chronomètre et mon sextant qui furent avariés. Cependant, après une succession de bains

TYPES DE BAKALAIS (D'APRÈS UNE PHOTOGRAPHIE DE 1876).

forcés, de heurts et de mésaventures de tout genre, nous parvinmes à rejoindre nos compagnons et leur précieux chargement.

M. Ballay avait établi le nouveau quartier général aux chutes Poubara, dans le pays des Avumbo. Là, le fleuve se divise en deux branches, l'Ogôoué, que les indigènes appellent Rebagni, et la rivière Passa. Les deux cours d'eau, interrompus par des chutes et des rapides rapprochés, ont perdu leur importance et ne servent plus de voie de communication. C'est à peine si l'on y voit encore quelques pirogues petites et mal faites, qui ne servent d'ailleurs qu'à traverser d'une rive à l'autre. La rivière Passa et l'Ogôoué diminuent rapidement d'importance et peuvent bientôt être franchis à gué.

Dans cette partie du haut fleuve, les peuplades riveraines sont assez nombreuses et embrouillées.

Les Okota, les Sciache, les Auangi, les Scébé, les Obamba se succèdent à brève distance ; après viennent les Odimbo dont l'arme favorite est l'arc court avec lequel ils lancent de petites flèches dout la pointe est empoisonnée et faite de façon à rester dans la blessure.

Les Avumbo occupent ensuite le pays qui s'étend au nord des chutes du Pubara et du fleuve Passa. Ce dernier fleuve forme la limite de leur territoire avec les Batékés à l'est et au nord avec les Umbétés, peuple belliqueux qui, à mon avis, est à l'est, et, sous peu, au nord, destiné à occuper toute la rive gauche de l'Ogôoué de Pubara jusqu'à Dumé. Quelques villages Indumbo sont au-delà du fleuve Passa sur un chemin de collines.

Je fus bien surpris un soir que je devais aller faire visite à quelques chefs Indumbo, de trouver devant moi un pont suspendu grandiose fabriqué seulement avec des cordes faites par des lianes qui joignaient les deux rives du Passa.

Le poids de quelques hommes qui étaient au milieu du pont pour attendre mon arrivée lui imprimait une légère courbure et le pont décrivait sur l'horizon une ligne presque droite, ou plutôt convexe.

Les femmes des Avumbo s'occupent de la pêche et sont célèbres par leur manière spéciale de préparer le manioc en lui faisant subir une double cuisson. Les hommes, en outre, sont fort experts dans le travail du fer, ils en recueillent le minerai dans leur ruisseau et en extraient le métal d'après la méthode catalane. Ils le réduisent ensuite en barres du poids d'un kilo; ces barres sont un objet de commerce et d'échange avec les tribus voisines. Ils ont des marteaux et des enclumes avec lesquels ils fabriquent des couteaux et des armes de formes variées. A Pubara, le fleuve se divise en deux bras : l'Ogôoué proprement dit, que les indigènes appellent aussi Rebagny, et le Passa déjà nommé; ces deux cours d'eau cessent vite d'être navigables et perdent ainsi leur importance pratique. La cascade que forme l'Ogôoué à Pubara se précipitant d'une hauteur de plus de 20 mètres est assez pittoresque. Le Passa en forme une semblable à trois jours environ de son embouchure où il court, encaissé entre des rochers qui semblent des murailles verticales; tous les ruisseaux qui y jettent leurs eaux en forment autant de chutes d'une hauteur qui varie de 15 à 20 mètres. Cette cascade du Passa, que les indigènes n'appellent pas d'un nom spécial, je l'appelai moi Cascade Montaignac, payant ainsi un petit tribut de reconnaissance à l'illustre amiral qui m'avait mis à la tête de cette expédition.

Du sommet du Passa et de l'Ogôoué me fut indiquée la chaîne de montagnes qui se dirige vers le sud et dont le versant occidental porte les eaux à l'Atlantique vers le côté de Mayombé.

L'Ogôoué n'avait plus de secrets pour nous. Il était clair maintenant que son cours d'importance secondaire, ne constituait pas une route directe pour le centre du continent africain. La mission de l'Ogôoué ne put nous donner satisfaction par ce fleuve qui avait si longtemps trompé nos espérances. Mais notre tâche n'était point finie. Notre objectif fut alors de nous avancer vers l'Est et de tenter de soulever le voile sous lequel se cachait l'immense contrée inconnue qui nous séparait des régions du Haut-Nil et du Tanganika, où nous croyions concentrés les efforts de Stanley et de Cameron.

Maintenant, il nous fallait nous frayer une route par terre et transporter nos bagages à dos d'hommes. Comment se procurer des porteurs dans un pays où il n'y en a pas?

CHAPITRE IV

Difficultés inouïes pour les porteurs. — Emploi des esclaves futurs affranchis. — L'odieux esclavage. — Au pays de Batékés. — Le domaine du lion. — Sans chaussures. — Nous marcherons pieds nus ! — En danger. — Nos Batékés révoltés. — Hostilité croissante. — Dispositions suprêmes. — Une Sainte-Barbe. — Prêts à sauter. — Fétiche ! — Sauvés. — L'Alima. — Le sel du Soudan. — Vais-je au Ouaday ?

Les nombreuses tribus, avec lesquelles nous étions entrés en contact, étaient alors en guerre entre elles ; et notre quartier général de Masciogo était un point neutre où se rencontraient souvent les chefs des peuplades en guerre.

Quel chemin prendre sans une route tracée, sans un fil pour se guider dans ce labyrinthe de peuples insoumis, sans la connaissance du pays qui nous entourait.

Comment trouver les ressources nécessaires au ravitaillement que nous devions tripler et, en même temps, fallait-il prendre la voie de terre et transporter nos ballots à dos d'homme ? Le docteur Ballay avait dû réduire notre bagage à quatre-vingts caisses.

C'est à droite et à gauche qu'il fallait aller raccoler un à un des hommes qui, une fois le paiement reçu, abandonnaient le plus souvent leur fardeau à moitié chemin. Pour comble d'exaspération, nous constatâmes, une fois le transport terminé, que plusieurs de nos caisses avaient été ouvertes et en partie dévalisées.

Réduits à d'aussi tristes moyens d'action, nous étions dans l'impossibilité d'avancer. Nous allions, en effet, traverser l'étendue pays qui sépare les peuplades de l'Ogôoué de celles de de l'est. Or, les unes et les autres se livraient une guerre acharnée, et personne n'aurait voulu me suivre sur ce terrain qui venait d'être dévasté par des combats continuels. Les gens de notre escorte eux-mêmes, épouvantés de quitter le fleuve qui devait les ramener dans leur pays, nous créaient par leur résistance passive les plus sérieuses difficultés.

Il nous restait une dernière ressource : celle d'employer des esclaves comme porteurs. J'avais déjà essayé, l'année précédente, d'utiliser des esclaves comme interprètes ; mais l'essai n'avait point réussi. A peine rentraient-ils dans leur pays qu'ils me quittaient, usant de la liberté que je leur avais donnée dès l'origine, pour aller retrouver ceux qui les avaient déjà vendus et qui les revendraient encore. Nous avons vu même l'un d'eux mettre presque immédiatement la bûche de l'esclavage aux pieds de son compagnon de liberté.

Pénétrant dans les montagnes sablonneuses et nues qui limitent à l'est le bassin de l'Ogôoué, nous arrivâmes fin mars 1878, dans la région de Batékés dont la population, aussi bien que la nature du sol, diffère entièrement des peuplades et des régions que nous avions parcourues jusqu'alors.

Dans la région boisée et fertile, mais malsaine que nous venions de traverser, nous avions trouvé une abondance relative de vivres.

Le pays de Batékés, au contraire, dans lequel nous allions nous engager, nous était dépeint sous les couleurs les plus sombres, comme peuplé par des hommes adonnés à la guerre et au pillage pays; dénué de vivres et présentant, par conséquent, les plus grandes difficultés de ravitaillement pour un personnel que nous avions triplé.

J'avais d'ailleurs pu vérifier une partie de ces dires dans deux reconnaissances qui avaient pour but de déterminer la route à faire suivre à notre caravane. Le pays se présentait, en effet, sous la forme d'un désert, avec le sable pour sol, creusé par endroits de gorges profondes d'où émergent des roches granitiques. J'y pus relever des traces du passage du lion, dont le domaine semblait succéder à celui de l'éléphant et du gorille qui habitent le bassin de l'Ogôoué.

Depuis quelque temps déjà, nous venions d'éprouver une cruelle déception. La caisse en fer blanc soudée qui renfermait les provisions de chaussures et que nous croyions parfaitement étanche s'était remplie d'eau dès les premiers naufrages que nous avions essuyé sur l'Ogôoué. Lorsque nous l'ouvrîmes à Pubara, son contenu était entièrement hors de service, en sorte qu'après avoir laissé sur la route les lambeaux de nos vieilles chaussures nous en fûmes réduits à marcher pieds nus. Ce mode de locomotion, qui semble si naturel chez les noirs, était très dur pour nous; cependant, il fallut nous y résigner pendant près de sept mois. Nous commencions à nous y faire lorsque nos vêtements en lambeaux laissèrent nos jambes exposées aux atteintes des broussailles et des buissons épineux.

La saison des pluies n'était pas encore terminée, qu'impatients de continuer notre voyage, nous nous mettions en route sans avoir souci des ondées qu'un ciel inclément versait chaque soir sur nos corps fatigués.

Dès lors la marche devint plus rapide; en vingt jours nous traversâmes le pays des Umbétés pour entrer dans celui des Batékés où, de nouveaux porteurs libres s'étant offerts, nous eûmes une dernière fois la naïveté d'accepter leurs services.

La leçon devait être décisive.

Comme M. Ballay était resté en arrière avec nos porteurs

spéciaux, les Batékés au nombre de cinquante jetèrent à un moment donné leurs fardeaux à terre et nous entourèrent en nous menaçant de leurs sagaies. Un instant de faiblesse eût tout perdu, car ces gens-là n'attendaient que l'occasion de piller les bagages; heureusement la fermeté de notre contenance les tint en respect,

Ils se décidèrent à reprendre leurs bagages, mais à contre-

UNE CATARACTE DE LA RIVIÈRE PASSA.

cœur. Et en raison de leur mécontentement qui pouvait donner naissance à une nouvelle algarade, je les arrêtai dans le premier village que nous rencontrâmes. Ce village était situé sur les bords d'un ruisseau qui devint ensuite la rivière N'coni.

Croyant les gens du village animés de bonnes intentions, je renvoyai Hamon à M. Ballay pour lui indiquer la route la plus courte par laquelle il devait me rejoindre.

Après le départ d'Hamon, des grands attroupements formés des gens du village et de ceux des villages voisins commencèrent à m'entourer avec des démonstrations peu pacifiques. Resté seul avec trois hommes sur le courage desquels je pouvais compter, je dus prendre des mesures pour préserver les marchandises dont j'avais la garde.

Heureusement ces faits s'étaient produits à la chute du jour, après avoir fait une sorte de retranchement à l'aide de mes caisses à bagage, je voulus au moins être prêt pour une attaque de nuit et j'enterrai en avant de la position une caisse de poudre à laquelle il me serait facile de mettre le feu.

Cette opération nocturne, entourée des précautions que réclamait la circonstance, eut un tout autre effet que celui que j'avais imaginé. Les Batékés, d'abord intrigués de mes allures, puis croyant que je me livrais à quelque exorcisme, furent tout à coup saisis d'une frayeur superstitieuse. Le mot de « Fétiche » ayant été prononcé, tous mes maraudeurs se reculèrent le plus loin possible de l'endroit où j'étais et finirent par me laisser en paix.

Cependant le nombre des porteurs réguliers était insuffisant ; il fallait faire trois voyages pour un, c'est-à-dire ne transporter à la fois que le tiers des marchandises. On arrivait cependant, non sans peine, à faire deux étapes en cinq jours.

En cheminant de la sorte, nous atteignîmes une petite rivière appelée par les indigènes N'gambo ; puis deux autres, la N'guéré et M'pama. Toutes trois forment l'Alima. Ses eaux sont extrêmement limpides, et le sable de son lit s'aperçoit fort bien à une profondeur de quatre hommes ; de largeur ordinaire, il est cependant difficile à traverser à cause de sa profondeur et de la nature de ses rives marécageuses, couvertes d'une végétation tropicale, formée de palmiers, de bambous qui font deux haies tellement touffues qu'elles barrent le passage.

Nous pensions alors que l'Alima nous conduirait vers quelque grand lac intérieur au Sud du Soudan.

Par un chef d'un village Obambo, vieillard sympathique à longue barbe, venu à notre rencontre la pipe à la bouche, nous pûmes avoir de précieux renseignements.

A quelque distance de nous, vers l'est, coulait un fleuve considérable qui, du Sud-Sud-Est, se dirigeait vers l'Est-Nord-Est. De nombreuses pirogues y naviguaient, et les peuplades des régions lointaines venaient chercher du manioc chez les riverains, apportant en échange du poisson fumé.

Ils montraient un sel noir dont ils font usage, qui selon moi ne pouvait venir que des lacs salés du centre, soupçonnés par Nachtigal et Piaggia, desquels ce fleuve, l'Alima, semblait devoir être tributaire. Cette opinion s'affirmait d'après les indications qu'ils nous donnaient d'énormes espaces d'eau sans fin, et qui pour nous étaient les grands lacs.

La guerre et la mauvaise récolte du manioc rendaient dans cette région les amis très rares et la faim était notre constante compagne de voyage; à peine 250 grammes de manioc par jour pour chacun de nos hommes et nous fûmes vite forcés de manger des feuilles d'ananas et, foulant aux pieds les préjugés européens, de manger également des fourmis blanches, des chenilles et des sauterelles confites dans l'huile de palme; la première répulsion vaincue, je trouvai les insectes fort mangeables.

CHAPITRE V

Dénués de tout. — Faut-il retourner en arrière? — Je tiens conseil. — Unanimes. — En avant vers l'inconnu! — Renseignements précieux. — Le peuple Apfourou. — Premiers campements. — Effroi de ce peuple. — Les Apfourou apprivoisés. — Achat de pirogues. — L'industrieux quartier-maître Hamon. — Sur le fleuve. — La guerre! — Coups de fusil. — Bloqués dans la passe. — Branle-bas de combat.

L'Alima nous offrait une occasion beaucoup trop favorable de continuer notre route vers l'Est, pour qu'il nous fût permis de la négliger.

Mais notre situation donnait à réfléchir. Ce n'était pas impunément que nous venions de passer plus de deux ans en Afrique; notre santé était délabrée et nous manquions de tout, même de cartouches, que nous commencions à ménager.

Où nous conduirait ce fleuve qui semblait ne pas devoir déboucher à la mer? Avec nos ressources épuisées et notre rudiment d'escorte, comment nous dégager des contrées où l'Alima allait nous enfermer?

Je ne me reconnus pas le droit d'entraîner, sans leur consentement, mes compagnons de route dans une entreprise aussi téméraire. Je les consultai et retrouvai en eux cette énergie et cette abnégation qui ne se sont pas démenties un seul instant dans toutes nos épreuves.

La route qui nous était ouverte allait nous entraîner au centre du continent inconnu. Nous nous résolûmes à tenter l'aventure, et à marcher devant nous, cherchant une issue vers l'Est, sans songer un seul instant à revenir sur nos pas.

Les Batékés peu à peu s'étaient humanisés en constatant que nos relations étaient fort amicales et surtout accompagnées de grandes générosités. Bientôt ils devinrent nos amis et nous donnèrent des renseignements précieux sur les populations de l'Alima.

On y trouve, disaient-ils, les établissements d'un peuple qui habite à l'extrémité de la rivière, au point où elle se jette dans une plus grande, où l'on peut naviguer pendant des mois entiers. Ce peuple s'appelle Apfourou. Il vient dans le haut de l'Alima pour amener du manioc et de l'ivoire, en retour desquels il se procure de la poudre, des armes et des pagnes blancs. Mais comme ici il n'est pas établi à demeure et comme il s'est approprié, en vertu du droit du plus fort, la possession du cours navigable de l'Alima, il abuse souvent de sa supériorité pour extorquer les pauvres gens avec lesquels il trafique. C'est ainsi qu'il avait réduit cette année le pays à la famine en lui enlevant toutes ses provisions. C'eût été une bénédiction que des blancs pussent attaquer les Apfourou et les réduire à la raison.

Nous étions bien loin d'entrer dans les vues des Batékés; nous voulions nous appliquer, au contraire, à nouer avec les Apfourou des relations amicales et à gagner leurs bonnes grâces, comme nous l'avions fait pour les Fans.

Je commençai donc à suivre le cours de l'Alima, jusqu'à ce qu'il me fût permis d'entrer en relation avec un établissement d'Apfourou. Le premier campement que nous aperçûmes sur le rivage s'était en quelque sorte vidé comme par enchantement.

J'examinai alors le campement ; tout indiquait les préparatifs d'un départ précipité, causé sans doute par notre approche.

Deux pirogues étaient accostées à la rive et on y avait entassé en désordre les objets les plus précieux.

Pour témoigner de la loyauté de mes intentions, je pris du tabac et quelque peu d'aliments, à la place desquels je posai des marchandises pour une valeur dix fois supérieure, et je me retirai.

On m'observait, sans doute, car lorsque nous arrivâmes à un autre campement, les Apfourou manifestèrent moins d'effroi et nous pûmes peu à peu entrer en pourparlers avec ces hommes méfiants.

Le lendemain, je fus rassuré sur les intentions des Apfourou. Ils nous proposèrent l'acquisition d'une nouvelle pirogue, ce qui porta à huit le nombre des embarcations dont nous pouvions disposer. Il est vrai que plusieurs d'entre elles étaient en mauvais état, mais notre industrieux quartier-maître, dont l'esprit inventif et l'adresse naturelle suppléaient à tout, trouva le moyen de les radouber avec de la gomme copal qu'il fallut faire fondre et dont l'emploi nous valut de cuisantes brûlures aux mains et aux pieds.

Nous embarquâmes donc nos bagages, notre escorte et nos porteurs, enchantés à la seule idée de faire en quelques jours plus de chemin que nous n'en avions fait depuis trois mois, mais nous ne tardâmes pas à voir se dissiper nos illusions. Les Apfourou n'entendaient pas qu'on naviguât sur leurs eaux, surtout avec des marchandises. Les noirs sont, en effet, les commerçants les plus défiants et les plus impitoyables que je connaisse. Nous nous engagions d'ailleurs dans cette région inhospitalière où Stanley avait dû livrer tant de combats.

Les Batékés venaient nous donner à chaque instant des renseignements sur les allures des Apfourou qui, disaient-ils, voulaient s'opposer à notre descente dans leur pays où l'Alima devait nous mener.

Ils avaient abandonné une partie de leur campement pour se concentrer sur ceux qui étaient situés dans des positions stratégiques plus avantageuses, afin de nous barrer le passage. L'indice le plus manifeste de leur résolution d'entrer en guerre était le renvoi de leurs femmes et de leurs enfants qu'ils avaient mis à l'abri dans leur pays.

Nous persistions cependant, dans l'espoir que notre attitude inoffensive et nos dispositions pacifiques conjureraient au dernier moment les dispositions hostiles des Apfourou.

Le 2 juillet 1878, embarqués sur huit pirogues, nous commençâmes à effectuer la descente. Le premier village Apfourou nous laissa passer sans nous inquiéter. Cette tolérance provenait-elle d'un revirement d'idées ou de la surprise causée par la rapidité de notre marche? Notre incertitude cessa bientôt, car le cri de guerre retentit et plusieurs pirogues se mirent à notre poursuite sans toutefois se rapprocher de nous. Mais, quand nous découvrîmes dans le lointain un nouveau village, les cris des pagayeurs qui nous suivaient redoublèrent d'intensité. On leur répondait des villages devant lesquels nous allions passer et où l'on se préparait à nous accueillir à coups de fusils.

Il ne pouvait nous rester aucun doute et nos porteurs ne s'y trompaient pas. Ils abandonnaient leurs pagaies pour se blottir au fond des pirogues. Nos hommes d'escorte durent alors quitter leurs fusils pour maintenir les embarcations au milieu du fleuve. Nous étions partis de bonne heure et nous avions fourni une assez longue descente au moment où les premiers coups de feu partaient des rives. La fusillade, d'abord rare et mal assurée, devint plus nourrie et plus dangereuse.

Trois de mes rameurs ayant été légèrement blessés, il fut impossible de les empêcher de laisser leurs pagaies et de faire le coup de feu, inconvénient fort grave, car nos porteurs étant couchés au fond des pirogues, nos hommes étaient seuls à la manœuvre.

CAMPEMENT AU NORD DE L'OGOOUÉ.

Pendant ce temps, des rives et du haut des collines qui dominent le fleuve, nous entendions des cris de sinistre augure, res-

UN INSTANT DE FAIBLESSE EÛT TOUT PERDU...

semblant à des hennissements de chevaux qui se répétaient à distance.

Les Obemghi signalaient ainsi notre arrivée aux villages que nous devions traverser.

Pendant le reste de cette longue journée, nous fûmes attaqués par tous les villages devant lesquels nous passions et en même temps poursuivis par leurs pirogues.

Le soleil avait disparu sous l'horizon, et la nuit allait bientôt être noire. Elle fut la bienvenue, car elle nous permettait de protéger notre descente. Mais notre espérance fut vite déçue. Nous venions d'être aperçus par une pirogue envoyée en reconnaissance, et nos mouvements étaient signalés aux villages qui se trouvaient en aval.

La passe dans laquelle nous allions nous engager était formidablement défendue et dominée par de nombreux villages sur les deux rives. Les habitants à l'annonce de notre arrivée poussaient des clameurs formidables et semblaient prêts depuis longtemps à nous attaquer.

Il aurait été téméraire de s'engager dans une affaire de nuit contre des gens qui connaissaient la rivière et avaient sans doute pris toutes leurs mesures pour nous barrer le passage. Nos pirogues allèrent s'adosser à un banc d'herbes flottantes et attendirent. Soit que les Apfourou eussent deviné notre projet, soit qu'ils voulussent se tenir en éveil, des feux nombreux furent allumés sur chaque rive et nous enlevèrent tout espoir de passer inaperçus.

La nuit fut continuellement troublée par les clameurs, par les chants de guerre, par le son du tam-tam et par les ombres qui circulaient à distance autour de notre groupe. On entendait vers l'Est le bruit des pagaies; c'étaient les pirogues des établissements d'aval qui remontaient le fleuve pour prendre part à la lutte. Nous entendions nos ennemis chanter que nous étions de la viande pour leur festin de victoire. En présence de ces préparatifs et d'une attitude franchement belliqueuse, je jugeai prudent de prendre position sur la rive, où mes laptots se trouvaient plus libres de leurs mouvements que dans nos embarcations.

CHAPITRE VI

Bataille gagnée. — Courage des Apfourou. — Insuffisance des munitions. — Résolution suprême. — En retraite. — Regrets. — Les collections sacrifiées. — Pénible retraite. — Personne ne faiblit. — Retour au pays des Batékès. — La soif. — Rationnement. — Hors du bassin de l'Alima. — En éclaireurs. — Division de la colonne. — Les Anghiés. — Le pays mystérieux de La Licona. — Peuples aquatiques.

Au point du jour, nous vîmes déboucher d'une pointe qui masquait le bas du fleuve, une trentaine de pirogues chargées de noirs armés de fusils. Cette flottille se distribuait régulièrement sur les deux ailes, de manière à attaquer des deux côtés à la fois. Quand les Apfourou furent arrivés à une distance d'une quarantaine de mètres, le feu commença de part et d'autre. Nous avions quinze fusils entre des mains suffisamment exercées. La rapidité de notre tir et la précision de nos armes eurent bientôt raison de nos ennemis. Quelques minutes s'étaient à peine écoulées, qu'ils cherchaient un prompt salut dans la fuite.

Nous pûmes jouir alors de quelque répit, mais il fallait prendre une résolution rapide. Mon intention était de profiter du premier moment de stupeur des Apfourou pour franchir le passage. Mais un inventaire de nos munitions me démontra qu'elles seraient épuisées avant que nous fussions arrivés au terme de l'immense route.

Il était évident, en effet, qu'à mesure que nous descendions, nous allions traverser une quantité toujours croissante d'ennemis, d'autant plus que nous n'étions pas encore sur le véritable territoire des Apfourou, mais seulement sur celui de leurs établissements d'amont.

Ces Apfourou se battaient avec courage. Je me souviendrai toujours de l'homme qui était dans la pirogue de tête, celle sur laquelle se concentra tout notre feu. Il ne cessa jamais de se tenir debout et d'agiter son fétiche au-dessus de sa tête. Il fut préservé des balles qui pleuvaient autour de lui.

Notre ignorance du pays, la faiblesse de notre escorte, ne nous permettaient pas de nous frayer un passage le long du fleuve. Ce n'eût plus été du courage, mais une témérité insensée dont le moindre inconvénient, sans compter les risques que couraient nos existences, était de compromettre les résultats que nous avions acquis.

J'ai regretté depuis lors de n'avoir pas obéi à ma première inspiration, lorsque j'appris, par le récit des voyages de Stanley, qu'en moins de cinq jours, nous nous serions, par une pointe hardie, engagés dans les eaux du Congo, au lieu d'aboutir à quelque impasse lacustre où nous aurions été à la merci des Apfourou.

Pour nous mettre à l'abri de ceux-ci, il nous fallait reprendre la marche par terre, si pénible à cause du manque de souliers. Pour que ce mouvement fût rapidement opéré, il importait de garder seulement la charge de bagages que nos porteurs pouvaient enlever en une seule fois. Je fis donc noyer sept caisses de marchandises; c'est là que le docteur dut sacrifier ses précieuses collections. Pendant ce temps nous étions informés que les Apfourou faisaient des préparatifs pour une seconde attaque qu'ils se proposaient de livrer le lendemain. Cette fois, nous devions être assaillis non seulement de tous les points de la rivière, mais du côté même de la terre où l'on se disposait à nous cerner. Ces nouvelles furent confirmées par l'apparition d'un espion dans la forêt marécageuse où nous nous supposions à l'abri, mais qui, investie par l'ennemi, aurait en effet été notre tombeau. Nous y perdions dans une lutte corps à corps tout l'avantage de nos fusils à tir rapide.

Aussitôt que la nuit fut venue, nous nous mîmes en marche toujours résolus à pousser vers l'Est aussi loin qu'il serait possible.

Les débuts de cette retraite furent très pénibles car nous avions à nous dégager d'une forêt marécageuse sur une étendue de plus de cinq cents mètres. Il ne nous fallut pas moins de trois heures pour nous tirer de ce bourbier, à la lueur fumeuse des torches de bambou.

Au point du jour, nous avions atteint le pied des collines les plus rapprochées, et le soir nous étions hors de portée des Apfourou.

En récapitulant notre malencontreuse navigation de l'Alima nous pûmes constater que nous avions, en deux jours, descendu cette rivière sur un parcours d'une centaine de kilomètres à vol d'oiseau.

Je suis heureux de dire cependant qu'en dépit de tant d'obstacles et d'épreuves, la bonne amitié et le parfait accord qui régnaient entre nous n'eurent à souffrir aucune atteinte. Et c'est avec une fierté légitime qu'en ma qualité de chef de l'expédition je puis donner à mes courageux collaborateurs Ballay et Hamon les éloges auxquels ils ont droit.

Une nouvelle série de souffrances et d'épreuves nous attendait au pays des Batékés, sur lequel nous venions de rentrer. Le territoire était, comme je l'ai déjà dit, désolé par la famine et, pour comble de malheur, l'eau y était devenue si rare qu'il fallait la payer à des prix excessifs; je résolus alors que nous, les blancs, nous devions les premiers, donner à nos gens l'exemple de l'abstinence. Les vivres et l'eau furent divisés en autant de rations égales que nous étions d'hommes : les porteurs sénégalais, les interprètes et nous. Après que les hommes de notre escorte avaient reçu leur ration, les autres parts étaient prises par le quartier-maître, par le docteur et par moi. Notre résolution eut le meilleur effet et les privations de toutes espèces furent supportées sans aucune espèce de plainte.

Notre attitude en présence des Apfourou, la rapidité avec laquelle nous avions dissipé leurs attaques nous avaient placés en haute estime auprès des Batékés qui se montrèrent dès lors plus hospitaliers. Il nous fut donc possible de franchir le bassin de l'Alima et de nous engager dans celui des affluents de la Lecerca.

L'état de la majeure partie de ma suite était des plus misérables. Les plaies causées par la marche et les privations, les empêchaient d'aller de l'avant, et je fus pour cela obligé, après délibération, de diviser ma petite troupe en deux.

Je gardai avec moi six hommes d'escorte et dix porteurs des plus valides et je laissai les autres sous les ordres de Ballay et de Hamon, avec ordre de m'attendre près de l'Ogôoué dans les environs de Pubara.

Moi, alors, plus libre dans mes mouvements, je passai de là au Lebai Nguco occupé par les Umbétés. Ma renommée m'avait précédé et je trouvai chez eux quelques perles bleues dont j'avais fait cadeau à ceux qui occupaient les régions du haut Ogôoué.

Nous approchions du territoire des Anghiés où aucun indigène ne voulait nous conduire.

Ces Anghiés forment une tribu guerrière et redoutée de tous les peuples voisins ; ils sont armés de fusils et font de fréquentes razzias hors de leurs frontières. Ils habitent les bords d'une grande rivière. Les esclaves qu'ils font dans leurs razzias sont emmenés dans des contrées si lointaines qu'on n'a pas souvenir d'en avoir revu jamais un seul.

A une trentaine de kilomètres au Nord du Lebaï N'gouco, je rencontrai la Licona, un peu moins importante au point où je la traversai que l'Alima. Elle suit approximativement la direction de la ligne équatoriale dans le sens de l'Ouest à l'Est et reçoit un peu en aval le confluent de l'Obo et du Lebaï N'gouco. Elle devient bientôt si considérable qu'il faut, au dire des indigènes, plus d'une demi-journée pour la traverser d'une rive à l'autre. Il y a des hommes qui y naviguent pendant des mois entiers, se réfugiant le soir dans des îles pour y passer la nuit. Ce sont ces gens-là qui viennent chercher les esclaves enlevés par les Anghiés et qui emmènent leur marchandise humaine dans des régions dont personne ne revient. Ces mêmes gens ont de la poudre, des fusils et des pagnes (étoffes blanches) de fabrication européenne.

Ces indications, qui me semblaient alors suspectes, se justifient aujourd'hui, lorsque je réfléchis que les indigènes confondaient le cours inférieur de la Licona avec celui du Congo

VIEUX CHEF APPOUROU

CHAPITRE VII

Jambes enflées. Je ne puis plus marcher. — L'oiseau de la saison des pluies. — Triste retour sur l'Ogôoué. — Encore le sel. — Le problème africain est résolu. — Importance de l'Alima. — Le bassin de l'Ogôoué relié à celui du Congo. — Importance pour la France. — Pauvres porteurs. — L'esclavage. — Rapide descente de l'Ogôoué. — Voie des Okanda. — Envoi de la Société de Géographie et du roi des Belges. — Enfin! La police française. — Témoignages de reconnaissance. — L'œuvre est à peine commencée.

A partir de la Licona, le voyage devint extrêmement pénible. Mes jambes, trop cruellement maltraitées par les broussailles, étaient couvertes de plaies; mon escorte et mes porteurs n'étaient guère en meilleur état, si habitués qu'ils fussent à marcher dans la brousse. Les marchandises touchaient à leur fin. C'est à peine si j'en avais une quantité suffisante pour assurer mon retour. L'imminence de la saison des pluies, qui menaçait le pays d'une inondation générale, allait me couper la retraite. Je parvins cependant jusqu'à la rivière Lebaï Ocoua, située à un demi-degré au Nord, soit à cinquante-cinq kilomètres de l'équateur et dont la rive opposée est habitée par les Okanda. Mais l'oiseau qui annonce la saison des pluies avait chanté; je repris tristement le chemin de l'Ogôoué. C'était le 11 août.

Presque jour pour jour, il y avait trois ans que j'avais quitté l'Europe !

Lebaï Ocoua, dans la langue du pays, signifie : rivière de sel. En effet, ce produit si précieux en Afrique est obtenu là par les indigènes au moyen de l'évaporation de l'eau des petits ruisseaux qui descendent des collines riches en sel. Cette découverte m'amenait à douter de l'existence des lacs de la région du Ouaday auxquelles je pensais que l'Alima devait nous conduire. Le problème de l'hydrographie africaine me semblait de plus en plus obscur, car je ne pouvais imaginer que le Congo roulât ses ondes majestueuses en face de moi, dans la direction du soleil levant. De mieux informés que moi doutèrent eux-mêmes de ce fait extraordinaire lors des premières affirmations de Stanley. Pour mon compte, à peine eus-je pris, à mon retour en Europe, connaissance de la traversée de cet explorateur, que tout s'illumina subitement. Cette succession de cours d'eau que j'avais traversés aboutissait au grand fleuve de Livingstone et de Stanley. Je compris alors que la découverte de l'Alima qui devient navigable non loin du point où s'arrête la navigation des pirogues dans l'Ogôoué était d'une importance considérable, non seulement au point de vue géographique, mais encore au point de vue commercial.

En effet, la distance des deux rivières est fort restreinte; elle est à peu près de cinquante milles, et le terrain est plat, commode pour le transport soit des marchandises, soit des canots démontables. Cette région, qui sépare le bassin de l'Ogôoué du bassin du Congo, est formée par des collines sablonneuses de médiocre hauteur offrant plusieurs passages des plus faciles, où l'on ne rencontre pas une végétation épaisse, mais un pays découvert.

Des canots à vapeur d'un fort tonnage peuvent naviguer dans l'Alima au point où nous l'avons atteint. Ils pourraient rejoindre le Congo au-delà des rapides qui barrent ce fleuve du côté de l'Atlantique, point difficile à atteindre à cause de l'hostilité de peuplades qui, de ce côté, monopolisent le commerce. Aussi, si l'Ogôoué n'est pas une voie directe vers l'intérieur, il en est indirectement une, puisqu'il ouvre le Congo et acquiert par là une importance capitale. Notre persistance à ne pas borner notre exploration au cours de l'Ogôoué et à la pousser plus loin malgré l'état de dénûment dans lequel nous nous trouvions était donc couronné d'un résultat qui dépassait nos espérances.

Au moment de descendre le fleuve (ce qui n'était pour nous qu'un jeu), je pensai à mes porteurs. Qu'allaient-ils devenir? Ils étaient trop heureux de se retrouver dans leur pays natal pour songer à me suivre au Gabon, le seul endroit où leur liberté pouvait être sauvegardée. Ils partirent en grand nombre et presque tous furent arrêtés et réduits en esclavage dans les premiers villages qu'ils rencontrèrent. Ce fut une leçon pour ceux qui étaient restés et qui se décidèrent à nous accompagner au Gabon. Ils n'ont pu que se féliciter d'avoir pris ce parti, car je leur ai donné un village où leurs cases sont entourées de plantations et habitées par une population de poules, de cabris, etc. Leur existence est luxueuse et fait à peu de frais l'envie de leurs voisins. Heureux de pouvoir se livrer à cette douce nonchalance qui constitue pour le nègre la parfaite béatitude, ils se raillent à juste titre de la sottise de leurs anciens compagnons qui, trop pressés de me quitter, sont allés se livrer eux-mêmes à leurs persécuteurs et sont traînés à travers le pays la fourche au cou et la bûche aux pieds.

Pour moi, ce n'est pas sans tristesse que je songe à ces humbles auxiliaires à qui j'aurais voulu de meilleures destinées. Le malheur auquel ils semblent perpétuellement voués, l'obstination avec laquelle ils acceptent les dures conditions de leur existence ont souvent préoccupé ma pensée. J'ai déploré de ne pouvoir les arracher à leur misère. Mais en présence de ces mœurs sauvages et de l'obstination résignée des pauvres gens qui en sont victimes, j'ai dû reconnaître mon impuissance. Il faudra bien des interventions généreuses pour triompher des préjugés barbares qui sont encore plus profondément enracinés chez les esclaves que chez leurs trafiquants eux-mêmes.

Notre descente de l'Ogôoué fut rapide. Nous avions à notre disposition les plus adroits pagayeurs et leur zèle était encore stimulé par la pensée qu'ils allaient nous ramener au pays où l'on désespérait peut-être de nous revoir. Chacun rivalisait

VILLAGE INDIGÈNE (D'APRÈS UNE PHOTOGRAPHIE DE 1870)

d'adresse et d'entrain. Les bonnes relations que nous avions nouées avec les riverains ne pouvaient guère opposer à notre voyage d'autre retard que celui de répondre à leurs démonstrations amicales. C'eût été une descente triomphale si un accident n'était venu nous apprendre que tous les triomphes ont leur revers.

Ma pirogue venait de descendre les rapides lorsqu'un hippopotame alla donner sur l'embarcation de Ballay qui nous suivait à une cinquantaine de mètres. Atteinte en pleine violence du courant par la rencontre du monstrueux animal, la pirogue fut culbutée d'avant en arrière et tournoya comme une frêle épave au milieu du fleuve. Heureusement le docteur Ballay avait pu se cramponner à l'embarcation et je réussis à arriver à temps pour le tirer de ce danger.

De retour chez les Okanda nous étions désormais sinon en pays civilisé, du moins en pays ami. Nous ressentimes ici un premier effet de cette civilisation dont nous étions séparés depuis si longtemps. Au pays des Okanda, en effet, nous attendaient des caisses que la Société de géographie de Paris nous avait envoyées. Par malheur elles étaient arrivées au Gabon même pillées des objets qui nous eussent été le plus précieux, s'ils avaient pu nous parvenir en temps utile. M. le commandant Boitard, commandant supérieur du Gabon, avait pris soin de compléter les vides des caisses dans les conditions les plus appropriées à nos besoins probables.

A ce sujet nous devons ici rendre un hommage de vive reconnaissance au commandant Boitard, dont la sollicitude éclairée autant que prévoyante n'a cessé de veiller sur nous.

Chez les Okanda également, nous apprîmes qu'un second envoi fait par les soins de la Société de géographie n'avait pas été plus heureux que le précédent, malgré les précautions les plus intelligentes. Il s'était dispersé, celui-là, entre les mains d'hommes inconscients et timorés. Nous le devions à la haute bienveillance du roi des Belges, président de l'Association africaine internationale. Que Sa Majesté le roi Léopold II daigne agréer ici l'expression de notre gratitude. Nous avons appris en effet au retour que le Comité belge de l'Association africaine avait tenu à affirmer le caractère internatio-

UN HIPPOPOTAME RENVERSA L'EMBARCATION DE BALLAY

nal de l'œuvre en venant au secours de voyageurs français.

A partir de ce jour notre marche fut accélérée par les rapides qui l'avaient si péniblement entravée au début du voyage. Ils emportèrent nos pirogues comme des flèches jusqu'à la station où pour la première fois nous revîmes des représentants de notre civilisation. Il eût été difficile de les trouver plus généreux, plus hospitaliers que ne le furent le docteur Nassau, missionnaire américain, et son aimable femme, mes collègues en exploration. MM. Cameron et Stanley avaient, à leur départ de la côte orientale, trouvé un précieux appui chez les missionnaires catholiques français de Bagamoyo ; à notre retour, nous reçûmes l'accueil le plus cordial dans une mission protestante.

Quatre jours après la réception cordiale du docteur Nassau nous étions sur terre française au Gabon. Le commandant par intérim, M. de Cordière, nous fit un accueil dont nous conservons le durable souvenir.

Nos escales vers l'Europe nous mirent à même d'apprécier l'hospitalité de M. Fonseca, gouverneur de l'île des Princes et fidèle interprète du bon vouloir du gouvernement portugais en faveur des explorations africaines.

A Lisbonne, l'un des plus augustes parmi les membres de notre société de géographie, Sa Majesté le roi Louis de Portugal, auquel nous fûmes obligeamment présentés par M. de Laboulaye, ministre de France, nous donna de précieuses marques de sa haute bienveillance. Sa Majesté Don Luis daignera me pardonner si, depuis longtemps absent d'Europe, depuis trois années, je pus manquer en quelque point, et en particulier par mon costume, aux règles de l'étiquette indispensable pour paraître devant un monarque. Ma garde-robe en effet n'était rien moins que brillante au retour.

Je n'ai donné ici qu'un aperçu à vol d'oiseau de notre voyage dans l'Afrique équatoriale. On ne raconte pas en quelques mots trois années d'incidents variés, de tentatives vaines, de succès imprévus, d'impressions pénibles ou agréables, mais plus généralement pénibles.

Je ne terminerai pas sans faire remarquer la place relativement petite que tient sur la carte d'Afrique le territoire reconnu par la première expédition française. Il faut en tirer cet enseignement que la conquête géographique de l'immense continent doit coûter bien des peines encore. Plus d'un voyageur y usera sa santé, peut-être sa vie. Les explorateurs français n'ont jamais failli à la tâche qui leur incombe.

Pour ma part, à peine rentré en France, j'étais prêt à reprendre la campagne et je me mettais au courant des découvertes les plus récentes en Afrique pour continuer mon œuvre inachevée, tout en rétablissant ma santé.

DEUXIÈME PARTIE

LETTRES

I

Au Gabon, 2 Novembre 1875
A bord du MARABOUT.

Je suis arrivé ici à bord du Loiret le 20 du mois d'octobre et demain matin je pars avec *le Marabout* pour l'Ogôoué. *Le Marabout* me quittera quand il ne pourra plus remonter le fleuve et alors, avec les hommes du roi Renoqué, je continuerai à le remonter en pirogue. *Le Marabout* me déposera vers le 9 du mois prochain à environ 210 milles marins de la côte. Pour ce qui regarde le docteur allemand Lenz, si je m'en rapporte aux renseignements que j'ai reçus récemment ils m'ont appris qu'il se trouverait au milieu des rapides du fleuve en présence des Ossyeba, qui, malgré les cadeaux qu'il leur a donnés, n'ont pas voulu le laisser passer. Je compte le rejoindre d'ici un mois à un mois et demi; je crois que selon toute probabilité j'irai suffisamment vite vu le traité passé au mois de mai ent re Renoqué et le capitaine du *Mara-*

bout, d'autant plus que celui-là lui a déjà envoyé depuis cinq jours M. Marche afin de commencer à lui faire préparer les pirogues et les hommes. Je suis revenu hier du fleuve Cama où le commandant du Gabon avait envoyé *le Marabout* pour régler certaines affaires et j'ai profité de cette circonstance pour prendre deux interprètes M'pangué que le commandant du Gabon connaissait depuis trois ans; en tout j'ai trois interprètes M'pangué, deux d'entre eux me sont inconnus. Le voyage au fleuve Cama a servi à me donner la certitude que les Osyeba, qui peut-être tenteront de s'opposer à mon voyage, parlent la même langue que les M'pangué. Au reste, tout va bien pour l'expédition et je suis en bonne santé ainsi que tous mes compagnons.

Un baiser à tous en hâte.

II

Ilimba-Reni, 13 novembre 1875

De Lansac qui te portera ma lettre pourra te donner de mes nouvelles. Pour l'instant, je suis obligé de rester ici encore un mois avant que les *Ininga* et les *Gala* soient prêts à remonter le fleuve jusque chez les Okanda.

En ce moment, les eaux de l'Ogôoué sont trop hautes pour qu'on puisse remonter le fleuve. Ilimba-Reni est le village du roi Renoqué chez lequel est venu le premier européen en 1866. Me voici dans un pays où domine la plus ancienne dynastie de cette partie de l'Afrique, dynastie qui, au temps de la traite des esclaves, était forte et puissante. Depuis vingt ans elle est complétement déchue de son ancienne splendeur. En ce moment, je t'assure, rien n'est plus ridicule que de voir le roi actuel (on peut donner ce titre à Renoqué) se promener dans son village avec un magnifique chapeau haut de forme et une non moins magnifique couronne de marquis en cuivre doré ornée de pierres précieuses en cristal et placée en haut de ce chapeau: cadeau qu'il a reçu de ma munificence.

Quant au docteur Lenz il est encore chez les Okanda et je

crois que ses ressources sont presque épuisées. Il a renvoyé une partie des hommes qui lui servaient d'escorte. Sous peu, je t'enverrai de plus amples détails. Mon voyage s'annonce bien. Nous sommes tous en bonne santé.

Baisers à tous.

III

Ilimba-Reni, 24 décembre 1875

Me voici ici depuis novembre, et *le Marabout* m'a déposé sur la rive. Le fleuve était alors trop haut pour pouvoir remonter les rapides et aller chez les Okanda ; c'est à grand'peine et après de nombreuses fatigues, que j'ai pu avoir des hommes pour monter dans mes pirogues. Le docteur Lenz les a payés si cher qu'il m'est fort difficile d'en trouver aujourd'hui, j'ai environ quatre-vingts hommes, je serai obligé de les payer 35 fr. chacun. Le marquis de Compiègne et Marche les payaient 25 fr.; mais le docteur Lenz leur ayant donné 50 francs, je considère comme un beau résultat de les avoir eus pour 35 francs. Ce nombre ne me suffit pas, aussi ai-je envoyé Marche à Sam-Quita afin qu'il remonte chez les Okanda et m'envoie d'autres pirogues pour que le reste de mes marchandises puisse remonter le fleuve. Le docteur Lenz est encore, d'après ce qui m'a été dit, chez les Okanda ou chez les Bauguni, leurs voisins, sans avoir pu passer de là chez les Ossyeba. Tout ce qu'il a fait ici n'a eu, d'ailleurs, d'autre résultat que de me créer des difficultés.

Alugu, alugu (eau-de-vie, eau-de-vie) est le fond de la langue du pays! Et moi qui, par humanité, n'en avais voulu apporter que le moins possible, je ne puis plus rien faire sans cela. Les noirs de ce village s'amusent à me montrer un tonneau d'eau-de-vie d'au moins 150 litres, cadeau du docteur Lenz. Ils ont l'air de se moquer de moi parce que je ne leur en donne jamais; mais, d'un autre côté, ils regardent avec un certain respect mes caisses pleines de marchandises.

Mon séjour ici ne peut qu'être nuisible à nos Sénégalais à cause du mauvais exemple, et je ne vois malheureusement pas le moyen de partir. Ce peuple chez lequel je me trouve, est encore plus paresseux que les autres, et ce sont les esclaves achetés dans le haut fleuve qui travaillent.

Faire travailler les Ininga est chose fort difficile; quand j'ai besoin d'une pirogue, j'ai toutes sortes de difficultés à réunir douze hommes que je paie mensuellement, ici ce sont seulement les femmes et les enfants qui travaillent et je t'assure qu'ils ne me font pas grand'chose. Tous mendient, à commencer par leur chef qui vient me demander la charité d'un verre d'eau-de-vie. En un mot, il faut une dose de patience peu commune pour vivre parmi eux. Bah! d'ici vingt jours j'espère être parti; mais je ne puis m'empêcher de penser, avec horreur à tous les ennuis que les Ininga comme les Galoa vont me causer durant les quinze jours de pirogue qu'il me faudra passer avant d'arriver chez les Okanda.

Aujourd'hui, nous avons reçu des nouvelles du Gabon et on m'a dit que le lieutenant Cameron était parti de la côte orientale et de Tanganika et était arrivé à Saint-Paul de Loanda après avoir suivi le fleuve Congo partant de sa source. Il a donc traversé l'Afrique un peu plus au nord que le docteur Livingstone et maintenant, la partie réellement inconnue se trouve devant moi. Cameron est à la fin de ses fatigues et moi, je suis encore à la porte de la civilisation.

A vrai dire, je suis dans de bonnes conditions pour accomplir mon voyage, étant donné que j'ai le plus important, c'est-à-dire la santé. Rien ne dit pourtant que je n'aurai pas à m'en plaindre quelque jour.

Nous commençons à nous ressentir du climat et surtout de l'abondance des pluies. Ballay et Hamon sont encore dans leur lit (si on peut appeler lit le meuble peu commode qui sert à cet usage dans le pays).

Je ne t'ai pas encore parlé de mon personnel. Outre les treize laptots que j'ai pris au Sénégal, parmi lesquels il en est un sur qui je puis compter sérieusement, il s'appelle Délie, j'ai encore avec moi trois Mpangué dont un parlant fort bien le français, Denis Dolimnie; les deux autres sont Isengon et Mando-Mango. Il y a encore un homme du Congo à moitié Gabonais et Cico, bête mais dévoué. Parmi ses qualités, il en est une que j'apprécie fort et qui m'étonne : il n'est pas menteur. En somme, il est précieux, mais malheureusement, ne paie pas de mine. Mon vieux Sénégalais Delie, est de haute stature, mais n'a plus que le pouce et l'index de la main gauche; il est pittoresque, vêtu des longs vêtements de son pays, mais a l'air fort lourdaud lorsqu'il est vêtu de ses habits de marin. Ne rions cependant pas de ce bonhomme, il me sera utile, j'en suis sûr, le jour où j'aurai besoin de lui.

Une petite histoire sur son compte. A mon départ du Sénégal, j'avais défendu à mes hommes d'emporter avec eux autre chose que des habits de marin que je leur avais prêtés. Imagine toi qu'un jour que je visitai leurs sacs j'en trouvai un appartenant à Délie, et plein de grigris. Les grigris mahométans sont des amulettes contre toute espèce d'accidents à balles, coups de couteaux, coups de pierres, chiens de mer, serpents, etc., etc. Il y en avait tellement que j'en suis resté véritablement stupéfié.

Au moins ce brave homme croit à la protection divine. Dans

ce sac, il y avait encore un vêtement de son pays littéralement couvert de grisgris. J'ai oublié de te parler d'une petite aventure qui m'est arrivée près du lac Zilé, voisin du village où je suis actuellement. J'étais avec Denis, le Upangué, dans une pirogue, lorsque je me trouvai surpris par une tornade, petite tempête assez fréquente sur le fleuve; et ma pirogue chavira. Il y a ici une infinité de petites îles formées d'herbes flottantes qui ont quelques racines au fond. Et, souvent ces îles disparaissent sous l'eau lorsqu'on y met le pied. Il conduisit à la nage ma pirogue chavirée vers une de ces petites îles et la remit à flots en attendant dans les herbes que le vent fût passé et peu rassuré sur la solidité de mon abri. Puis tenant mon fusil dans une main, et la pirogue à flots, le vent ayant sensiblement diminué, je repartis ayant soin de me diriger vers la rive. Mais, le vent croissant, la pirogue se remplissant de nouveau d'eau, j'accostai une de ces îles, et me décidai contre fortune bon cœur à passer la nuit sans dîner. Tout au contraire, je servais de repas aux moustiques. Mais j'avais compté sans ma mauvaise chance qui m'avait conduit, demander l'hospitalité à une espèce d'animaux terribles dans ce pays ; les fourmis, qui font des blessures fort douloureuses. D'un commun accord Upangué et moi nous repartimes poussant de nouveau à la nage la pirogue encore pleine d'eau pour aller accoster une autre de ces îles d'herbes flottantes. A ce moment, non sans un certain plaisir, je vis Marche arriver dans une pirogue. Il commençait à être inquiet sur mon compte. Me sachant seul avec Upangué dans une petite pirogue, il était parti à ma recherche. Quant à moi j'étais fort satisfait d'éviter la nuit peu agréable que j'aurais passée dans une île incertaine, si le vent avait continué. Quand les noirs m'eurent pris dans leur pirogue, ils me saisirent avec tant de précipitation, que j'en perdis, presque mon fusil que j'avais sauvé jusqu'alors non sans peine. En effet, quand j'étais parti chassé par les fourmis, j'avais été sur le point d'oublier mon ami.

En somme, je n'ai perdu qu'un de mes sacs à plomb et encore je l'ai perdu parce que je pouvais difficilement tenir en main mon arme, trois sacs de plomb et pousser, avec la même main, la pirogue chavirée, et, ce qui m'ennuyait fort, c'était les trois jours que j'allais passer à nettoyer à fond mon fusil rouillé. En ce moment j'essaie de régler mes trois chronomètres. Peine inutile, ils semblent se ressentir du climat, attendu que chacun va pour son compte. Il est probable que d'ici peu, je serai réduit à faire des observations avec les distances lunaires, chose assez peu exacte.

Bon Noël.

P.-S. — 27 décembre 1875.

Finalement je suis vaincu, mettant de côté toute considération d'humanité j'ai maintenant le moyen de tenir dans le devoir les Ininga et les Galoa; je viens de me faire expédier quatre cents litres d'eau-de-vie.

Ces barils, à leur arrivée dans le village, ont été accueillis par les Ininga avec tous les honneurs dûs à un semblable produit. D'ici à trois jours, le bateau à vapeur de la factorerie prussienne devant remonter à Sam-Quita, je profiterai de l'occasion pour y aller moi-même et j'emporterai avec moi les caisses que les Ininga et les Galoa ne peuvent transporter dans leurs pirogues et dans les miennes. Je laisserai ces caisses à Sam Quita et je les ferai reprendre ensuite par les Okanda que j'espère pouvoir décider à venir les chercher.

Je partirai d'ici probablement avec dix pirogues sans compter celles avec lesquelles Marche partira de Sam-Quita.

Les pirogues que j'ai achetées, ont été payées en moyenne chacune : cinq barils de poudre, cinq fusils, deux grands bassins en cuivre, dix barres de cuivre (ces barettes sont faites de fil de cuivre de la grosseur des tringles de rideaux), dix corbeilles, deux haches, une caisse de sel, dix pierres à fusil, dix miroirs, des pierres assorties et vingt-cinq pieds de tabac. Probablement, sûrement même, cinq ou dix esclaves achetés avec ces marchandises descendront d'ici, dans trois ou quatre mois, à la côte pour être vendus aux mulâtres portugais de

l'Ile du Prince à Saint-Thomas, lesquels continuent ce trafic. Ceci ne me regarde pas, mais sois assuré du plaisir avec lequel je me rappelle la prise par le *Marabout* il y a quelques mois déjà de deux pirogues portant un pareil chargement.

Presque tous les esclaves qui sont envoyés à la côte, viennent du fleuve Mgumé qui se jette dans l'Ogôoué à la pointe Fétiche.

IV

Ilimba-Reni, 10 janvier 1876

Demain matin je pars pour le pays des Okanda qui est situé à mi-chemin des rapides; je me mets en route avec neuf pirogues et cent-vingt Galoa ou Ininga. J'y arriverai après environ treize jours de pirogue et ne vas pas croire que ce soit une mince fatigue, treize jours passés continuellement en pirogue, au soleil et à la pluie, sans cesse occupé à batailler avec les hommes qui ne veulent pas ramer, assis enfin, sur une table placée à l'arrière.

Bah! je suis maintenant en bonne santé et, arrivé chez les Okanda, je pourrai prendre un peu de repos.

Ces pirogues qui forment ma flotte sont larges d'environ 1 mètre, longues de 15 à 17 mètres, hautes sur l'eau (quand elles sont chargées), de $0^m,08$ à $0^m,10$. Les plus grandes contiennent vingt rameurs ou plutôt pagayeurs.

Pour te donner une idée de ce que sera mon voyage, tu sauras qu'on part le matin de bonne heure et qu'on voyage jusqu'à midi; à midi on descend sur un banc de sable, on fait une courte halte et on en profite pour déjeuner. A deux heures, de nouveau en route jusqu'à la soirée. Alors, on redescend de nouveau sur un banc de sable, et tous se préparent à passer la nuit et à dormir tout en se garantissant de la pluie du mieux qu'on peut, chose fort difficile.

Cette première partie de mon voyage, partie la plus facile, j'espère te la raconter quand je serai arrivé, au pays de Okanda et je souhaite à ma lettre, d'arriver sauve à destination.

Aujourd'hui, je vais vous donner de mes nouvelles à partir de ma dernière expédition.

Rien de nouveau les premiers jours ; j'ai continué à recruter avec peine mes rameurs pagayeurs, ce qui m'a causé les plus grandes difficultés à cause du passage du docteur Lenz qui, à présent comme tu sais, est toujours retenu chez les Okanda qui ne veulent pas lui permettre d'avancer. Cela m'a causé grand préjudice car il avait réellement semé et éparpillé sur sa route marchandises et eau-de-vie.

Enfin, j'ai réussi à réunir le nombre nécessaire, c'est parceque j'ai mis en concurrence les Akellés qui ont fait déjà le même trajet avec les Ininga et les Galoa. Avec les quelques Akellés que j'avais, j'ai envoyé Marche droit à Sam-Quita avec ordre de remonter avant moi chez les Okanda. Je lui ordonnai, en outre, s'il n'en trouvait pas un nombre suffisant, de m'envoyer chercher par les Okanda même. Apprenant cela, les Galoa et, les Ininga se décidèrent vite à venir.

Profitant des jours qui devaient se passer avant mon départ et en même temps d'une chaloupe à vapeur de la factorerie, je voulus moi-même remonter des marchandises à Marche à Sam-Quita.

Je partis d'ici le 29 décembre. Le petit vapeur remorquant une de mes grandes pirogues et je profitai de l'occasion pour me mettre à faire la carte du fleuve.

M'étant surmené à faire des observations, le second jour, la fièvre me reprit.

N'y faisant pas attention, je continuai à relever mes points et le soir même de mon arrivée à Sam-Quita, je voulus faire des observations astronomiques, observations lunaires pour relever la position exacte de Sam-Quita. Ces observations avivèrent la fièvre qui m'avait repris, et le peu de facilité que j'avais à lire les indications de mes instruments (j'étais obligé de faire usage de magnésium) me donneront j'en suis sûr des résultats peu exacts. Le lendemain matin, après avoir fait d'autres observations solaires cette fois, je me remis de nouveau en voyage pour retourner à Ilimba-Reni.

Je croyais alors aller mieux mais je m'aperçus vite que mon état de santé s'était aggravé; la migraine et le vertige m'interdirent toute occupation et j'avais en outre des vomissements incessants. Heureusement, mon hamac suspendu dans le roufle du vapeur, me donnait un gîte commode. Le roufle, comme tu le sauras, se trouve à l'avant du bâteau.

Nous n'étions pas loin d'Ilimba-Reni, où j'étais impatient d'arriver, quand tout à coup, un grand choc et le roufle, le hamac et moi, nous nous trouvâmes dans l'eau. Quelques instants avant je ne croyais pas avoir la force de remuer les pieds et cependant, je t'assure que je mis peu de temps à me débarrasser du roufle, du hamac et de la couverture et à me mettre à la nage : Tu peux supposer ce que ce bain improvisé me fit du bien, malgré mes habits je pus remonter sur le bateau avant d'être entraîné par le courant très violent en cet endroit ; le vapeur descendait le fleuve à grande vitesse, avait rencontré un grand arbre ensablé et pendant ce temps, le roufle sous lequel j'étais, fort peu solide, avait continué sa route et était tombé à l'eau.

Le soir, j'arrivai à Ilimba-Reni dans une petite pirogue, laissant bien entendu le vapeur et l'arbre à la place où ils s'étaient rencontrés.

Par bonheur, dans tout ce bouleversement, mes deux chronomètres n'ont pas souffert, seulement une de mes boussoles a été fracassée.

J'ai perdu ma couverture n'ayant pu la prendre avec moi en retournant à la nage au bateau ; ce n'est pas un grand malheur, j'en ai une autre. Tout ceci s'est passé le 2 janvier. Une fois de retour, je me suis soigné et, de l'ipécacuana, du sulfate de soude et 2 grammes et demi de quinine m'ont, en trois jours, remis sur pieds et en bonne santé.

Quant à la carte de Sam-Quita, pour laquelle j'avais mis un certain amour-propre, il me sera difficile de l'avoir n'ayant pu faire les observations nécessaires quand je redescendais le fleuve. De plus, je suis occupé à mettre au net et à recopier les observations déjà faites.

Les difficultés que me donnaient mes cent-vingt hommes n'étaient pas encore au bout ; trois jours après mon retour réunis autour de moi pour faire la distribution de tabac et d'eau-de-vie promise (le montant des 10 francs) ils voulaient avoir le double de ce que je devais leur donner pour cette somme ; n'ayant pu céder à leurs prétentions, ils sont tous repartis à l'exception des Ininga qui sont moins turbulents que les Galoa. Deux jours après voyant que je ne cédais pas, ils revinrent me faire des excuses et accepter mes conditions. A la première occasion je renverrai au Gabon deux des laptots sénégalais qui sont malades et pourraient nuire par la suite à la marche de l'expédition.

Mon personnel se compose comme suit :

Samba Gamon, chef de laptots sénégalais, Samba Sidnon, Iougo Falli Gem, Amar Guin, Amadi Samba, Metonfa, Ditre, Malie Cumba, Balla Turi, Nonni, Damba Gialo, tous Laptots du Sénégal, Cico Gabunese ancien esclave, Congo cuisinier et interprète en Mpungoué, Mando Mango d'Oguta, interprète en

GROUPE DE PORTEURS INDIGÈNES

Mpungué, Mpangué Bakelle, Incigoue Mpungué, interprète en Mpangué Mpongué.

Voilà tout le personnel du ministre de la marine. Deux Sénégalais Birohim. Il reste au Gabon, Ton et Latir Drop. J'ai pris à ma solde comme interprète un esclave de Renoki, roi des Ininga lequel esclave est originaire d'une tribu très éloignée de la côte.

Quant à moi, je suis en excellentissime santé. Le Docteur Ballay et le quartier-maître se sont également remis.

Nous partirons demain et si Marche n'est pas parti d'ici quelques jours, il partira sous peu avec les Akillés.

Adieu, je pars dans de bonnes conditions avec bon espoir et surtout fort satisfait de ma santé qui me semble bien résister au climat.

P.-S. — Ne pas t'épouvanter de mes bains, je t'assure que cela ne me tourmente pas.

   Accolade.

V

Lopé, le 6 avril 1876

Depuis le 12 janvier je n'ai pas dormi une seule fois dans une case; jamais je n'ai eu une table pour écrire et je n'ai pas écrit une fois sans me donner une courbature de reins. Voilà pourquoi mes lettres ont été jusqu'à présent si laconiques.

Aujourd'hui encore je dois t'écrire sur mes genoux, ce qui est pour moi un vrai supplice.

Par les lettres que j'ai expédiées de Lopé (quand les Okanda partirent pour aller chercher Ballay) au président de la Société de Géographie (lettres que je l'ai prié de vous communiquer) vous devez connaître mes désastres dans les gorges du fleuve.

Je dois ajouter que la Providence m'a puissamment servi dans la nuit qui suivit le désastre des pirogues chavirées dans le fleuve. Cette nuit là, après les fatigues de la journée pendant que couché sur un banc de sable, je cherchais en vain le sommeil, partageant avec Marche alors malade, ma seule couverture restée sèche, une de mes pirogues mal amarrée se détacha et s'en fut à la dérive. La perte était certaine parce que, entraînée par le courant, elle devait inévitablement se rompre contre les rochers du dangereux passage traversé pendant le jour. Je considérais les quarante-quatre caisses que contenait la pirogue comme perdues. Néanmoins, je tentai l'impossible pour arriver à sauver quelque chose du naufrage. Me levant en toute hâte pieds nus, je pris mon revolver; je descendis rapidement le fleuve sur les rochers du rivage, laissant de distance en distance un homme de mon escorte en observation. Durant trois heures je descendis ainsi le long du rivage, et déjà depuis longtemps, tous mes laptots étaient bien loin derrière moi.

Quand j'arrivai à un passage assez étroit où le fleuve est barré par les rochers, là, réunissant des broussailles et des herbes sèches sous un arbre immense abattu dans le fleuve, j'allumai un vrai incendie qui, se reflétant sur les eaux, me permit de voir si la pirogue passait, emportée par le courant. J'étais tellement occupé à regarder que je ne sentais même pas la douleur que me causaient mes pieds mis en sang par les cailloux. Les heures passaient, je ne voyais rien; alors, perdant toute espérance je cherchai à m'accommoder le mieux possible pour passer le reste de la nuit, situation peu agréable quand demi-vêtu on a seulement pour se garantir du froid vif et du vent matinal un feu qui vous brûle le visage, sans réchauffer le corps.

Tu t'étonneras certainement de m'entendre me lamenter du froid; c'est d'ailleurs la première fois.

A présent, au fur et à mesure que j'avancerai dans l'intérieur, je dois m'y attendre.

Le temps passait lentement et je restais pensant à mes pertes que je cherchais à évaluer. Tant de caisses perdues! une grande partie de mes instruments de précision gâtés par l'eau, mes cartes et mes journaux trempés : et, pour comble d'infortune, les documents recueillis avec tant de peine qui devaient me servir à faire une carte du fleuve, détrempés par l'eau, à tel point que je n'ai jamais pu m'y reconnaître. Ce travail m'avait non seulement coûté grand'peine, mais m'avait, en outre, valu la fièvre. Je me rappelais encore toute la peine et tout le temps employés à mes préparatifs en Europe, peine et temps perdus. Ce qui m'affligeait le plus, était l'idée que tout ce temps, j'aurais si bien pu le consacrer à ma famille.

La perte de la pirogue dont j'attendais les débris au passage m'était encore plus sensible parce que les caisses qu'elle contenait, étaient toutes destinées à être portées à dos d'homme quand je serais obligé d'abandonner le fleuve... Cependant, la

fortune m'avait favorisé : au lever du jour, à quelques portées de fusil devant moi, je vis la pirogue arrêtée par un rocher au milieu du torrent, elle était encore intacte, mais à chaque vague elle menaçait de se rompre pour reprendre sa course vertigineuse.

Une pirogue Apingi qui suivait ma flottille de loin avait aperçu ma pirogue en détresse et ne me sachant pas là, s'avançait doucement pour la pousser à la dérive et la piller ensuite dans le bas du fleuve. Seul et sans pirogue, je ne pouvais rien. Mais, une balle de mon revolver qui siffla sur leur tête fit arrêter les pillards. Une autre balle tirée plus bas les fit accoster sur la rive où j'étais et ils m'aidèrent à rentrer en possession d'une partie de mes richesses que j'avais bien crues perdues.

Actuellement, je me trouve chez les Ossyeba qui sont la branche d'un peuple, ancienne connaissance à moi : les Pahouins au milieu desquels je me suis trouvé en 1873.

Je confie cette lettre à un des chefs, propriétaire d'une belle dent d'éléphant : la lettre de change qui l'accompagne (payez deux fusils et deux barils de poudre au porteur) est pour moi un sûr garant que ces lettres ne seront pas perdues mais quand arriveront-elles, qui sait ? elles suivront le même chemin que la dent que mon ami noir dit vouloir vendre aux blancs. Le propriétaire Ossyeba confiera la susdite dent à un Pahouin Make ayant en gage deux de ses femmes; les lettres seront de la même manière remises du Pahouin Make à un Pahouin Bachi lequel les remettra à un Skekiani qui les remettra à un Pongone lequel les portera à un établissement. Dix fusils, dix barils de poudre, 200 mètres d'étoffe, etc., etc., prix de la dent, à peine la dixième partie de ce qu'elle vaut, seront donnés à l'Ossyeba qui a tué l'éléphant : voilà comment se fait le commerce dans ce pays. Je suis établi à Lopé près des Okanda d'où je fais de fréquentes excursions dans l'intérieur attendant les temps secs pour remonter à la tête de tous les Okanda au pays des Aduma et des Ossyeba :

Ce peuple voudrait nous barrer le passage, c'est lui qui, en 1874, a arrêté l'expédition d'Alfred Marche et du marquis de Compiègne. Il est vrai que j'ai pour alliés les Okanda, mais ils ne sont point belliqueux. Et les deux cents hommes qui rament sur mes pirogues ne valent pas un seul des Sénégalais de mon escorte, seule force réelle sur laquelle je puisse compter. Malheureusement, mon escorte est déjà diminuée par les maladies et le sera probablement encore plus. En ce moment, je ne puis disposer que de sept Sénégalais. Mais j'espère éviter une attaque qui ne pourrait que nuire à la réussite de l'expédition.

VI

Lopé, 22 avril

Mes hommes craignent en ce moment une attaque des Ossyeba, je suis beaucoup plus inquiet des Okanda, entre les mains desquels je suis. De fait, les Okanda, heureux de voir dans leur pays quatre blancs et même cinq en comptant le docteur Lenz, avec beaucoup de marchandises, peuvent parfaitement ne plus vouloir remonter chez les Aduma; la seule raison pour laquelle ils remontaient le fleuve est d'avoir des esclaves et de l'ivoire.

A présent les blancs leur donnent en échange de leurs poulets et des bananes, les marchandises qui leur sont nécessaires.

Je crains surtout que les Okanda veuillent bien remonter avec moi près des Aduma, mais ne veulent à aucun prix laisser sortir de leur territoire mes marchandises, d'autant plus que si j'emmène mes marchandises plus loin, tout leur commerce s'en ressentira par la suite; l'abondance des objets d'Europe dans ce pays fera, bien entendu, diminuer la valeur de leurs échanges. Voilà pourquoi les Okanda veulent m'opposer la seule force que je craigne, la seule contre laquelle je ne puisse rien : la force d'inertie.

Que faire si les Okanda ne voulaient pas remonter le fleuve ? que faire s'ils ne voulaient pas transporter mes bagages ? Rien.

Voilà comment depuis un mois que je suis ici, j'ai jugé la situation. Heureusement les choses viennent de changer ; en voici la cause :

Pour éviter une attaque des Ossyeba, quand j'eus remonté le fleuve, il ne me restait qu'un moyen : leur donner une telle idée de ma force, que l'impossibilité de me résister leur fût démontrée et les dissuadât d'une entreprise qui leur aurait coûté de grandes pertes. Je résolus d'aller chez eux, en avant-garde.

Je traversai leur frontière, le fleuve Afué, il allait au village de Mamiaka qui est à un jour de chemin de ce fleuve.

Mamiaka, chef du village dont il a pris le nom, était prévenu de ma visite, j'arrivai chez lui accompagné par mes quatre Sénégalais et par mes Pahouins.

Bien que les Ossyeba se tinssent à distance, je fus bien reçu et, au bout de deux jours, la glace était rompue et nous étions devenus amis.

Je pus alors leur montrer l'effet des fusées à la Congrève, des armes à longue portée, des balles explosibles et, chose qui les stupéfia le plus, la lumière du magnésium et les petits serpents dits *serpents pharaons* formés par l'inflammation d'un petit cône blanc comme le plâtre.

Les habitants du village de Mamiaka et des villages voisins proclamaient en peu de temps la renommée de mes hauts faits et après ce voyage les Ossyeba commencèrent à me craindre.

Avant de partir je leur dis que bientôt je reviendrais et que je m'avancerais vers l'Est.

Restait à trouver le moyen d'empêcher l'inertie prévue des Okanda.

A cet effet, je proposai à Mamiaka de m'accompagner avec quelques-uns de ses hommes à Lopé, lui expliquant qu'il serait sous ma protection et que je lui donnerais, en outre, une escorte pour le reconduire dans son pays. J'arrivai non sans peine à le décider à m'accompagner avec neuf Ossyeba. Mamiaka traversa ainsi tout le pays des Okanda, ennemis jurés des Ossyeba.

FEMME ET ENFANT OSSYEBA OU PAHOUINE

Les Okanda avaient cherché en m'effrayant à me dissuader d'aller chez les Ossyeba, ils furent curieusement surpris de me voir revenir accompagné par leurs ennemis qui venaient passer trois jours à Lopé.

En outre je déjouais leurs machiavéliques combinaisons.

La menace d'abandonner leur territoire en employant des Ossyeba au transport de mes bagages, fit faire aux Okanda tout ce que je voulais.

Quand Mamiaka partit, je lui dis que sous peu je retournerais le voir, et hier soir, non sans être fort étonné, j'ai vu arriver à Lopé, Mamiaka accompagné de trente-cinq Ossyeba qui venaient me chercher.

Pour faire croire aux Okanda que je compte retourner chez eux après être allé à Adouma et pour attendre en même temps le plus commodément possible la fin de la saison des pluies, je fis construire une grande case à l'admiration des Okanda qui n'en avaient jamais vu de pareille. Je profitai du temps pendant lequel je comptais rester encore ici pour envoyer Ballay au Gabon. Il emmène avec lui quatre hommes malades de mon escorte, fera les achats qui nous sont nécessaires et remontera avec quatre hommes remplaçant les malades. Il sera de retour ici, je l'espère tout au moins, à la fin de juillet, époque à laquelle je commencerai les préparatifs du départ.

Je profite de cette circonstance que je n'espérais pas depuis quinze jours, pour t'envoyer ces lettres. La route qu'elles suivront sera plus rapide et plus sûre. Le docteur Ballay partira demain matin à la pointe du jour, dans une pirogue d'un Okanda, qui le conduira jusqu'à Lambaréné où on l'attendra pour le ramener ici. Vos nouvelles qu'il m'apportera seront, je l'espère, bonnes.

Demain, je pars et je vais avec Mamiaka chez les Ossyeba dont je n'ai maintenant rien à craindre d'autant plus que j'y vais sans marchandises. Si, comme je l'espère, je puis arriver au pays des Aduma, les difficultés que je rencontrerai par la suite seront, je crois, moins grandes que celles que j'ai déjà surmontées. Mais alors les communications avec l'Europe seront complétement interrompues, probablement jusqu'à l'époque de mon retour.

Rappelez-vous bien que plus je m'avancerai dans l'intérieur, plus je suis en sûreté et plus mon voyage deviendra facile. Donc, le manque de nouvelles sera toujours une bonne nouvelle. Ce sera avec un sensible plaisir que je pourrai entrer dans notre case quand celle-ci sera finie et que je pourrai apprécier la douceur d'un lit bien fait sur une table.

En vérité je n'aurais jamais cru qu'il y eût tant de différence entre dormir par terre et dormir sur une table quoique moi qui parle de posséder une case je ne doive en profiter que fort peu, étant le plus souvent en excursion.

Je suis heureux de vous dire que je suis en excellente santé, le climat d'ici est beaucoup plus sain que celui du bas fleuve.

VII

Lopé, 23 novembre 1878

MA CHÈRE MAMAN,

J'avais commencé à t'écrire au mois d'avril le commencement de mon voyage. Aujourd'hui manquant d'autre papier, je t'envoie cette lettre écrite sur les feuilles de mon album, j'ai perdu le premier récit de mon voyage au pays inconnu des Sébé.

Quand Ballay fut parti pour le Gabon, je partis à mon tour pour aller chez les Pahouins des chutes de Dumé; ceux-là mêmes qui attaquèrent et firent reculer le marquis de Compiègne et Alfred Marche. Je ne pouvais arriver sans difficulté, le chef Naaman refusant de me laisser visiter son village. Je finis cependant par réussir et après être resté avec lui quelques jours, nous nous séparâmes en bons termes. Il ne me fut pas possible de pénétrer jusqu'au village du fleuve Ivindo.

A mon retour au village de Mamiaka (le chef qui était venu, avec moi, à Lopé) je trouvai le docteur Lenz, qui, s'étant décidé à suivre mon exemple, était arrivé enfin chez les Ossyeba.

Tu sais déjà que le D' Lenz était arrivé chez les Okanda en juin 1875.

Ils s'étaient fait payer pour le conduire chez les Aduma et chez les Ossyeba mais, après un simulacre de départ ils l'avaient abandonné à l'embouchure du fleuve Ofué. Depuis un an il n'avait pas avancé.

Quant à moi, je voyage en toute sécurité chez les Ossyeba, malgré leur mauvaise réputation. Ami des chefs les plus influents j'étais connu partout et accueilli avec des démonstrations de joie. Les chefs du fleuve Ivindo ayant su mon intention d'aller chez eux, vinrent me voir au village de Mamiaka et m'invitèrent à les accompagner chez eux. En outre ils me demandaient de les conduire chez les blancs quand je redescendrais vers le fleuve.

Etre voisin des blancs est le but auquel tendent sans cesse tous les Ossyeba.

Le 21 mai, j'étais de retour à Lopé, ramenant des Ossyeba destinés à me servir de piroguiers.

Mamiaka m'avait fourni les hommes, son neveu Zaburet devait me servir de guide. Ses guerriers faisaient campagne contre les villages des bords du fleuve et ne pouvaient, par conséquent, prendre la route ordinaire. Ils me dirent que le chemin qu'ils allaient parcourir traversait la forêt vierge, d'ailleurs on ne rencontrait aucun village, suivant des sentiers tracés à peine par les chasseurs. Après quatre jours de marche, nous serions arrivés dans leur village qui est à une journée de route des villages Ossyeba.

Arrivé le 26 au village de Mamiaka je lui donnai du sel pour qu'il pût acheter des vivres, et quatorze hommes et deux femmes Ossyeba devaient porter mon bagage. Le lendemain nous partîmes à travers la forêt.

... Avant de continuer j'ouvre une parenthèse. Tu t'étonneras sans doute de trouver tant de taches d'huile sur ma lettre. Mais comme je ne suis pas très à mon aise pour t'écrire, tu m'excuseras. J'ai pour lampe une vieille boîte de sardines pleine d'huile de palme et les mille papillons et autres insectes qui abondent dans ce pays arrivent, attirés par la lumière, et finissent par tomber dans l'huile dans lequel ils font le diable. Ils viennent ensuite se poser sur mon papier.

Le lendemain je pénétrai, comme je te l'ai déjà dit, dans la forêt, le premier jour je fus tout seul, sans voir trace d'animaux et l'on ne fit que monter et descendre. Je n'avais même pas vu Zaburet consulter les autres guides pour savoir si nous étions dans le bon chemin et j'avais cru que nous n'en suivions aucun. Pour t'en donner une idée, sache seulement que lorsque je perdais de vue l'homme qui marchait devant moi, j'étais obligé de crier mon nom pour qu'on sache où me retrouver. A chaque moment, nous traversions des ruisseaux et trois fois nous fûmes obligés de monter et de descendre pendant vingt ou trente minutes le long d'un petit fleuve avec de l'eau jusqu'aux genoux. Par bonheur, les arbres gigantesques de la forêt formaient un dôme de verdure que le soleil ne traversait pas, autrement il eût été impossible pour moi de faire pareille marche, bien que j'en eusse pris l'habitude lorsque j'étais chez les Okanda.

Souvent, quelques-uns de ces arbres immenses tombés par vétusté ou abattus par la foudre servaient de route et on cheminait alors sur leurs troncs pendant une cinquantaine de pas. Quelle hauteur devaient-ils avoir quand leur tronc était chargé de branches ? Ailleurs de petits ruisselets barraient la route, on suivait leurs cours jusqu'à ce que l'on pût trouver un pont naturel fait d'un tronc abattu à travers le fleuve. Je traversai le ruisselet Boall sur un de ces troncs long de cinquante-six pas et à une hauteur de 6 à 8 mètres de l'eau. Mes hommes pesamment chargés cheminaient sur ce pont et moi, bien que j'aie la réputation d'être bon équilibriste, j'étais souvent obligé

C'ÉTAIT UN TROUPEAU DE QUATRE BŒUFS SAUVAGES

de les laisser passer devant moi, et de marcher seul pour que les oscillations que produisait leur marche ne me fissent pas tomber. Là comme sur la terre, le seul signe de vie qui m'arrivait aux oreilles dans la forêt était le croassement lointain du touraco bruyant. J'oubliais de te dire que, presque toujours, on est obligé de marcher courbé et enfin à quatre pattes en écartant avec les mains le réseau des lianes et des bambous qui barrent la route.

Enfin, arrivé au village de Zaburet, je vis avec grand déplaisir mon pauvre chapeau entièrement usé par devant à force d'avoir rasé les branches.

On était dans la saison des pluies et la route étant inondée d'eau retardait notre marche. Lorsque la forêt devint plus obscure, ce qui prouve que le soleil que nous n'avions pas vu se tournait au couchant, nous nous arrêtâmes.

Et, alors qu'un Européen se fût trouvé embarrassé pour manger et dormir sur la terre humide ou plutôt sur les débris de feuilles tombées, les Pahouins, vrais hommes des bois, surent avec énormément de prestesse, allumer le feu, construire une case et se faire des lits. Les uns recueillèrent du bois, les autres, à l'aide de petits échalas, formèrent l'armature légère d'un toit, sur lequel ils appliquèrent de larges feuilles que d'autres étaient allés chercher; l'eau ne traverse pas de pareils toits et ils ne craignent que le vent, qui cependant ne souffle jamais au pied de ces arbres immenses. Lorsque les feuilles vinrent à leur manquer, ils se servirent de l'écorce d'un certain arbre, écorce qui pouvait facilement se détacher du tronc, et en firent les toits de leurs cases.

Quant aux lits, ils les avaient construits avec quatre fourches fichées en terre sur lesquelles ils avaient étendu d'autres branches pour y dormir, il fallait y être habitué ; cependant ces lits ont l'avantage de vous garantir de l'humidité du sol, les feux allumés des deux côtés tiennent lieu d'habits et de couvertures. Tout ceci est fait, comme je viens de le dire, avec une telle prestesse qu'en moins de vingt minutes mes hommes avaient fini et se tenaient autour du feu en bavardant.

J'admirais leur habileté sans penser à mon lit qui était facile à faire ; je ne suis pas marin pour rien, j'avais un hamac suspendu entre deux arbres à un mètre ou deux de hauteur et ma couverture étendue au-dessus de ma tête me servait de tente ; tout cela parfaitement arrangé grâce à un morceau de toile et à quelques cordes.

Lorsque j'avais marché du matin au soir sous la pluie, c'était pour moi un grand bonheur de pouvoir me coucher sur ce bienheureux morceau de toile que je faisais sécher devant le feu. Et quand les Ossyeba (Pahouins) bien qu'ils aient construit sous la pluie leur lit de feuilles, se furent séchés, ils se couchèrent et leur couverture fut une simple écorce flexible.

Le 28 mai nous repartîmes tous au point du jour. Le pays présentait alors le même aspect, il fallait monter et descendre continuellement, la forêt gardant un silence majestueux. Vers midi, un Pahouin tua avec sa lance un serpent gros mais court et portant trois cornes sur le nez : je reconnus que c'était une vipère cornue (très dangereuse vipère). Nous commençons à voir les traces d'éléphants et Zaburet m'avertit que, la pluie ayant retardé notre marche, sept jours de route nous séparaient encore de son village ; il me prévint, en outre, que n'ayant pas assez de vivres pour arriver à un village abandonné depuis peu et où nous comptions nous ravitailler, il était absolument nécessaire de tuer quelque animal.

Je fis triste mine quand j'entendis de quelles folles espérances se flattaient les Pahouins pour avoir à manger et je restai très découragé quand, les passant en revue, je m'aperçus qu'ils avaient des vivres pour deux jours à peine et que, en comptant mes ressources, on ne pouvait à la rigueur donner des vivres à toute la troupe que pour trois ou quatre jours seulement. Et cependant la sobriété des Pahouins est exemplaire quand ils sont en voyage.

La réputation de chasseur dont je jouis parmi eux fait qu'ils croient qu'il m'est toujours possible de tuer quelque animal, et surtout depuis que j'ai eu la chance, étant au milieu d'eux, d'abattre au vol des grues et surtout une énorme antilope ; que j'ai tirée à Bingilli quand j'allais à la chute de Bué.

Je pensai d'abord retourner sur mes pas, craignant la faim, et si je ne m'y décidai pas, ce fut parce que Zaburet me parla comme d'une chose certaine des vivres que nous devions trouver au village voisin. Je continuai donc ma route toujours pensif.

Je m'étais proposé de ne jamais tirer qu'à coup sûr, toutes les fois que je serais en présence des Pahouins, néanmoins je marchais scrutant souvent la cime des arbres pour tâcher de découvrir quelque singe ou autre animal sur lequel j'aurais tiré encore que je n'eusse eu que peu d'espérance de le tuer.

Vers les deux heures nous nous arrêtâmes pour manger et les Pahouins se partagèrent le serpent qu'ils avaient tué. Quels marcheurs que ces Pahouins! sur l'épaule, une caisse de 24 kilos, ils parcourent les chemins les plus difficiles comme s'ils ne portaient rien.

Vers le soir étant resté un peu en arrière je m'entendis appeler à voix basse par les Pahouins ; je croyais qu'ils avaient découvert quelque singe et, passant devant ma petite troupe, mon interprète me parla d'un éléphant qu'ils avaient entendu arriver ; tous les yeux se tournèrent vers moi ; pleins de joie comme si l'animal eût déjà été abattu (chose de laquelle je n'étais pas du tout sûr, d'autant plus que ma carabine avait seulement un de ses canons rayé).

Le manque de vivres me décida donc à donner la chasse à

l'éléphant; mais, n'ayant pas de projectile pour le canon lisse de ma carabine, j'y introduisis une balle du calibre de son autre canon; résolu alors de ne tirer qu'à « brûle poil » et pour me défendre. J'avais en outre peur de voir éclater mon arme.

Je m'avançai donc avec Métouta, un de mes deux Sénégalais, pendant que les Pahouins très prudents se cachaient derrière les cases, d'ailleurs n'ayant que leurs fusils à pierre, je comprenais parfaitement qu'ils pussent avoir peur du pachyderme.

Après avoir suivi sa piste pendant quelque temps, ce fut alors Métouta qui, lui aussi, commença à avoir peur, il resta un peu en arrière mais me suivit cependant à quelque distance. Je désespérais déjà de trouver l'éléphant et je m'avançais rapidement sans faire aucune attention quand, sur ma gauche, le bruit de branches et de feuilles brisées m'annonça sa présence. Faisant volte-face je le vois à vingt pas à peine entre les feuilles et les lianes, qui me présentait le front et me regardait.

Sur le premier moment, surpris de me trouver aussi près de ce gros animal, j'eus une certaine émotion, émotion que je ne crois pas devoir désavouer; il n'est pas même certain que l'idée de fuir ne me vint pas tout d'abord à l'esprit.

« Attention ! il faut tirer juste, » me dis-je à moi-même.

Et pour cela, je mis un genou en terre, prêt à faire feu. A ce moment j'éprouvai une émotion, ma foi, très agréable ; je restai ainsi au moins deux minutes. L'éléphant me regardait et ne bougeait pas ; pendant ce temps, j'attendais qu'il changeât de place. Enfin, je pris mon point de mire avec grande attention, cherchant à lui envoyer la balle de façon à ce que, rasant la tête, je pusse lui fracasser l'épaule et le cou. Le coup partit, je ne bougeais pas, je ne distinguais rien ; la fumée m'empêchant totalement de voir, je crus l'éléphant frappé au cœur et mort sur le coup. J'allais m'approcher plus près de lui quand un énorme fracas m'avertit qu'il n'était nullement mort, et qu'il allait me charger. A l'instant, en deux bonds je m'élançai le fusil sur l'épaule, mais la bête était déjà en fuite, bien que tout le sang répandu sur le sol me montrât qu'elle avait été frappée mortellement.

Je rappelai alors Métouta, qui, me croyant absolument broyé, criait mon nom d'une voix épouvantée. Jusqu'alors je n'avais pas eu peur et cependant je confesse qu'à ce moment, l'émotion me prit en pensant aux dangers courus. J'avais si bien toute ma présence d'esprit que je me rappelle avoir crié à Métouta de sauter de côté au moment où je croyais que l'éléphant allait courir sur moi.

Deux des Pahouins le sachant frappé à mort, décidèrent de suivre avec moi ses traces. Nous marchons pendant au moins une demi-heure en suivant les larges taches de son sang. Arrivés près d'un ruisseau, un grand bruit dans l'eau me fit croire que nous avions trouvé; nous nous trompions, c'était un troupeau de quatre bœufs sauvages que notre présence faisait fuir. J'en abattis un l'épine dorsale brisée par une balle.

Le bifteck de filet de bœuf que je désirais tant en quittant la côte était enfin trouvé et je n'avais plus à craindre la faim pour le reste du voyage. C'était une vraie bonne fortune. Mes hommes et moi serions facilement morts de faim, attendu que nous n'avions rien trouvé dans le village abandonné, les éléphants avaient tout mangé.

Nous nous arrêtâmes dans ce village pour fumer la chair du bœuf, mais je ne pus cependant avoir le « *beefsteak* » tant désiré, les Pahouins l'ayant dépecé de telle façon qu'il fut impossible de trouver un peu de filet.

Le lendemain nous fûmes éveillés par une pluie torrentielle et passâmes la journée à fumer notre bœuf.

Le soir, Métouta avait la fièvre et crachait le sang. J'en fus fort découragé, car de tous mes Sénégalais, c'était lui qui m'était le plus dévoué; j'avais de mon côté une grande affection pour lui. J'eusse été très malheureux, s'il m'avait fallu me séparer de lui, je donnai à Métouta ma propre couverture, la sienne étant encore trempée.

Nous partîmes au lever du jour. Mes hommes portaient vraiment une lourde charge, outre les caisses ils avaient encore la chair de notre bœuf dont nous n'avions laissé que la carcasse.

Nous nous arrêtâmes à nuit close, trempés jusqu'aux os par la pluie qui tombait depuis longtemps sans interruption. Mouillé comme je l'étais, je ne me couchai pas, je m'assis devant le feu. Ce fut ce qu'on peut appeler une nuit musicale, attendu que j'en passai la plus grande partie à chanter tous les airs qui me venaient à l'esprit et qui me faisaient penser aux pays lointains. J'avais dîné de manioc et de bœuf séché et j'avais bu du thé, que j'avais à ce moment le bonheur de posséder : du thé sans sucre bien entendu, le sucre étant un luxe permis seulement en Europe.

La pluie avait continué toute la nuit, accompagné notre marche toute la journée et n'avait cessé que le soir. Cela me permit de faire sécher mes vêtements et je pus dormir le reste de la nuit.

Nous cheminons tout le lendemain sur les larges traces des éléphants et des bœufs sauvages. Nos Pahouins ne se rassurèrent que lorsqu'ils eurent constaté que ces animaux suivaient une direction opposée à la nôtre.

Le trois juin j'arrivai aux bords du fleuve et ce qui me récompensa de mes fatigues, ce fut l'émotion profonde que j'éprouvai. Le premier Européen je voyais l'Ogôoué au-delà des chutes. J'allais les voir ! je me trompais ! les chutes étaient encore à plus de quatre jours de marche.

De mon côté je construisis un radeau avec quelques arbres légers, et passai le fleuve, large en cet endroit de 7 ou 800 mètres.

Ces radeaux ou barques des Ossyeba, comme on les appelle dans le pays, sont un moyen de transport assez peu agréable, mais c'est le seul qu'emploient les habitants pour traverser le fleuve. Trois ou quatre troncs d'arbres coupés dans la forêt et attachés ensemble par des lianes forment un radeau qu'on abandonne au courant après s'en être servi. Pour comble d'infortune, en traversant ainsi le fleuve, les quelques provisions d'Europe, que j'avais avec moi, furent entièrement gâtées par l'eau.

4 juin. Nous campons sur l'autre rive du fleuve, et les fièvres me reprennent. La nuit, un coup de fusil a été tiré sur un tigre qui tournait autour de nous. L'espèce en est commune dans ce pays, et j'en ai souvent vu les traces.

5 juin. — Marché toute la journée.

Nous sommes arrivés au village de Zaburet. Ce village est composé moitié d'Ossyeba et moitié de Shake qui sont un peuple très nombreux. Ils me semblent d'ailleurs différer peu des premiers, et se trouvent, d'après mes renseignements, au Sud-Est des Ossyeba.

A peine arrivé j'envoie un Shake, N'dolla, chez les Ossyeba pour leur faire dire qu'un blanc est arrivé qui désire visiter le pays. Je demandais en outre une pirogue pour remonter le fleuve; afin d'être cru je remets au porteur mon bâton et un feu de bengale.

N'dolla devait être de retour le 7. Le 8, le 9, le 10 et le 11 juin j'attendis vainement N'dolla et la pirogue.

Je me décidai alors à partir moi-même chercher la pirogue chez les Ossyeba; je repassai alors le fleuve accompagné de Zaburet et de ses hommes. Le soir je m'arrêtais à Gioconda, village shake.

Le 13 juin, je quitte le village de Gioconda. Mais épuisé par trois mois de voyage en pleine saison des pluies, je fus repris par une très forte fièvre qui m'empêcha de marcher et fus obligé de revenir sur mes pas.

Le 14 juin, je partis de nouveau. Mais après deux heures de marche, malgré l'ipécacuana et une forte dose de quinine, la fièvre me reprit encore avec plus de force.

J'envoyai mon interprète Denis, le seul homme qui me restât, chercher la pirogue tant désirée.

Les Pahouins furent très irrités quand ils virent que Denis mon interprète partait avec ma carabine. Et quand je leur montrai mon petit revolver de poche, ils furent assez peu rassurés et : « Le tigre est grand et le fusil est petit, » dirent-ils, le soir. Croirais-tu que ces « farouches *cannibales* » de Compiègne voulaient me faire cuire vivant. Ils avaient déjà réuni et rassemblé autour de moi tant de bois que cela eût certainement suffi à me faire cuire sinon immédiatement du moins à petit feu, après quoi, satisfaits de leur œuvre, ils se sont couchés sur le flanc.

Heureusement, il ne s'est montré aucun tigre ; sans quoi, je crois qu'ils m'eussent fait rôtir de peur d'être mangés tout crus.

L'après-midi arriva l'interprète avec une pirogue de Djumba, roi des Ossyeba.

J'emploie le mot roi car c'est ainsi que l'appelle Renoqué, lequel n'a pas moins d'influence chez les Inenga que Djumba, dans son pays.

Le soir j'étais de nouveau au village de Zaburet, comptant y passer la nuit, et j'eus l'heureuse surprise d'y rencontrer le docteur Lenz ; je pouvais alors lui faire les honneurs du pays.

Il était arrivé le matin.

Jusqu'au 24 juin je restai avec le docteur Lenz dans le village de Djumba, explorant les environs. Enfin le 26 je demande à Djumba des pirogues et des hommes pour descendre chercher mes marchandises, mais il me répond qu'il a perdu sa grande pirogue et qu'il fera demain abattre un arbre pour m'en fournir une autre.

A mon arrivée eut lieu la cérémonie de la circoncision.

Le bruit infernal, accompagnement obligé de chaque fête en Afrique, m'empêche pendant trois nuits de dormir. La circoncision se pratique à l'âge de dix-huit à vingt ans, la fête dure trois jours qui se passent en danses et en tam-tam. Après ces trois jours, les jeunes gens sont portés en procession vêtus de leurs habits de fête avec tous leurs ornements, perles et bracelets de cuivre qu'ils peuvent trouver à emprunter; ils ont, de plus, la figure toute blanchie avec une espèce de chaux; ils font de cette façon le tour du village à grand renfort de tam-tam, de chants, de cris et de coups de fusils.

Le sorcier suspend aux hautes branches ou aux troncs d'arbres fichés dans le sol un pot de terre; ce pot renferme de la viande cuite avec diverses herbes, il est ensuite recouvert d'une peau de bête enchantée.

Les jours suivants après la cérémonie, chacun des jeunes gens, après avoir tiré un coup de fusil, va se mettre sous un arbre, chacun a le sien. Un homme qui est grimpé dans l'arbre, fait descendre dans sa bouche, au moyen d'un fil, un peu de la viande en question, après quoi, et après avoir tiré un autre coup de fusil, tous retournent chez eux, les circoncis sont mis dans une case à part où ils vivent seuls. Un mois après, ils reprennent la vie commune.

Le 25. — Je pars pour Dumé.

Le 26. — Je fais halte dans un village Aduma voisin de celui où est le Dr Lenz avec qui je repars. Lui aussi va à Dumé.

Le 27. — Nous voyageons ensemble et nous passons la soirée au village N'guémé.

Le 28. — Je m'arrête au village de Cumba Maribo. Le docteur Lenz reste un peu en arrière.

Le 29. — A neuf heures du matin, le premier parmi les Européens, j'eus la satisfaction d'arriver aux cascades de Dumé.

Le 30. — Le docteur Lenz me rejoint à Dumé et moi, devant trouver chez les Aduma et chez les Ossyeba, le moyen de me procurer hommes et pirogues, je descends de nouveau le fleuve ;

JEUNE FÉTICHEUR GALOIS

tandis que lui, compte le remonter plus haut. J'ai su par lui, lorsque le 11 juillet, il a traversé le village de Djumba pour descendre chez les Okanda et de là rentrer en Europe (il était parti le 2 juillet de Dumé) que, arrivé au confluent du fleuve

Sébé (un jour et demi de pirogue de Dumé) tous ses hommes l'ayant quitté la nuit; il n'avait pu continuer le voyage.

Parti de Dumé je m'arrêtai chez N'guémé, chef influent des Aduma, je fis réunir les chefs des villages voisins et ceux-ci me promirent des pirogues. Je m'arrêtai ensuite au village Aduma

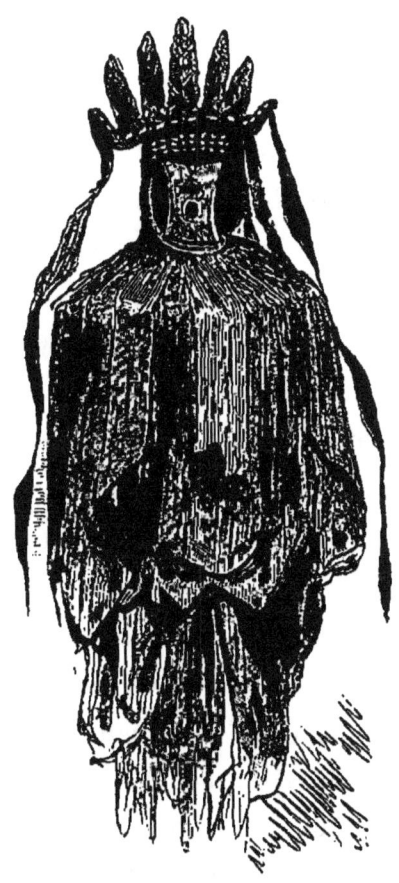

M'DOURI FÉTICHE.

de Numba, ayant entendu dire qu'un chef que j'avais vu à Lopé avait remonté le fleuve et voulait me rejoindre.

L'arrivée de Dumba confirmait les craintes qui, comme je te l'ai déjà dit, m'avaient en grande partie conseillé ce voyage chez les Okanda. Les événements m'expliquèrent ensuite cette arrivée de Dumba. Les Okanda auxquels il déplaisait de me voir partir chez les Aduma et chez les Ossyeba l'avaient envoyé ici pour les menacer de ne plus faire de commerce avec eux s'ils ne donnaient des pirogues.

Ignorant alors tout cela, je quittai alors le village de Dumba pour aller dans celui de Djumba croyant qu'il ne tarderait pas à arriver avec un nombre de pirogues suffisant pour transporter mon quartier général de Lopé à Dumé, comme j'en avais l'intention.

Arrivé chez Dumba, je fus très content de voir que la pirogue déjà mise à l'eau serait entièrement finie en cinq jours; six jours après, je remontai chez Dumba pour chercher les autres pirogues promises.

Je ne trouvai dans ce village rien de prêt pour le départ, et Dumba se moqua de moi, faisant repartir ma pirogue et m'en promettant une autre pour redescendre au village de Djumba ; et il me la refusa ensuite.

Je fis fouetter par mes deux hommes le chef d'un des villages des bords du fleuve où Dumba m'avait conduit et qui, à son instigation, s'était également moqué de moi.

Sachant qu'aucun de mes hommes ne nageait suffisamment, je dus moi-même traverser le fleuve à la nage pour aller prendre au village de Dumba, la petite pirogue qui m'était nécessaire pour redescendre chez Djumba, ce que je fis le jour suivant.

Arrivé à une cascade, ma pirogue chavira, comme je m'y attendais, mes deux hommes n'ayant pas l'habitude de conduire pareil esquif.

J'avais fort bien reçu à Lopé le chef Dumba et lui avais fait divers cadeaux; en somme, je ne pouvais d'autant moins m'expliquer sa conduite et le changement de sa manière d'être vis-à-vis de moi que, dès son arrivée, il était venu avec plusieurs chefs qui tout d'abord m'avaient fort bien reçu.

Depuis déjà quelque de temps, j'épargnais mes provisions en cas d'événements imprévus et vivais de manioc; mais outre que j'étais repris par la fièvre tierce qui commençait à m'affaiblir, j'avais hâte d'être de retour à Lopé où j'étais sûr de trouver au moins un bien-être relatif. De plus la conduite de Dumba me donnait de grandes inquiétudes ; je craignais que les Okanda ne remontassent pas le fleuve ou le fissent sans mes marchandises.

J'avais trouvé un homme qui voulait bien travailler à la pirogue à mes frais, mais le chef ne voulut pas le lui permettre et m'affirma que Souga ne voulait pas descendre le fleuve et m'avait retenu seulement pour avoir de moi un cadeau d'usage. En dépit de mon impatience, je dus attendre les événements.

Pendant ce temps, j'avais revu Djumba deux fois, chaque fois il avait voulu retourner dans son village, promettant de descendre avec moi, mais je refusai et lui fis des menaces. Je sus par la suite qu'il avait fait une sorcellerie contre moi. Comme pour donner raison à la sorcellerie, le 12, la fièvre me reprit avec violence accompagnée de vomissements que je ne pouvais retenir. Je commençai alors à être faible, à ne pouvoir manger ; je ne pouvais plus supporter autre chose que de l'eau dans laquelle on avait fait bouillir de la canne à sucre.

Il faut que je te dise qu'à mon arrivée dans ce village, j'avais ordonné que Metouta, un de mes Sénégalais, descendrait par le fleuve jusqu'à Lopé pour porter une de mes lettres ; il devait descendre dans une pirogue contenant à peine place pour deux hommes. L'indigène qui la montait pouvait à peine se tenir assis dans le fond.

Metouta parti, je me tranquillisai un peu parce que je mettais Ballay en garde contre la mauvaise foi des Okanda.

La pirogue fut conduite par le fils du chef lequel, avant de rien faire, consulta ses sorciers qui procédèrent alors à la cérémonie suivante.

Après avoir mis des bananes dans un panier et les avoir

offertes aux esprits, ils prirent la crécelle qui sert à les réveiller, et la secouant, ils demandèrent : « Fais-je bien d'envoyer mon fils chez les Okanda avec l'homme blanc? »

La réponse fut sans doute affirmative, puisque, secouant de nouveau la crécelle, le sorcier demanda : « Doit-il partir aujourd'hui ?» La réponse dut être de nouveau affirmative attendu que le garçon se prépara à partir et se coupa une mèche de cheveux sur la nuque, une autre sur le haut de la tête, un ongle des pieds et un de la main. Son père prit tout cela et en fit un paquet qu'il mit dans la case du sorcier sous la protection duquel il devait se trouver désormais pendant le voyage.

Je continue donc. Et, d'abord, avant de te dire que j'ai été malade je t'avertis qu'en ce moment je me porte admirablement bien.

Jusqu'au 10 août, je commençai à m'affaiblir de jour en jour et je me souviens qu'un esclave Okota qui avait déjà montré quelque attention pour moi, me voyant marcher avec grand'-peine, me donna un bâton pour pouvoir m'appuyer.

Le 11, j'étais tellement faible que je résolus de descendre à Lopé à tout prix et quand j'eusse même dû, à mon grand regret, user même de violence.

Et comme je n'avais jamais pu me mettre en route avec ma petite pirogue, mes hommes ne sachant la diriger, je me décidai à aller le lendemain au village de Djumba pour y prendre sa grande pirogue et descendre le fleuve tout en conservant, s'il était possible, les hommes qui m'avaient conduit. Le soir, j'envoyai dans ma petite pirogue Denis, mon interprète, voir où était la grande pirogue.

Le 17 août, enfin, je partis avec quatre hommes du village parmi lesquels l'esclave Okota. Arrivé chez Djumba et ne voyant pas sa pirogue, probablement parce que, ayant deviné mon intention, il l'avait cachée, je me décidai à descendre

PETITE PIROGUE SUR L'OGOOUÉ

avec la mienne, menaçant de tuer ceux de mes hommes qui ne voudraient pas me conduire chez les Okanda.

Alors, quand nous fûmes près de leur village, ils voulurent accoster; les ayant menacés en vain, je tirai aux oreilles de leur chef un coup de fusil pour leur faire peur; tous alors se mirent à essayer de faire chavirer la pirogue. Immédiatement, j'arrêtai ce mouvement en tuant le chef pendant que Denis, avec une carabine, en tuait un autre; il se trouva que ce fût l'esclave Okota dont je veux te parler; quant aux deux derniers, ils se jetèrent à l'eau. Du village partirent quelques coups de fusil que je fis immédiatement taire en tirant au-dessus de leurs têtes un coup de revolver. Enfin je descendis le fleuve avec mes deux hommes. J'étais désolé de ces deux morts, surtout de celle du

UNE GRANDE PIROGUE DE RAPIDES

pauvre esclave Okota, mais je n'en éprouvais aucun remords, je n'avais fait que défendre ma vie. En ce moment je me croyais gravement malade.

Le soir, j'arrivai au village de Zaburet et, le lendemain matin, quand je me préparais à repartir, ce fut avec la plus grande surprise et avec la satisfaction la plus grande que je vis les vingt-deux pirogues des Okanda, lesquelles, conduites par Ballay, portaient la meilleure partie de mes provisions.

Je confesse qu'alors je me sentis guéri.

Le D' Ballay me dit que j'étais uniquement fatigué par les privations et que j'avais une fluxion de poitrine mais tellement légère que je pouvais poursuivre le voyage, ce que je fis en retournant en arrière avec lui. Nous remontâmes alors le fleuve et nous nous arrêtâmes 7 jours après au village de M'quémé.

La majeure partie de mon bagage était alors déjà remontée, le quartier-maître Hamon était resté à Lopé avec le surplus que nous nous proposions de faire repartir avec les Aduma ou avec les Okanda même quand ils remonteraient le fleuve une seconde fois.

Quelques jours après notre arrivée dans le village de M'quémé j'envoyai Marche reconnaître le fleuve au-delà des cataractes de Dumé, il parvint presque jusqu'au territoire des Alzana.

Le 27 septembre les Okanda vinrent me dire qu'ils descendaient par l'Ogôoué mais ils avaient peur d'être attaqués par les Pahouins maintenant qu'ils n'avaient avec eux aucun blanc; je me décidai alors à les accompagner, mon but étant de dresser la carte du fleuve.

Dix pirogues Aduma s'étaient jointes à celles des Okanda; j'avais donc avec moi environ trente-quatre pirogues de celles qui peuvent contenir plus de trente hommes. Les Okanda avaient acheté cent quatre-vingt-deux esclaves parmi lesquels il y en avait de vieux à cheveux blancs et des enfants de trois ans sans leur mère. A mon arrivée je leur fis enlever la pièce de bois (la gangue des Chinois à peu près) où ils avaient les mains prises, c'était d'ailleurs la seule chose que, vu les circonstances de l'expédition, je pusse faire pour eux.

Le 30, dans la soirée, nous nous arrêtâmes à l'embouchure du fleuve Ivindo, dans l'île même où avait eu lieu l'attaque contre le marquis de Compiègne et Alfred Marche.

Le lendemain matin, nous repartîmes et un des chefs Okanda, dont la pirogue avait chaviré, se noya. Grâce à moi, six hommes de cette pirogue avaient été sauvés et comme mon embarcation était trop petite, je dus aller à bord pour les faire descendre et en retourner chercher d'autres, et ce ne fut pas sans peine.

Le 2 octobre, j'arrivai à Lopé et envoyai Hamon avec les Okanda, lesquels allaient chez les Snenga pour les prévenir de l'heureuse réussite de leur voyage : Hamon devait prendre à la factorerie de Lambaréné trois grosses caisses que j'attendais d'Europe; c'étaient des vivres dont nous commencions tous à avoir besoin pour nous donner un peu de bien-être, bien-être relatif, d'autant plus qu'à présent, nous avions à notre disposition des moyens de transport qui devaient nous manquer par la suite pour communiquer avec la factorerie.

J'écrivis, par l'entremise de Ballay, le priant, s'il y avait moyen, de faire verser ma solde au Trésor du Gabon, et j'attends encore sa réponse; je crois que c'était chose difficile.

Je te prie d'envoyer à mon nom par l'entremise du Ministère, au Trésor du Gabon, la somme de... francs pour payer ce qu'Hamon prendra à la factorerie, d'autant plus que les dépenses faites par Ballay au Gabon surpassent de 7 à 900 francs la somme que je t'avais demandée de Lopé et celle que j'avais à ma disposition à cette époque au Gabon.

A présent, il m'est indispensable d'y avoir à ma disposition une petite somme pour payer les hommes qui, au moyen d'un bon sur la factorerie, consentent à porter mes lettres. Je crois que maintenant cela ne sera plus souvent possible. Quant à la présente, Renoqué descendra la porter d'ici à deux mois, et ce sera probablement la dernière.

Donc, chère maman, c'est le cas ou jamais de dire : « Pas de nouvelles, bonnes nouvelles. » Plus je m'avancerai dans l'intérieur, et plus grande sera la difficulté de t'écrire.

Ici, les vivres sont en ce moment assez restreints ; on se nourrit de viande salée, de bœuf sauvage et on s'arrange comme on peut pour se procurer le nécessaire. La cause de ce manque de vivres est que les Okanda, étant partis en voyage, n'ont pas pu travailler aux plantations. J'ai bien peur que pareille chose n'arrive également chez les Aduma au commencement de l'année prochaine ; ils se sont occupés de faire du commerce avec les Okanda et n'ont pas travaillé davantage.

Les difficultés devant lesquelles je vais me trouver sont le manque d'interprète chez les peuples au-delà des Aduma ainsi que le manque d'hommes pour conduire les pirogues. Cela me mettra entièrement entre les mains de ces peuples.

J'ai reçu, par l'entremise de Ballay, toutes vos lettres.

Adieu.

VIII

Dumé, Rebagni, Aduma, 20 avril 1877

Mon cher Antoine,

C'est le 20 août 1875 que je me suis embarqué pour l'Afrique, voilà donc vingt mois que j'ai quitté l'Europe. La dernière occasion de t'envoyer mes notes s'offre à moi. Bientôt la route fluviale va être barrée par les Ossyeba.

J'en profite pour te faire un récit fidèle de ma situation présente. Je te dirai tout ce que je pense, ce que j'espère ou ce que je crains pour l'avenir.

Le 31 mars 1877, je suis arrivé pour la seconde fois, à Dumé avec les Okanda et j'ai laissé le reste des marchandises à Lopé. C'est là que nous nous sommes trouvés de nouveau tous réunis depuis le 24 avril 1876 et que j'ai définitivement installé mon quartier général.

Quand je suis arrivé ici pour la première fois l'année dernière, le 20 juin 1876, j'avais pour tout bagage un sac de soldat et j'étais accompagné seulement de Denis, l'interprète Pahouin. Je t'assure qu'il m'a fallu une bonne dose de patience et de temps pour arriver à installer ici le quartier général en question.

Me voilà avec mes magasins remplis, tandis que nos plantations commencent à donner des résultats : les radis noirs, les haricots indigènes, le sucre, le tabac, les épinards, etc.

Permets-moi une digression. Si par hasard, il te prenait la fantaisie de goûter ces épinards qui ont paru assez souvent sur notre table, tu peux te donner ce plaisir en faisant cuire ces larges feuilles qui sont près de la fontaine de notre jardin à Rome avec de la graisse de mouton, du poivre et du sel ; c'est un mets véritablement délicieux (pour les gens du pays s'entend, à deux mille lieues de l'Europe.

Dumé est le site le plus à l'Est du pays des Aduma. Quand j'arrivai l'année dernière, les eaux étaient basses et se trouvaient barrées par une espèce de gradin gigantesque haut de 1 m. 50 et long de 400 mètres environ. L'eau passait sur ce gradin et formait une petite cascade. La hauteur était trop faible pour que je puisse lui donner le nom de chute. Mais comme ce n'est pas non plus un rapide, je lui ai donné le nom de cataracte. Maintenant les eaux sont hautes, la cataracte n'existe plus et je suis obligé de retirer aussi le nom de cataracte.

Notre village est sur la rive gauche du fleuve à une altitude de 6 ou 8 mètres du niveau moyen de l'eau, bien aéré, et entouré par les bananiers de nos jardins. La position n'est pas mauvaise et, ayant fait cadeau d'une chaîne au chef le plus influent dans un rayon de 20 kilomètres, nous avons l'avantage de ne pas craindre les vols nocturnes.

Ce chef qui nous protège des voleurs s'appelle Le Tigre. Enfin Dumé est la station la plus favorable pour nous au point de vue de nos projets de pénétration dans l'intérieur. Le fleuve commence à devenir très rapide près du territoire des Azzana ou des Bakani qui se trouvent à cinq ou six jours de Dumé, de là nous continuerons très probablement jusqu'à une chute que les noirs appellent Pubara, ou Pubilé. Cette chute est située, d'après leurs indications, à quinze ou vingt jours de Dumé, exactement entre le pays des Batékés ou Atékés, et le pays des Avombo lesquels sont sur la rive du fleuve et de la rivière Libumbay, affluent à la gauche de l'Ogôoué ou Rebagni.

Les Batékés ou Atékés, sont l'objet de la superstition des noirs. Ils disent que ce peuple a des couteaux dont la lance est énorme. Lorsqu'ils en portent seulement un coup dans une case ils font mourir le village tout entier ! Mais voilà qui est plus terrible.

Les Umbétés, un autre peuple, qui habite sur la rive droite, et à une assez grande distance du fleuve, prennent feu lorsqu'il s'élève dans les airs et retombe en pluie de feu sur la terre....

Tous ces noms se trouvent dans les anciennes cartes portugaises exécutées de 16 à 1700 d'après les indications des noirs, mais je les retrouve à une distance et à une place bien différentes de leur place réelle. Ainsi la rivière Libumbay est signalée (sur ces cartes portugaises) comme un affluent de la rive droite du Congo tandis que je suis sûr que la rivière Libumbay est un affluent de la rive gauche de l'Ogôoué.

Quant aux Batékés, aux Umbétés, aux M'bamba, aux Avombo et aux Shake, je les retrouve tous sur la carte portugaise faite d'après les seules indications que les missionnaires aient pu tirer des noirs de la mission de Concobella qui est environ à 250 milles au Sud-Sud-Est de l'endroit où Marche et ensuite le Docteur Ballay arrivèrent pendant que j'étais malade.

C'est près de cette chute de Pubara que je voudrais transporter mon quartier général. Cet emplacement, que je ne connais que d'après les seules indications des noirs, me semble offrir l'avantage de pouvoir me permettre d'entrer en rapports avec les

Batékés, qui se trouvent au-delà de Pubara. Et comme les Aduma il y a déjà quinze ou vingt ans arrivaient à Pubara pour faire leur commerce, j'espère pouvoir les décider à m'y emmener. Les peuplades au-dessus de Dumé ne savent pas s'en servir et d'ailleurs n'ont pas de ces grandes pirogues avec lequelles j'ai remonté le fleuve jusqu'ici. Ce sont toutes des peuplades de la brousse qui n'ont construit leurs villages sur les rives de l'Ogôoué, que relativement longtemps après que leurs frères noirs y avaient installé les leurs, c'est ce qui explique la rareté des pirogues grandes ou petites, et à plus forte raison celle des pagayeurs sachant les conduire. Jusque-là j'avais un Aduma comme pagayeur.

Il y a quelque temps déjà, quand les communications entre les Aduma et les Okanda n'étaient pas encore barrées par les Ossyeba, les premiers tiraient leurs esclaves du pays qui s'étend de Dumé jusqu'aux chutes de Pubara, pays qu'ils n'avaient jamais dépassé. Ils payaient ces esclaves avec des marchandises reçues de la côte par les Okanda.

Lorsque les marchandises vinrent à leur manquer, le chemin étant barré, ils continuèrent à faire leur voyage du côté de Pubara. Et pour se procurer pendant quelque temps encore des esclaves ils prirent le parti de s'emparer par tromperie et par violence de leurs anciens amis et ils les vendirent comme esclaves. Depuis cette entreprise, la crainte des représailles, les a fait renoncer à leur voyage, et ils ne se montrent qu'à trois ou quatre jours au-delà de Dumé.

Le manque de marchandise « esclaves » n'en fit pas augmenter le prix, et depuis, les Aduma ont trouvé utile d'appliquer ce système en famille. Le père a vendu le fils, le frère a vendu son frère et le fils, sa mère... Ne vas pas croire que j'exagère. Sur treize esclaves achetés par moi, trois ont été vendus par le père, trois par leur frère aîné, deux par leur frère cadet et un par son oncle. Je les ai achetés de seconde ou troisième main aux Okanda et aux Galois.

Pour les raisons que je viens de dire, ces Aduma, sauf quelques rares exceptions, n'ont guère envie de remonter avec moi à Pubara, d'autant plus que maintenant les Batékés ont commencé à apporter des marchandises européennes venant du Congo, ce qui a diminué la valeur des marchandises que les Aduma pouvaient tirer de leur région. Quel peuple est celui-ci, mon cher Antoine ! c'est le plus mauvais de ceux que je connais, et parmi ceux que j'ai rencontrés jusqu'ici, c'est celui qui occupe le rang le moins élevé dans l'échelle sociale. Il n'a pas la plus lointaine idée de quelque chose qui ressemble à un sentiment quelconque. La matière brute est tout pour ces gens. Ils manquent absolument de principe et de tradition quels qu'ils soient. Le plus souvent, le fils ne pourrait te dire où est né son père, et si on lui demande ce qu'étaient les Adumas il y a soixante-dix ou cent ans, il ne sait te répondre *sur rien*. Il n'existe parmi ces sauvages aucune espèce de poésie quelconque, même grossière.

Quand ils vont en pirogue, ils chantent, et battent la mesure pour arriver à plonger leurs rames correctement. Quand avec la voix ils s'accompagnent au son du tamtam, leurs paroles n'ont aucun sens et ne signifient rien du tout. Ils sont lâches, pervers et intraitables. Voilà la perle précieuse que j'ai découverte en 1876 et que j'ai l'honneur de présenter au monde civilisé. Voilà le peuple auquel je dois m'adresser pour m'emmener à Pubara.

Conclusion : Ma seule route est le fleuve, mon seul moyen de transport, la pirogue, mes seuls rameurs, les Aduma. Je t'avoue que j'ai peur de faire « fiasco ».

Parmi les différents chefs deux s'appelant Mata et Guégo sont ceux qui jouissent de la plus grande influence. Sous leur protection, la route du fleuve en-dessus de Dumé, devient sûre, et Mata est, en effet, le seul qui puisse réunir les hommes d'un certain nombre de villages pour conduire nos pirogues. Et pourtant au début nos relations étaient peu amicales.

Rapace, fourbe, avare, il me prenait pour une vache à lait. Il prétendit d'abord que les siens ne connaissaient pas le fleuve. Je dus lui prouver le contraire, il finit par me promettre qu'il réunirait tous ses Aduma pour nous conduire ensemble nos marchandises et moi jusqu'à la chute du Pubara.

De mon côté, je lui ai fait un petit cadeau et de grandes promesses pour le moment où nous serions arrivés là-bas. Il va s'occuper de réunir ses gens, réussira-t-il? Je suis presque sûr que non. Si j'ai des hommes, je le devrai aux grandes promesses avec lesquelles j'ai séduit les différents chefs.

Pour transporter là-bas toutes les marchandises, il faudra plusieurs voyages.

Un grand obstacle que tout d'abord, j'espérais pouvoir éviter et qui maintenant se présente d'une façon imminente, c'est la petite-vérole.

Justement, cette affreuse maladie vient d'éclater dans tous les villages voisins avec une intensité épouvantable, maladie qui, avec le choléra, est beaucoup plus forte qu'en Europe. Quand je pense que d'une semaine à l'autre, je puis perdre la moitié de mes hommes, il me vient des frissons. Impossible de les isoler à moins de les exposer à mourir de faim; je dois me limiter à de simples précautions hygiéniques. Une excitation nerveuse m'empêche de rester tranquille dans mon lit plus de six ou sept heures et j'ai recommencé mes promenades nocturnes.

Dans le village voisin, — village de vingt-cinq âmes, — il y a eu hier deux morts et huit cas de maladie.

De plus, en bas du fleuve, et chez les Okanda, le fléau sévit également. Les Okanda d'Asetuka, fous de peur, se sont enfuis pour retourner dans leur pays sans attendre les esclaves que nous avons déjà payés. Les Okanda de Lopé sont restés, bien que la petite vérole fît également des victimes. Avec leur départ, je vois se rompre le dernier lien qui m'attachait à l'Europe. La maladie s'étant manifestée le long de la route que je dois parcourir, a mis dans la tête des noirs toujours prêts à croire les choses les plus extraordinaires, que je suis la cause de tout le mal. Ils en sont tous convaincus et me demandent seulement de quelle façon j'ai pu éviter la mort.

Un Aduma me parlant me démontrait qu'il savait parfaitement comment les choses étaient arrivées : « Quand nous » sommes descendus avec toi, dans le pays Okanda, chercher » tes marchandises, la maladie n'existait pas encore, quand » nous avons reçu les marchandises, qui est-ce qui a dit : » Okanda et Aduma, le moment du départ est arrivé, nous » nous mettons en route à la fin de la lune, les Aduma se » sont réunis sur le banc de sable de Passangoi pour partir. Tu » es alors venu sur le banc et as demandé : Où sont les Okanda » et le reste des Aduma ? Nous t'avons dit : Ils viendront » demain. Le fléau n'était pas encore arrivé. Tu as attendu trois » ou quatre jours et les Okanda n'étaient pas là. Alors, tu t'es » mis dans une grande colère et quand les Okanda sont enfin » arrivés, tu as envoyé la maladie par l'air de façon qu'elle se » répande sur tous les hommes. »

Voici de plus une seconde version, par une confidence d'un de mes esclaves, j'ai su qu'un chef Okanka avait dit ceci : « Le chef blanc est mauvais et porte avec lui une caisse pleine » de maladies. Lorsqu'il passe dans un village il ouvre la caisse, » toutes les maladies sortent et ces maladies font mourir tous » les hommes du village. »

Voilà donc ton frère métamorphosé en Pandore antique ; ce mauvais renom qui s'est répandu plus vite et beaucoup plus loin qu'on ne le pense, ne m'ouvrira certainement pas la route. Le docteur Ballay est toujours en mouvement pour prescrire des remèdes et soigner les malades.

Jusqu'à aujourd'hui, personne n'a pu être garanti de la mort mais Ballay espère bien en sauver quelques-uns. S'il arrive à ce résultat, il sera pris pour une divinité et une divinité bien utile que nous ne laisserions pas échapper facilement.

Une autre difficulté en face de laquelle je vais bientôt me trouver aux prises est le manque d'interprètes quand je serai à Pubara.

Présentement les langues M'Pongowe, Bakalais, Fan, Make, Bacci et Okanda, que nos interprètes savent à peu près bien, me suffiront. Mais après, je ne sais pas ce que je ferai ; les esclaves que j'avais achetés dans ce but s'étant presque tous enfuis.

« Ma vie n'est pas en danger, et il paraît que quant à présent,
» je ne prendrai pas rang dans la glorieuse phalange de martyrs
» dont la science s'honore, et qui ont jalonné de leurs cadavres
» la route, qu'ils ont ouverte à la civilisation et à la science. »

Rien n'a égalé la stupéfaction des indigènes le jour où la canonnière « *Marabout* », qui relâchait près de Renoqué en novembre 1876, m'a salué au départ d'un coup de canon, lorsque je remontai le fleuve. Nous étions alors bien pourvus et possédions environ quatre cents caisses, colis, ballots de toutes dimensions. Figure-toi qu'ils m'avaient pris pour un grand chef des Français et, détrompé par moi, on a demandé avec un grand étonnement : « Quel est donc ce Nabab si magnifique, qui a avec lui des marchandises plus qu'un village n'en peut contenir et qui ne vient pas ici pour faire du commerce ? » Ils auraient bien voulu me dépouiller sous prétexte de rançon et de tribut, mais ils me trouvaient armé de trop bonnes dents sous la forme de treize Sénégalais armés de mousquetons système Gras.

Le 1ᵉʳ janvier 1876 eut lieu une grande fête dans la factorerie

LE DOCTEUR BALLAY

en face de Lambaréné et je me rappelle cette date parce que j'ai mangé du pain, la seule fois que j'en eusse mangé pendant l'année 1876. Somme toute, jusqu'à aujourd'hui ma santé était restée bonne et je n'avais eu à déplorer que quelques accès de fièvre. Ceux-ci m'ont repris plus souvent à Lopé parce que, devant m'absenter souvent et pendant longtemps, comme lorsque je fis ma pénible excursion dans le pays des Ossyeba, j'étais forcé alors, de vivre avec les seules ressources du pays. De temps en temps, je retournais, pour quatre ou cinq jours, au quartier général de Lopé, et alors je m'y considérais comme dans un Eden, chèvre, mouton, sucre, café, etc., etc., se trouvaient en abondance, grâce auxquels je reprenais mes forces, débilité par les fièvres et par les fatigantes excursions à l'humidité et au soleil dans ces régions malsaines. J'étais alors robuste et avec l'appétit que j'avais, je digérais bien le pain indigeste du pays, pain fait de manioc et de banane.

Quand, le 24 mai, j'ai quitté Lopé, la carabine à l'épaule et accompagné seulement de trois hommes, quand je suis allé chez les Aduma en traversant le territoire Ossyeba, la fièvre commençait alors à faire des siennes ; les vivres manquaient et j'étais bien heureux quand je pouvais trouver un œuf et quelques bananes, seules choses qui paraissent sur ma table. Depuis, il m'est arrivé de me nourrir cinq ou six jours seulement de bananes que je ne pouvais plus digérer. Je commençais alors à me sentir très débilité et le 10 août je tombai malade d'une maladie à moi inconnue.

Le 17 août, par bonheur, pendant que je descendais le fleuve, avec espérance d'arriver vivant à Lopé, comme tu sais, je rencontrai Ballay qui remontait le fleuve avec plusieurs pirogues Okanda. Il me fit de suite arrêter au village de Guémé pour soigner ma maladie des organes respiratoires.

La première fois que je sortis de la cabane où on m'avait donné l'hospitalité, j'étais un vrai squelette. Quand je dis « sortis » j'aurais dû dire « je fus transporté » attendu que pendant dix jours deux hommes venaient me sortir de mon lit de bambou, me tenant l'un par la tête, l'autre par les pieds, et me portaient ainsi à l'air et à l'ombre, devant la case. Tu vois que je dis franchement par quelles épreuves j'ai passé.

PAGAYEURS PAHOUINS

Je me remis assez vite, évitant ainsi l'honneur de faire partie de cette glorieuse phalange dont je viens de te parler. En somme, je trouve qu'un bon bâton est le meilleur moyen pour faire la route et je confesse que j'aurais eu un grand désir de venir vous embrasser et de revoir tous ceux dont le souvenir m'a accompagné jusqu'ici.

Tous les jours, je sentais de plus en plus revenir mes forces. A Lopé, où je retournai pour aider le quartier-maître Hamon, à remonter le fleuve, de nouveaux accès de fièvre me reprirent. Je ne pouvais plus supporter ni le manioc ni les bananes. J'avais faim et je ne pouvais manger que très peu, un demi-poulet seulement. Mon estomac n'en supportait pas davantage.

Ce fut une grande fête pour moi quand la chasse put me procurer pour quelques jours des biftecks à l'anglaise. Mais trop faible pour chasser sérieusement, malgré la faim je suis resté prudent. Je n'ai pas voulu me fatiguer et je me suis contenté de profiter des occasions qui se présentaient à moi. Une fois que je parle de chasse, tu sais que je ne m'arrête pas vite. Pendant mon séjour à Lopé nous avons tiré vingt-quatre bœufs sauvages, j'en puis réclamer pour ma part plus de moitié. Ils avaient beaucoup de peine à mourir; j'en ai vu un s'enfuir ayant dans le corps huit ou dix balles que lui avait tirées le quartier-maître Hamon. J'en ai vu un autre auquel mes laptots avaient envoyé dans le corps douze balles de fusil système Gras, tomber à terre, se relever d'un bond et s'élancer sur les assaillants de telle façon qu'il fallut l'achever d'un coup de couteau à la gorge. Une autre fois j'ai fait un beau doublé ou, pour être plus exact, j'ai tiré avec mon mousqueton Gras deux coups successifs fort bien dirigés. Je me rappelle qu'un jour où je rentrais d'une expédition chez les Pahouins, où je venais de faire mettre en liberté deux Okanda prisonniers, j'aperçois devant moi à la distance de 150 ou 200 mètres, un troupeau de bœufs sauvages. Mais ce qui me tenta plus que tout le reste, c'était, à la queue du troupeau, deux veaux dont la chair devait être tendre. Le temps de mettre le genou en terre et de tirer mes deux coups, le troupeau était déjà depuis longtemps en fuite mais les deux veaux étaient par terre, l'épine dorsale fracassée. Le cœur et l'épine dorsale sont les seuls endroits qu'il convient de prendre comme point de mire quand on ne veut pas gaspiller ses balles. C'était un coup difficile, je le sais, mais je me pique de n'être pas mauvais tireur.

Depuis, après des alternatives de mieux et de rechutes, je reprends enfin de jour en jour mes forces. Mon appétit revient ; j'en profite pour manger deux pains et demi par jour. Il n'est certes pas fait avec toute la perfection désirable, ce pain, mais nous le trouvons cependant délicieux et meilleur que celui que nous mangions en France, car c'est du vrai pain fait avec de la vraie farine de froment. Un baril de 100 kilos en a été apporté par Hamon. Heureusement que l'eau avait pénétré dans le baril formant une croûte de pâte, cette croûte a sauvé la moitié du contenu du baril.

Me voici donc propriétaire de 60 à 70 kilos d'excellente farine qui nous donne du pain, le sucre et le café ont fait également leur réapparition sur la table, et quelquefois, — rarement — figure à la place d'honneur une bouteille de vin... Tous les jours, cependant, nous avons un peu d'eau-de-vie, mais je ne la prends et ne m'en sers que comme cordial, n'étant pas habitué à l'alcool. Quand je suis fatigué de la route, une gorgée me suffit pour me rendre des forces. Nous avons mis de côté un peu de farine et de biscuits auxquels nous ne devons toucher qu'à la dernière extrémité. En somme, tous nos soins doivent tendre maintenant à nous remettre sur pieds et à nous fortifier pour pouvoir supporter de nouvelles privations.

Arriverons-nous à Pubara? Pouvons-nous dépasser ce point

et nous enfoncer plus avant? Qui sait? j'ai très peur. Le jour où je me verrai abandonné de mes hommes et dans l'impossibilité matérielle de continuer ma route en avant, je ferai un effort suprême et je m'avancerai par terre vers l'est, accompagné de deux ou trois hommes dévoués, sans autre bagage que ce qui peut se porter à l'épaule. Mes marchandises seront vite épuisées mais je compte pouvoir continuer cette vie pendant trois ou six mois et avancer ainsi de trois cent milles du point extrême de mon quartier général.

Pour la santé d'un Européen je ne crois pas possible de faire plus. Je sais fort bien que quand je retournerai au dernier endroit où j'ai déposé mes marchandises, je serai dans un état déplorable, mais je me déciderai alors à revenir en Europe. Descendre au Gabon par eau n'est pas chose difficile. La joie de me trouver au milieu de vous et de mes amis m'aura vite guéri.

Je ne te parle pas des ennuis que me donne le commandement de l'expédition; ils sont de peu d'importance, il y a cependant beaucoup à faire et la responsabilité n'est pas légère.

Le talisman qui m'a toujours servi est celui-ci, infaillible quand on l'emploie :

Être plus dur pour soi que pour les autres.

J'espérais que Hamon m'aurait apporté du Gabon mes éphémérides astronomiques pour 1877, mais la négligence des vapeurs a été telle, que je suis resté privé des caisses que j'attendais et de ce livre sans lequel je ne puis relever les positions d'une manière précise. En effet, depuis la fin de 1876, et à cause du mauvais état de l'atmosphère, je n'ai pu faire une seule observation astronomique; il n'y a cependant pas de ma faute, je ne sais combien de nuits j'ai perdues à observer une éclipse d'étoile ou une éclipse de satellites de Jupiter. Le ciel n'a jamais voulu se montrer serein au moment de ces phénomènes.

Je voudrais écrire à chacun de mes frères aussi souvent que je pense à eux, mais le temps me manque.

Autant de baisers à chacun à la maison et rappelle-moi à mes amis de Rome.

A toi ; une accolade et un baiser qui renferme tout ce que mon cœur te souhaite.

IX

17 juin 1877

Le temps me manque, mon cher Antoine, pour t'écrire longuement comme j'aurais voulu. Si je n'avais pas la preuve que l'on ne peut compter en rien sur les Aduma, je te dirais que les Okanda redescendent le fleuve aujourd'hui et que d'ici quatre jours, j'aurai ici trois ou quatre pirogues et quarante ou cinquante pagayeurs Aduma tout prêts à remonter avec Ballay, Hamon et moi jusqu'à Pubara.

Une des conditions du départ est le paiement fait d'avance, je m'attends néanmoins à ce que les pirogues soient abandonnées à la première occasion. Un premier voyage ayant déjà été fait sans accident, un second sera plus facile.

La petite vérole a ravagé beaucoup le bas Aduma. Ici, dans les villages voisins, grâce à Ballay, les victimes sont peu nombreuses. Aucun de mes hommes n'a été malade. Marche descend avec les Okanda et retourne en France pour motif de santé. Ma santé à moi est parfaite et Ballay se porte bien aussi. Quant à Hamon, il se porte toujours parfaitement; bien entendu, on ne doit pas tenir compte de quelques accès de fièvre de temps en temps. Que nous réserve l'avenir? qui peut jamais le prévoir?

Peut-être serai-je de retour en Europe en 1878, mais tout dépend des circonstances.

Pour faciliter notre départ, j'ai barré pour tous mes Aduma, le fleuve au-dessus de Dumé jusqu'au départ de mes pirogues. Je confie cette lettre à un Okanda qui retourne dans son pays.

Un baiser au papa et à la maman à laquelle je n'ai pas le temps d'écrire aujourd'hui.

Adieu.

X

Dumé, 3 juillet 1877

MON CHER PAPA

Je dois des excuses à tous et surtout à toi si je ne t'écris pas plus souvent, mais quand vient l'occasion d'envoyer mon courrier à la côte, c'est précisément à ce moment que je dois m'occuper d'organiser mon départ, chose qui, je t'assure, n'est pas facile dans ce pays. Pour toi, j'ai une autre excuse, tu souffres des yeux, mon écriture étant peu déchiffrable, je finis, d'ordinaire, pour ne te point fatiguer, par envoyer à maman mes pattes de mouche accoutumées. Comme tu sais déjà, j'ai quitté définitivement en mars le pays des Okanda et j'ai rejoint le docteur Ballay que j'avais laissé près d'Aduma. Depuis le commencement d'avril je n'ai fait que d'aller de village en village organiser le départ d'Aduma. J'essaye d'établir mon quartier général plus à l'Est. L'endroit que j'ai choisi est la chute de Pubara que je connais seulement d'après les renseignements que j'ai eus non sans peine des Aduma Okota et Okanda. Cet endroit me semble bon pour préparer un nouveau voyage tout en me servant des peuplades qui sont dans le voisinage. Ces peuples, je n'en connais pas même le nom...

Dans ma dernière lettre adressée du milieu de juin à maman

je ne croyais pas que je pusse me mettre si vite en route, car je doutais de mes forces. Je t'apprends maintenant que, non sans une peine terrible, Ballay et le quartier-maître Hamon sont partis il y a deux jours, avec cent vingt Aduma et trente pirogues. Quant à moi, je reste ici pour enlever aux Aduma qui sont partis, toute velléité de quitter Ballay et Hamon. Je reste en outre pour leur faire croire que je ne quitte pas leur pays et que je réside encore ici avec une grande quantité de marchandises.

Autrement il me serait impossible de préparer le départ. Tu ne saurais croire combien de peines, combien de temps, combien de diplomatie et surtout quelle immense dose de patience il faut avoir en ce pays.

En ce qui concerne la patience, véritablement je m'admire... Mais cette patience a été mise à une dure épreuve, étant donné ce que j'ai eu à supporter dans mes négociations avec Duonalambomba, le plus influent des chefs Aduma. Je te confesse pourtant que si je n'avais pas eu la crainte de me voir planté définitivement à Dumé, je n'eusse jamais été aussi tolérant. J'ai dû bloquer le haut fleuve, menacer de la guerre les Aduma s'ils ne me donnaient des hommes pour remonter mes marchandises et j'ai dû, de plus, trouver le moyen de gagner à ma cause Boaya et Mbuengia, les deux chefs Okanda qui sont venus jusqu'ici pour acheter des esclaves. Enfin j'ai promis une paye extraordinaire à chacun des hommes (4 mètres d'étoffe, une petite boite de poudre, un couteau, une mesure de sel, un miroir, une chaine de cuivre, un Nchan — (il serait trop long de t'expliquer ce que c'est) — une sonnette, une barre de cuivre, un grelot, deux colliers de perles, quatre pierres à fusil, du fil de laiton, un mouchoir, et à chacun des chefs un fusil, un tonneau de poudre, 10 mètres d'étoffes, un bonnet rouge, une marmite, trois mesures de sel, deux bracelets de cuivre, deux miroirs, un collier de Congolo, un d'Irendi, deux couteaux, quatre pierres à fusil et un sabre). Ce n'est pas tout de promettre, il faut payer. Autrement, je serais abandonné en route. — En somme nous sommes partis.

Il ne reste plus ici aucune marchandise. J'ai avec moi un Sénégalais et quatre hommes du Gabon — c'est seulement quand les Aduma seront de retour, que je partirai avec mes hommes, dans une petite pirogue ne mesurant pas plus de cinquante centimètres de large et devant être manœuvrée par des gens qui ne savent pas ramer, ce qui n'est pas facile surtout dans les rapides. Je me promets un vrai voyage d'agrément. A chaque coup de pagaye, l'eau embarquera. J'ai déjà chaviré cinq ou six fois avec d'habiles rameurs : le nombre de mes plongeons va donc encore augmenter. C'est un petit malheur en somme, il faut faire contre mauvaise fortune bon cœur.

Mes expériences philanthropiques sur l'esclavage n'ont pas été heureuses. Malgré les conseils amicaux des Okanda, qui me disent que puisque les esclaves ne s'enfuyaient jamais on pouvait les faire travailler, les bâtonner souvent, ne leur donner à manger que des racines et presque jamais de viande, je leur ai fait enlever l'espèce de carcan dans lequel ils étaient pris par les pieds, je leur ai donné la liberté soit de partir soit de rester avec moi leur promettant nourriture et cadeaux s'ils m'accompagnaient. Ils sont restés pendant quelque temps, mais après, au fur et à mesure qu'ils se rapprochaient de leur pays, ils m'ont presque tous abandonné pour retourner chez ceux-là mêmes qui, il y quelques mois, les avaient vendus comme esclaves. De mes nombreux esclaves donc, il ne me restait que Madianga, Licupa, Gnémé et un autre qui, blessé, ne pouvait marcher et que je soignais matin et soir du mieux que je pouvais. Le blessé même s'enfuit une belle nuit, en me volant une pirogue. Madianga et Licupa me demandèrent avec une telle insistance de s'en aller, que je leur permis de partir sur un radeau de leur façon.

Longtemps après, j'ai dû passer par le village natal de Licupa et je l'ai trouvé en train de vendre son malheureux compagnon Madianga attaché par les pieds à une solive et devenu son esclave; pour punir Licupa j'ai mis Madianga en liberté et je

« LANDA » LA PIROGUE AMIRALE

l'emmenai avec Madianga jusqu'à Dumé. J'ordonnai à Madianga, très jeune alors, de rester avec moi. Le croirez-vous, mon père, ils se sont enfuis, de nouveau, tous les deux ensemble.

J'ai parlé dans une autre lettre d'un chef Aduma aussi fourbe que méchant; il est mort, je ne sais si c'est de la petite vérole ou de faim. Attaqué par la variole, il fut transporté par ses femmes (il en avait sept) dans le bois où on lui construisit une case.

Pendant quelques jours, les femmes lui portèrent à manger, mais ensuite, affolées par la peur, elles l'ont laissé mourir de faim ou de maladie; c'était une canaille : enfin, qu'il repose en paix.

Encore un trait des coutumes de ces peuplades :

Ballay, depuis deux mois, s'était donné une peine infinie pour soigner les malades des villages voisins et, grâce à lui, la mortalité avait été très faible. Un jour, après avoir visité l'un d'eux il demande à sa mère de l'eau, celle-ci ne lui en apporta point et lui demanda de plus ce que le docteur lui donnerait en paiement pour avoir soigné son malade.

Gnémé est le seul esclave qui me soit resté fidèle.

Ici tout va bien. Une lourde monotonie a succédé à l'agitation fébrile dans laquelle je vivais pour préparer le départ. A ce moment j'étais réellement fatigué de tant d'agitation tandis qu'en ce moment, je commence à me fatiguer de cette monotonie.

Comme je te l'ai déjà dit, je ne tarderai pas à rejoindre le docteur Ballay à la chute de Pubara, je crois le trouver chez les Bakani. Selon moi, Pubara est à une distance de douze jours de pirogue; là nous verrons de nouveau comment nous pourrons continuer d'avancer dans l'intérieur. Les difficultés que nous trouverons seront encore augmentées par celle qui résulteront de la différence des dialectes qu'on parle dans les pays que nous allons traverser, espérons que Chico, cuisinier-interprète, qui connaît les langues parlées au Congo, pourra nous être utile.

Nos pirogues commencent à vieillir. « Landa », la pirogue amirale connue sur tout le fleuve et certainement connue de nom dans les pays de l'intérieur, a fini sa carrière.

Elle n'a pu faire ce voyage. C'était une belle et grande pirogue de 20 mètres de longueur sur 0ᵐ,80 de largeur, la plus belle pirogue qui ait jamais existé sur l'Ogôoué. La pirogue amirale est la petite que j'avais conservée avec moi. J'aime mieux une petite pirogue parce qu'il est plus facile de surveiller les autres. A partir de maintenant, ne soyez plus étonné de ne pas recevoir de lettre. Les communications avec la côte ne sont plus possibles et je doute même que cette lettre te parvienne. Je la confie à un Aduma qui la donnera à un Okanda au moment où ils remonteront de nouveau ici. L'Okanda, à son tour, la remettra à un Inenga, lequel Inenga la remettra finalement à un établissement européen.

Voilà déjà treize ans que je vagabonde à travers le monde, et si je ne me trompe pas, j'avais treize ans la première fois que j'ai quitté ma famille et l'Italie. Je suis retourné chez moi à de bien rares intervalles et, cependant, au lieu de devenir cosmopolite, mon cœur est toujours resté dans ma famille et mes pensées ont toujours été parmi vous.

Adieu, portez-vous bien.

II

EXPLORATIONS FAITES DE 1879 A 1882

II

EXPLORATIONS DE 1879 A 1882

PREMIÈRE PARTIE

CONFÉRENCE

CHAPITRE PREMIER

Résultats incomplets du premier voyage. — Appui dans le monde savant. — Les découvertes de Stanley — Ses coûteux projets. — Note au Ministre de la Marine. — Je pars seul.

De 1875 à 1878, tandis que l'intrépide Stanley traversait l'Afrique de l'Est à l'Ouest j'avais remonté en compagnie de MM. Ballay et Marche, mes courageux et dévoués compagnons, la vallée du fleuve Ogôoué, à la recherche d'une voie commerciale vers l'intérieur de l'Afrique. Sortant du bassin de l'Ogôoué, lorsque je fus arrivé à sa source je m'avançai jusqu'à Okanga, au nord de l'équateur, après avoir traversé deux cours d'eau navigables, l'Alima et la Licona dont l'embouchure restait inconnue pour moi.

L'hostilité des indigènes Apfourou Oubandji s'opposa à une descente complète de l'Alima que j'avais tentée en barque et le manque absolu de ressources m'empêcha de reconnaître la Licona.

Si depuis trois ans que nous parcourions ces contrées jusqu'alors inconnues notre but n'eût été que de faire une course au clocher vers l'intérieur, de sillonner sans but des contrées inconnues, nous aurions pu, malgré bien des empêchements, faire de plus nombreuses découvertes. Notre but était tout autre.

Nous voulions amener pacifiquement à la civilisation ces contrées éloignées.

Notre marche avait donc été lente. Mais notre patience était soutenue par la conviction que l'application de notre programme scientifique et humanitaire établirait sur une base inébranlable notre influence dans ces régions. La renommée des procédés pacifiques employés jusqu'alors par nous pénétrant jusqu'au cœur de l'Afrique y devait faciliter notre tâche future.

Nous avions dû semer pas à pas; mais la récolte était certaine. Et en effet nous n'avions pas encore mis le pied sur le sol de la patrie que nous apprenions la magnifique reconnaissance du Congo par Stanley. Alors, voyant sur la carte le tracé des fleuves, tous nos doutes s'évanouirent. La position de l'Alima, les dispositions des riverains qui ne connaissaient les blancs que par les nombreux combats livrés à leurs frères établis dans l'Est, tout indiquait que l'Alima était un affluent du grand fleuve. Tandis que la vallée de l'Ogôoué donne un accès relativement facile jusqu'à la rivière navigable l'Alima, trente-deux cataractes interrompent la navigation du Congo entre Stanley-Pool et Vivi, sur une longueur de deux cent vingt kilomètres.

De pareils obstacles n'étaient pas faits pour décourager Stanley. Aussitôt rentré en Europe, il avait proposé le plan qu'il exécuta plus tard. Il voulait, entre Vivi et Stanley-Pool, ouvrir une route parallèle au Congo, hisser et affaler le long de ces interminables montées et descentes des vapeurs démontables qui, lancés définitivement en amont des rapides, iraient sillonner, de gré ou de force, les douze ou quinze mille kilomètres

LES GABONAIS, ANCIENS ESCLAVES, BRULENT LES FOURCHES D'ESCLAVAGE

de voies fluviales présentées par le Congo et ses affluents et draineraient vers Stanley-Pool les produits d'un bassin aussi étendu que le tiers de l'Europe.

Pour réaliser ce hardi projet, il fallait des millions et encore des millions. La générosité du roi des Belges les lui fournit. En certains pays on ne se serait pas contenté de la réputation de richesse de l'Afrique équatoriale. On aurait voulu des chiffres, des devis de tout genre, on se serait inquiété de la diminution de bénéfices causée par la concurrence prochaine et certaine d'autres voies de communication. Et on aurait eu tort. Ce qu'on aurait eu raison de penser c'est que la voie accidentée du Congo entre Stanley-Pool et son embouchure ne répondait pas à l'importance du transit africain. Et qu'en tous cas des relations commerciales par une route plus avantageuse ne pouvaient s'établir avec fruit au milieu de populations considérables mal disposées et frémissantes encore au souvenir des blancs dont le passage avait été aussi rapide que celui d'un ouragan.

Je demandai donc à repartir pour l'Afrique; la Société de géographie, le Comité français de l'Association africaine, le Parlement et les ministères de l'Instruction publique, de la Marine et des Affaires étrangères voulurent bien contribuer aux dépenses de ma double mission scientifique et humanitaire.

Si je n'avais pas sans peine triomphé des résistances de tout genre et de tout ordre qui parfois se dressaient sur ma route... en France, je trouvais en revanche autour de moi des appuis chaleureux et des concours dévoués. Qu'il me soit permis de payer ici un tribut de reconnaissance plus particulièrement à M. l'amiral de la Roncière le Noury, alors président de la Société de géographie de France, et à M. Ferdinand de Lesseps.

Après certaines hésitations le ministère (1) de la Marine

---

(1) Voir Appendice: *Note à M. le Ministre de la Marine.*

approuva mon programme, consentit à me laisser partir et me fournit les crédits nécessaires. Ainsi que je l'avais proposé, le docteur Ballay restait en France avec le soin de compléter les préparatifs d'exploration. Il devait venir me rejoindre en amenant nos vapeurs démontables destinés à la navigation de l'Alima et du Congo et être accompagné du personnel définitif des stations.

Du jour au lendemain, je partis seul d'Europe. C'était le 27 décembre 1879.

Pourtant Stanley, qui pouvait compter sur des millions, était déjà depuis plusieurs mois dans le bas Congo.

Avec la promesse d'une centaine de mille francs destinés à subvenir à tous les frais de l'expédition, je m'élançais, encore malade, mais plein d'ardeur vers l'Ogôoué, non pas en rival, mais en émule d'un homme dont j'admire les qualités.

CHAPITRE II

Organisation de ma caravane au Gabon. — MM. Noguez et Michaud. — Au confluent de la Passa et de l'Ogôoué. — Achat d'un village. — Fondation de Franceville (juin 1880). — *Le morceau d'étoffe.* — La femme au Congo. — Privilège du grand chef blanc.

A mon arrivée au Gabon je trouvai tout prêts à me suivre de nouveau mes interprètes et mes anciens porteurs du haut Ogôoué, esclaves que j'avais rendus à la liberté et établis dans notre colonie. J'organisai donc sans difficulté ma caravane, secondé par deux compatriotes, M. Noguez et M. Michaud.

Hélas! un an et demi après mon départ, la fièvre devait m'enlever mon brave Noguez que j'allais placer à la tête de notre première station. Mais si je ne peux payer qu'un juste tribut de regret et de reconnaissance à la mémoire d'un compagnon dévoué qui est tombé à son poste j'eus du moins la consolation de ramener Michaud, mon jeune collaborateur, qui est rentré en France avec moi après deux ans et demi d'absence. Personne n'aurait dit à sa bonne mine qu'il avait partagé toutes nos fatigues, et que lui aussi avait payé son tribut à la fièvre. Mais sa physionomie ne saurait autrement tromper. Toutes les qualités qu'elle reflète il a su les montrer, soit en conduisant et en commandant avec prudence et fermeté dans des circonstances quelquefois difficiles des caravanes de sept à huit cents hommes, soit en me secondant toujours avec zèle et intelligence dans le cours de mes explorations.

Après avoir pris chez les Inenga et plus loin toutes les dispositions pour faciliter les relations commerciales et les prochains transports de personnel et de matériel, je remontai l'Ogôoué.

Mes précédentes explorations m'avaient permis de fixer sans hésitation au confluent de l'Ogôoué et de la rivière Passa la position approchée de notre première station. On était là en communication directe avec l'Atlantique et à proximité de l'Alima et du Congo. Restait à choisir le site le plus convenable.

Les circonstances me favorisèrent. Quelques discussions d'intérêt ayant amené un désaccord entre deux tribus voisines, l'une d'elles résolut de se transporter sur la rive droite de la Passa et y avait déjà installé deux villages, lorsque nous arrivâmes. Considérant notre présence comme garantie de paix, celle-ci renonça à se déplacer et consentit à nous vendre le village et les plantations déjà commencées près de *Nghmi*.

Ainsi fut fondée, en juin 1880, la première station du comité français de l'association africaine.

Depuis cette époque, sur cet établissement auquel on a donné le beau nom de Franceville se déploie notre pavillon. Aujourd'hui toutes les populations de l'Ogôoué et du Congo inférieur ne voient pas dans « le morceau d'étoffe » qui est le drapeau le signe d'une exploitation prochaine menaçante pour leurs habitudes et leurs intérêts, mais bien un emblème de paix et de liberté.

Je ne voudrais décourager personne, cependant je dois reconnaître que la tribu chez laquelle nous étions installés était réputée pour la vertu — relative — de ses femmes. Le contraste avec les tribus voisines était même assez marqué.

En quittant les factoreries de la côte dont la latitude géographique excuse une certaine légèreté de costume, on remarque que la moralité varie en raison inverse des dimensions du pagne en fil de palmier ou d'ananas qui compose à peu près tout le costume des indigènes. A mesure qu'on avance vers l'intérieur le pagne diminue et dans la région la plus éloignée il est réduit à un morceau grand comme la main. Ces pagnes sont, comme les voiles des femmes turques, d'autant plus transparents qu'on occupe dans la hiérarchie sociale un rang plus élevé. Non moins curieuse est cette coutume de considérer un grand chef comme le mari des femmes des autres chefs. Je me hâte d'ajouter que ce titre — un peu platonique — ne comporte guère pour la femme d'autre devoir que celui de faire la cuisine de son époux nominal. En ma qualité de grand chef blanc je n'ai jamais manqué de cuisinières de tout âge et de tout pagne.

Quelque intéressantes que soient ces naïves et bonnes populations, nous les quitterons pour aller remplir la seconde partie de notre tâche.

CHAPITRE III

A la rencontre de Ballay. — En route pour le Congo avec le sergent Malamine. — Jugé par M. Stanley. — Au-devant des Apfourou. — Changement de paysage. — Au feu les fourches d'esclavage! — Abolition de ce trafic. — Les Aboma. — Le roi Makoko. — Message de paix. — Pour la France! — Le fleuve. — Patriotique émotion.

Vers la mi-juin, pensant que M. Ballay et le personnel des stations étaient arrivés à la côte, je les envoyai chercher par sept cent soixante-dix hommes montés sur quarante-quatre pirogues sous la direction de M. Michaud. Pour la première fois les gens du haut Ogôoué allaient descendre jusqu'aux factoreries.

Je remis alors à M. Noguez la direction de Franceville et prenant une petite quantité de marchandises je partis pour le Congo accompagné de mon fidèle interprète Ossiah, du sergent Malamine (1) et de quelques indigènes.

---

(1) Voici un portrait de Malamine, tracé par Stanley qu'on ne saurait accuser de partialité en sa faveur du vaillant collaborateur de M. Brazza.

« ... Nous vîmes approcher un drapeau français haut et précédé d'un personnage d'allure très crâne, que je pris pour un nègre européanisé, bien que les traits de son visage appartinssent à un type supérieur. Il portait un costume de marin, avec manches ornées de galons de sous-officier. C'était Malamine, le sergent sénégalais que M. de Brazza avait laissé derrière lui. Deux matelots, nègres du Gabon, en pantalons et chemises bleus, le suivaient, l'un tenant le drapeau que nous avions aperçu.

» Malamine parlait fort bien le français, et son attitude respirait une mâle franchise... Je n'eus pas plutôt lié connaissance avec Malamine que je reconnus en lui un homme supérieur, tout Sénégalais au teint bronzé qu'il fût. Il se trouvait là dans son élément, et exécutait les instructions de son maître avec un tact et une habileté rares... »

Voir : *Cinq années au Congo*, par H.M. STANLEY. 1 vol. in-8°.

NOTE DE L'ÉDITEUR.

MARCHE SUR LE PLATEAU DES ACHICOUYA

Je savais bien que nous allions retrouver près du grand fleuve ces Apfourou dont les avant-postes établis sur l'Alima nous avaient autrefois barré la route. Mais j'espérais que notre réputation nous aiderait à conclure avec eux un traité de paix sans lequel il ne fallait pas songer à installer notre deuxième station.

Si l'état de ma santé eût été plus satisfaisant j'aurais regardé comme une charmante excursion la traversée des cinq cents kilomètres en pays inconnu que j'estimais avoir à faire pour atteindre le Congo.

A deux ou trois journées de Franceville l'aspect change subitement.

Au sol argileux du bassin de l'Ogòoué, à ses humides vallées, cachées sous d'épaisses forêts, à ses collines couvertes de hautes herbes, succède d'abord un terrain accidenté, sablonneux et déboisé, où çà et là quelques rares palmiers dénotent la présence d'un village. Nous voici à la limite des bassins de l'Atlantique et du Congo inférieur. Nous constatons que depuis l'équateur jusqu'à Stanley-Pool ces lignes sablonneuses de partage des eaux sont habitées par une même peuplade, les Batékés. On leur a fait une réputation exagérée de cannibalisme; elles se montrent pacifiques quand on n'attaque pas leurs monopoles. Pendant quelque temps nous suivons une de leurs routes. Trop souvent nous y rencontrons des fourches, instrument dont on se sert ici au lieu de chaine pour conduire les troupeaux d'esclaves. A cette vue mes Gabonais, anciens esclaves devenus libres, allument joyeusement leurs feux avec ces objets qui leur rappelaient tant de misères.

Quant à moi, dont tous les efforts, partout où j'ai pu séjourner, ont été consacrés à combattre cette ignoble institution, je cherchais non sans tristesse par quel moyen on obtiendrait les plus grands et les plus rapides résultats. Il me semble que si le commerce compris de certaine façon entretient l'esclavage, il peut aussi être une arme puissante contre lui. Nous ferons un jour, je l'espère, pour les Batékés ce que nous avons pu faire pour les frères de l'Ogôoué.

Nous fûmes bien accueillis par Ngango, chef indépendant des Achicouya, assez beaux hommes, plus propres et mieux vêtus que les Batékés. Non moins curieux que pacifiques ils se pressaient sur notre passage en poussant des cris de joie, et ne craignaient pas de ravager leurs plantations en nous accompagnant par centaines à travers les champs de maïs, de manioc, de tabacs et d'arachides qui couvrent toute la contrée.

Le même accueil nous attendait de l'autre côté de la Mpama, chez les Aboma, dont le pays est moins cultivé que le précédent. Le commerce des esclaves, la fabrication d'étoffes très fines en fil de palmier et la navigation sont les principales ressources des Aboma.

Ces noirs, les plus beaux et les plus courageux qu'on rencontre entre le Gabon et le Congo, me parlèrent pour la première fois de ce dernier fleuve appelé ici Oloumo, sur lequel commande le puissant chef Makoko dont ils dépendent.

Nous suivions depuis peu la rivière Léfiné (Lawson) et nous venions de construire un radeau, lorsqu'un chef portant le collier distinctif des vassaux de Makoko, se présente à moi.

« Makoko, me dit-il, connaît depuis longtemps le grand chef blanc de l'Ogôoué ; il sait que ses terribles fusils n'ont jamais servi à l'attaque et que la paix et l'abondance accompagnent ses pas. Il me charge de te porter la parole de paix et de guider son ami. »

Rarement j'éprouvai une joie plus vive, et déjà j'aurais voulu être auprès de cet excellent Makoko. Toutefois ne me rendant pas un compte exact du lieu de sa résidence et craignant de faire un trop grand détour je continuai à descendre le Léfiné en radeau, accompagné de l'envoyé qui partageait généralement avec nous les provisions qu'on lui apportait de tous côtés.

Arrivés à Ngampo nous laissâmes notre radeau, marchant pendant deux jours sur un plateau inhabité. Brûlé par le soleil, plusieurs fois égaré et me croyant perdu je commençais à menacer mon guide lorsque à onze heures du soir après une der-

VUE DU CONGO A N'GANTCHOU, EMBOUCHURE DE L'ALIMA

nière marche forcée notre vue s'étendit tout à coup sur une immense nappe d'eau dont l'éclat argenté allait se fondre dans l'ombre des plus hautes montagnes. Le Congo, le mystérieux fleuve, venant du Nord-Est où il apparaissait comme l'horizon d'une mer et coulait majestueusement à nos pieds ses flots argentés sans que le sommeil de la nature fût troublé par le bruit de son tranquille courant.

C'était là un de ces spectacles qui imposent au voyageur un religieux silence. Dans ce silence, un cœur de Français battait plus fort en songeant qu'ici allait se décider le sort de sa mission.

LE GRAND FÉTICHEUR DE MAKOKO SOUHAITANT LA BIENVENUE

CHAPITRE IV

Encore les Apfourou. — « Cartouche ou pavillon. » — Le Batéké Ossiah. — Dans les États de Makoko. — Audience solennelle. — Cordialité de l'accueil. — Dynastie de Makoko. — Bonté des noirs. — Échange de la terre et de drapeau. — Le pavillon français symbole d'amitié et du protection.

On se le rappelle, mon but était de faire la paix avec les Oubandji, connus à mon premier voyage sous le nom d'Apfourou. Ces Oubandji naissent, vivent et meurent avec leurs familles dans les belles pirogues sur lesquelles ils font seuls les transports d'ivoire et de marchandises entre le haut Alima et Stanley-Pool. C'est avec leurs chefs, maîtres de la navigation du fleuve, qu'il fallait traiter.

Le chef des N'gampos nous montra de bienveillantes dispositions et se chargea de transmettre aux chefs Oubandji mes propositions. « Choisissez, leur faisais-je dire, entre la cartouche et le pavillon que je vous envoie. L'une sera le signe d'une guerre sans merci, l'autre le symbole d'une paix aussi profitable à vos intérêts qu'aux nôtres. »

Il me sera permis de dire ici quelques mots d'un homme précieux qui m'a accompagné dans tous mes voyages. Le Batéké Ossiah parlant presque tous les idiomes de l'Ogôoué et du Congo inférieur était plus qu'un simple interprète; c'était aussi un précieux conseiller. Absolument dévoué à ma personne et à nos projets dont il comprenait l'avantage pour son pays, il a été la cheville ouvrière de mon entreprise, et c'est à lui qu'est dû en grande partie mon succès.

Donnant aux esprits un peu surexcités sur le Congo le temps de se calmer, je me rendis alors chez Makoko.

Dans cette partie du pays, les plateaux sont fertiles, mieux cultivés qu'à l'intérieur; la population, plus dense, est également pacifique. Sous ce rapport, je dirai une fois pour toutes que l'élément musulman n'ayant pas pénétré dans cette partie de l'Afrique, la civilisation européenne peut y rencontrer une défiance bien naturelle pour tout ce qui est nouveau, mais non cette hostilité, cette haine, ce fanatisme qui nous oblige, par exemple, à n'avancer qu'avec des troupes armées du Sénégal au Niger. Là-bas, il faudrait une colonne expéditionnaire pour assurer le transport d'une tonne de marchandises. Ici le grand chef blanc peut maintenant exprimer un désir : des milliers d'indigènes sont prêts à marcher. Si nous n'avons obtenu ce résultat que petit à petit, c'est que le grand nombre des tribus et des chefs rendaient la tâche plus longue.

En arrivant au Palais des Tuileries de Makoko, composé d'un certain nombre de grandes cases qu'une palissade défend contre la curiosité du public, nous fûmes prévenus que le roi désirait nous recevoir immédiatement.

Nous procédâmes à un astiquage général et revêtîmes nos meilleurs effets, nous ne faisions, ma foi, pas trop mauvaise figure.

En ce qui me concerne, j'avais tiré de sa caisse ma grande tenue d'enseigne de vaisseau, un peu fripée, mais dont les dorures faisaient pourtant assez bon effet. Tandis qu'Ossiah allait frapper sur les doubles cloches du palais pour prévenir la cour de l'achèvement de nos préparatifs; je fis faire la haie à mes hommes qui, suivant l'usage du pays, portaient les armes, le canon incliné vers la terre.

Aussitôt la porte s'ouvrit. De nombreux serviteurs étendirent devant mes ballots de riches tapis et la peau de lion, attribut de la royauté. On apporta aussi un beau plat en cuivre de fabrication portugaise et datant de deux ou trois siècles, sur lequel Makoko devait poser les pieds. Un grand dais de couleur rouge ayant été déposé autour de ce trône, le roi s'avança précédé de son grand féticheur, entouré de ses femmes et de ses principaux officiers.

Makoko s'étendit sur sa peau de lion, accoudé sur des coussins : ses femmes et ses enfants s'accroupirent à ses côtés. Alors le grand féticheur s'avança gravement vers le roi et se précipita à ses genoux en plaçant ses mains dans les siennes. Puis se relevant il en fit autant avec moi, assis sur mes ballots en face de Makoko. Le mouvement de génuflexion ayant été imité successivement par les assistants, les présentations étaient accomplies. Elles furent suivies d'un court entretien dont voici à peu près le résumé :

« Makoko est heureux de recevoir le fils du grand chef blanc de l'occident, dont les actes sont ceux d'un homme sage. Il le reçoit en conséquence et il veut que lorsqu'il quittera ses États il puisse dire à ceux qui l'ont envoyé que Makoko sait bien recevoir les blancs qui viennent chez lui, non en guerriers mais en hommes de paix. »

La dynastie du roi de Makoko est fort ancienne. Son nom était connu à la côte au xve siècle. Bartholomé Diaz et Cada Mosto le citent comme un des plus grands potentats de l'Afrique équatoriale de l'Ouest.

Bien que les cartes du xvie siècle qui mentionnent le royaume de Makoko, lui assignent une position géographique passablement exacte, Halez l'avait traversé, sans avoir connaissance de cette dynastie qui l'intriguait vivement.

Quoique diminué par suite des investitures octroyées aux

membres de la famille royale et par d'autres causes dynastiques la puissance de Makoko est encore assez grande.

Son influence, d'un caractère religieux, s'étend jusqu'à l'embouchure de l'Alima et même au-delà.

LE ROI MAKOKO

Si en face du pays où Stanley livra son dernier combat je suis parvenu à conclure la paix avec les tribus les plus occidentales, qui sont les navigateurs par excellence du Congo, c'est à l'influence de Makoko que je le dois. En effet, c'est par son intermédiaire qu'en signe de paix et de protection le pavillon français a été arboré par ces tribus dont nous avions besoin pour assurer par l'Ogôoué et l'Alima, nos communications avec le Congo qui est appelé à cet endroit Mali Makoko.

Makoko tenait beaucoup à ce qu'on établît près de sa résidence de Nduo le nouveau village des blancs. Ce n'est pas sans regret qu'il accéda à ma demande de le fixer plus loin, à N'couna, même après que je lui eus expliqué la raison de mon choix qui était d'ouvrir sur ce point une route plus facile aux blancs français (Fallas). « Ntamo m'appartient, dit-il, je te donne d'avance la partie que tu désigneras. Ngahimi donnera ma parole aux chefs qui tiennent la terre en mon nom et qui dépendent désormais de toi. »

C'est pour répondre à sa demande que j'ai ensuite laissé sur ce terrain concédé, le sergent Malamine et deux hommes, à l'entretien desquels il s'offrit de pourvoir jusqu'à mon retour, tant il savait que j'étais dénué de ressources.

Je suis resté vingt-cinq jours sous le toit de Makoko, j'ai séjourné deux mois dans ses États.

Il n'aurait pas mieux traité ses enfants que nous l'avons été par lui. Tous les matins, pendant notre séjour chez lui, sa femme m'apportait elle-même des provisions. Tout le monde voulait nous faire des cadeaux que la modicité de nos ressources nous obligeait à rendre beaucoup moins en espèces qu'en amabilité.

Chaque jour j'eus des entretiens familiers avec Makoko, dont la curiosité était insatiable.

Ne connaissant les blancs que par la traite des noirs et l'écho des coups de fusil tirés sur le Congo, il était resté longtemps incrédule aux récits que ses sujets lui faisaient de notre conduite. « Sans redouter la guerre plus que les blancs, nous préférons la paix. J'ai interrogé l'âme d'un grand sage, mon quatrième ancêtre, et, convaincu que nous n'aurions pas à lutter contre deux partis, j'ai résolu d'assurer complétement la paix en devenant l'ami de celui qui m'inspirait confiance. »

Accueillis comme ils méritaient de l'être, ces sentiments de bon vouloir et d'amitié nous conduisirent à la conclusion d'un traité aux termes duquel le roi plaçait ses États sous la protection de la France et nous accordait une concession de territoire à notre choix sur les rives du Congo.

TRAITÉ

CONCLU ENTRE LE CHEF NGALIÉNÉ

AGISSANT AU NOM DE MAKOKO

Souverain des Batékés du Congo

ET

M. P. S. DE BRAZZA

AGISSANT DANS L'INTÉRÊT DE LA FRANCE

Acte de prise de possession d'un territoire cédé et adhésion donnée à son acceptation par les chefs feudataires de Makoko qui l'occupent.

Au nom de la France et en vertu des droits qui m'ont été conférés le 10 septembre 1880 et le 3 octobre 1880 par le roi Makoko j'ai pris possession du territoire qui s'étend entre la rivière d'Iné et Impila. En signe de cette prise de possession j'ai planté le pavillon français à Okila en présence de Ntaba, Scianho Ngaekadah, Fgaeko, Jouma Noula, chefs vassaux de Makoko et en présence aussi de Ngaliémé, le représentant officiel de l'autorité de Makoko en cette circonstance. J'ai remis à chacun des chefs qui occupent cette partie du territoire un pavillon français afin qu'ils l'arborent sur leurs villages en signe de ma prise de possession au nom de la France. Ces chefs, officiellement informés par Ngaliémé de la décision de Makoko, s'inclinent devant son autorité et acceptent le pavillon. Et par leur signe fait ci-dessous ils donnent acte de leur adhésion à la cession de territoire faite par Makoko. Le sergent Malamine avec deux matelots reste à la garde du pavillon et est nommé provisoirement chef de station française de Ncouna.

Par l'envoi à Makoko de ce document fait en triple et revêtu de ma signature et du signe des chefs, ses vassaux, je donne à Makoko acte de ma prise de possession de cette partie de son territoire pour l'établissement d'une station française.

Fait à Ncouna, dans les États de Makoko, 3 octobre 1880.

Signé : l'Enseigne de vaisseau,
P. S. DE BRAZZA.

Ont apposé leur signe :

Le chef NGALIÉMÉ, représentant de Makoko.

Le chef NGAEKO.

Le chef SCIANHO NGAEKALA, qui porte le collier d'investiture donné par Makoko,

Et commande à Ncouna, sous la souveraineté de Makoko.

Le chef JOUMA NOULA.

Le chef N'TABA.

Tels sont les traits principaux de ce traité, qui fut ratifié une vingtaine de jours après mon arrivée dans une assemblée solennelle de tous les chefs immédiats et vassaux de Makoko. Le traité étant signé le roi et les chefs mirent un peu de terre dans une boite. En me la présentant, le grand féticheur me dit : « Prends cette terre et porte-la au grand chef des blancs ; elle lui rappellera que nous lui appartenons. »

Et moi, plantant notre pavillon devant la case de Makoko : « Voici, leur dis-je, le signe d'amitié et de protection que je vous laisse. La France est partout où flotte cet emblème de paix, et elle fait respecter les droits de tous ceux qui s'en couvrent. » J'ajoute que depuis cette époque Makoko ne manque pas un seul jour, matin et soir, de faire hisser et amener le pavillon sur sa case comme il me voyait le faire sur la mienne.

RÉCEPTION SOLENNELLE CHEZ LE ROI MAKOKO

CHAPITRE V

Une flotte africaine. — Imposant palabre à Nganchouno. — Dignité des chefs Oubandji. — L'îlot fatal. — La guerre enterrée. — Distribution de pavillons. — Une flotte française. — Sur le Congo. N'couma (Stanley-Pool).— N'tamo (Brazzaville). — Malamine et trois hommes restent à N'tamo. — En route vers l'Ouest. — Volés en musique. — Solo de fusils. — Mines de cuivre. — Traces de blancs. — Rencontre de Stanley. — Deux explorateurs.

Celui qui m'eût dit quelque temps auparavant que nous nous consoliderions aussi vite m'eût trouvé fort incrédule.

En outre Makoko, tenu au courant de mes démarches auprès des chefs Oubandji et intéressé à leur succès, les avait appuyées de toute son influence. Grâce à lui le résultat fut favorable et il fallut, non sans regret, nous séparer de Makoko pour aller avec Nganchouno sur le grand fleuve, où devait avoir lieu l'assemblée des chefs Oubandji.

Quelques jours plus tard toute une flotille de magnifiques pirogues creusées dans un seul tronc d'arbre et portant chacune cent hommes descendait le fleuve et venait aborder en face de Ngombila. Toutes les tribus Oubandji du bassin occidental du Congo, entre l'équateur et Makoko, avaient tenu à être représentées à ce palabre d'où sortirait la paix ou la guerre. La réunion de ces quarante chefs revêtus de leurs plus beaux costumes était véritablement un spectacle imposant.

Ce fut au milieu d'un profond silence que je pris la parole. Tous savaient que dans le haut Alima nous ne nous étions servi de nos armes que pour notre défense. Nous eussions pu continuer. Mais en nous retirant devant leur défense d'avancer, en vivant en paix partout où nous allions, nous avions donné des gages de nos bonnes intentions. Aujourd'hui nous désirions installer un village dans le haut Alima et un autre à N'tamo dans le but d'y échanger les produits européens et africains. L'intérêt de leurs peuples comme le nôtre était donc de conclure la paix nécessaire à ces relations.

La discussion fut longue, car bien des intérêts divers étaient en jeu. Mais la plus forte appréhension des Oubandji, contenue jusqu'alors, allait se faire jour. L'un d'eux s'avança vers moi avec autant de fierté que de gravité et, me montrant un ilot voisin :

« Regarde, me dit-il, cet ilot. Il me semble placé là pour nous mettre en garde contre la promesse des blancs. Car il nous rappellera toujours qu'ici le sang Oubandji a été versé par le premier blanc que nous avons vu. Un des tiens qui l'a abandonné te donnera à N'tamo le nombre de ses morts et de ses blessés... Nos ennemis ont pu échapper à notre vengeance en descendant le fleuve comme le vent : mais s'ils essayent de le remonter ils ne nous échapperont pas. »

Tout en m'attendant à rencontrer ces sentiments parmi les riverains du Congo, j'avoue que la façon hardie dont ils furent exprimés ne laissa pas de me causer une certaine impression. Je dus employer toute ma diplomatie pour dégager notre responsabilité de faits auxquels nous n'avions pris aucune part, et pour les bien convaincre que nos relations, loin de nous servir à les exploiter, assureraient au contraire contre toute éventualité leur tranquillité et leur bonheur.

La paix fut conclue. Et d'abord on enterra la guerre.

En face de ce malencontreux ilot qui avait failli nous jouer un si vilain tour on fit un grand trou. Chaque chef y déposa l'un une balle, l'autre une pierre à feu, un troisième y vida sa poire à poudre, etc. Lorsque moi et mes hommes y eûmes jeté des cartouches, on y planta le tronc d'un arbre qui repoussa très rapidement. Enfin la terre fut rejetée sur le tout, et un des chefs prononça ces paroles : « Nous enterrons la guerre si profondément que ni nous ni nos enfants ne pourront la déterrer, et l'arbre qui poussera ici témoignera de l'alliance entre les blancs et les noirs.

» — Nous aussi, ajoutai-je, nous enterrons la guerre. Puisse la paix durer tant que l'arbre ne produira pas des balles, des cartouches ou de la poudre. »

On me remit ensuite une poire à poudre vide en signe de paix et je leur donnai mon pavillon. Mais alors tous les chefs voulurent en avoir un qu'ils frottèrent contre le premier. Bientôt toute la flottille Oubandji fut pavoisée aux couleurs tricolores.

La fondation de notre station du Congo était désormais assurée.

Sans vous faire assister aux fêtes qui nous fûrent données, nous descendrons ce grand fleuve pour aller mettre la dernière main à l'œuvre si bienheureusement poursuivie.

La descente se fit sur une de ces belles pirogues dont je vous ai parlé.

Au bout de cinq jours — la force du vent nous ayant quelquefois obligés à relâcher — l'aspect du Congo changea complètement. Jusqu'ici il coulait entre des berges élevées, écartées de huit cents à deux mille mètres ; maintenant l'horizon s'élargit. Droit devant nous apparut un point noir semblable à un navire ; d'autres surgirent à droite et à gauche ; ils grossirent ; nous reconnaissions des îles. Nos hommes criaient joyeusement : « Ncouna », c'était le nom indigène d'une sorte de lac formé par le Congo, lac appelé aujourd'hui Stanley-Pool et sur la rive droite duquel se trouvait N'tamo, dernier village avant les rapides et but de notre voyage.

Par sa position, N'tamo est la clef du Congo intérieur. Nos travaux allaient être récompensés. Les premiers nous allions prendre cette clef, non pour fermer la voie, mais pour en assurer la neutralité.

La faveur dont nous jouissions grâce à l'amitié de Makoko

CHAQUE JOUR MAKOKO FAIT HISSER LE PAVILLON DEVANT SA CASE

nous valut dès notre arrivée un excellent accueil. Pendant dix-huit jours ce fut à qui nous offrirait le plus de cadeaux.

Les chefs vinrent me rendre l'hommage auquel j'avais droit. Dans un grand palabre, je leur déclarai que j'avais choisi pour notre concession le territoire compris entre la rivière Djoué et Nupila sur la rive droite du Congo. L'acte de prise de posses-

ET D'ABORD ON ENTERRA « LA GUERRE »

sion fut rédigé et signé conformément aux ordres de Makoko, et les villages arborèrent immédiatement le pavillon.

C'était le 1ᵉʳ octobre 1880. Trois mois à peine s'étaient écoulés depuis notre départ de Franceville : dix hommes et un officier avaient tranquillement parcouru près de sept cents kilomètres. Outre les connaissances scientifiques acquises, ils rapportaient un traité d'amitié et de protectorat conclu avec le chef le plus puissant du pays et venaient de fonder la seconde station française sur le Congo au village de N'tamo, auquel la France a donné le nom de Brazzaville.

Je remercie mes compatriotes. Le titre oblige, je ne l'oublierai pas.

Je laissai mon brave sergent sénégalais Malamine et trois hommes à la garde du poste, et je partis avec les autres.

Précédés jusqu'à présent par notre réputation, nous avions été partout bien reçus. Ici nous nous trouvâmes presque égarés, inconnus à tout le monde. Pour surcroît d'ennui dans le présent nous arrivâmes sans nous en douter dans un pays de mines de cuivre où les habitants se montraient bien défiants.

Dans notre situation vouloir satisfaire notre curiosité c'était compromettre le passé et l'avenir. Mieux valait changer de route. J'avoue que cette sage détermination me coûta infiniment car elle renvoyait la reconnaissance du Niari à une époque indéterminée.

Nous rentrâmes dans un pays accidenté où il fallait constamment escalader et descendre des hauteurs de cinquante à cent cinquante mètres, parfois plus, au sommet desquelles étaient généralement situés des villages, dans une position militaire.

On eût dit que nous étions condamnés à avancer sans relâche. A peine arrivés dans un village nous trouvions des porteurs qui débarrassaient les précédents de leurs charges et repartaient avec le même entrain. Cela ne dura pas.

Inclinant légèrement notre route vers le Congo, nous rencontrâmes des populations moins naïves et moins empressées de porter nos caisses que de les vider. Elles s'y prenaient, du reste, d'une façon originale, choisissant pour nous voler le moment où elles nous offraient une sorte de divertissement musical.

A leurs grandes et petites flûtes j'opposai les nôtres. Tout en exposant au chef nos réclamations, j'envoyais quelques balles de mon Winchester dans un arbre voisin, et aussitôt on retrouva les objets volés au son d'une plus agréable musique.

Nous avions fait environ quatre-vingt-dix kilomètres lorsque le voisinage de nouvelles mines de cuivre et de plomb motiva un nouveau changement de direction, cette fois bien marqué vers le Congo, à travers de grandes montagnes de quartz et de grès colorées en rouge et en jaune par l'oxyde de fer.

Ici nous entendons parler des blancs. Nous revoyons des plantes d'importation : goyavier, manguier, des étoffes européennes. Mais le pays est de moins en moins sûr. L'hostilité croissante à mesure que nous nous rapprochons d'établissements européens nous impose une excessive prudence. Et je m'estime heureux d'avoir évité tout accident fâcheux en traversant le chaos de montagnes qui, de la rivière Louala, s'étend à Mdambi Mbongo, l'endroit précis où je rencontrai Stanley.

Ce jour-là, le hasard réunit pendant un instant deux hommes, deux antithèses : la rapidité et la lenteur, la hardiesse et la prudence, la puissance et la faiblesse. Pourtant les extrêmes se touchent; leurs sillons si différents, tracés avec la même persévérance, convergent au même but : le progrès.

Stanley est un explorateur comme moi : nous sommes de bons camarades. Mais si notre but était le même, les intérêts qui nous ont guidé étaient différents. Il n'y a donc rien d'extraordinaire à ce que nos récits n'aient pas toujours été d'accord. M. Stanley agissait au nom du roi des Belges pour la Belgique qui voulait alors fonder en Afrique une sorte de comptoir international où elle aurait la suprématie.

Sans doute le roi des Belges était complétement désintéressé. Il donnait ses millions dans le seul but de civiliser les tribus sauvages. Je croyais pourtant qu'il y avait une idée politique au fond des sentiments humanitaires du roi des Belges. J'étais loin de l'en blâmer, mais cela ne m'empêchait pas d'avoir mon idée politique aussi. Et la mienne était fort simple, la voici. S'il y avait un avantage à s'emparer du Congo, j'aimais mieux que ce fût le drapeau français que le drapeau belge « international », qui flottât sur cette magnifique contrée africaine.

Je n'ai jamais eu l'habitude de voyager dans les pays africains en guerrier, comme M. Stanley, toujours accompagné d'une légion d'hommes armés et je n'ai pas eu besoin de faire des échanges, parce que, voyageant en ami et non en conquérant, j'ai trouvé partout des gens hospitaliers.

M. Stanley avait pris l'habitude de se faire respecter à coups de fusil : je voyageais, moi, en ami et non en belligérant. C'est pourquoi j'ai pu faire cette conquête pacifique qui a tant surpris l'explorateur américain au service du roi des Belges. « Les rois africains, dit M. Stanley, ne voient dans un drapeau qu'un morceau d'étoffe plus ou moins heureusement bariolé, dont ils peuvent se faire une ceinture. »

Voilà justement l'erreur de M. Stanley. Ces rois ont vu dans mon « morceau d'étoffe » ce que je leur avais dit d'y voir. Et M. Stanley lui-même a été le premier, en le respectant plus tard, à leur montrer que je ne les avais pas trompés. J'ai dit au roi : « Vous connaissez le frère blanc qui est venu ici et avec lequel vous vous êtes battus. Eh bien, il en viendra d'autres et des plus forts que lui. Si vous arborez le symbole que je vais vous remettre, ils ne prendront pas pied chez vous sans votre permission, et ils ne tireront jamais un coup de fusil sur vos sujets. » Ils ont fait ce que je leur ait dit, et le drapeau français les a protégés.

Le roi des Belges mit beaucoup d'argent à la disposition de M. Stanley. « En France, disait le roi Léopold à un de ses amis intimes, M. de Brazza aura beau se remuer, il ne réussira jamais à faire ratifier son traité. On jouera avec le Congo comme avec un jouet. M. de Brazza emploierait bien plus utilement son temps en venant se joindre à nous. » Je cite textuellement les paroles du roi Léopold !

Inutile d'ajouter que je ne suis pas de son avis et que ma confiance dans la clairvoyance de nos députés a ratifié l'espoir que j'avais conçu que ma conquête pacifique ne serait pas perdue pour mon pays.

Mais le jour où ils se serrèrent la main en Afrique, ces deux hommes qui s'estiment ont reconnu la dure nécessité de leurs tâches. Stanley m'a rendu justice. De son côté votre missionnaire s'honorera toujours du cordial accueil que lui a fait le plus intrépide explorateur de l'Afrique.

CHAPITRE VI

L'ennemi c'est l'esclavage! — Au Gabon. — Suis-je oublié? — En route pour Franceville. — Mon propre chirurgien. — Potager, basse-cour et bétail. — Comme à Montmorency! — Route vers l'Alima. — Grosses difficultés. — Un conseil noir des ponts et chaussées. — M. Mizon à Franceville. — Ballay n'est pas arrivé.

En descendant le Congo et remontant ensuite le long de la côte de l'Atlantique, j'éprouvais un grand serrement de cœur en apercevant des hommes portant au cou le hideux carcan de l'esclavage! Je pensais que nous avions jadis ruiné nos colonies par générosité... Mais je m'arrête : nous arrivons au Gabon. Là du moins nos couleurs nationales ne couvrent pas le seul adversaire contre lequel j'ai lutté partout, au nom de la science et de l'humanité.

Nous débarquâmes à Libreville, le 15 décembre 1880. Une cruelle déception nous attendait. Ni le docteur Ballay ni le personnel des stations n'étaient arrivés! Fallait-il donc en France plus d'un an pour construire une chaloupe?

Avait-on renoncé à l'exploration de l'Alima?

Étions-nous oubliés, abandonnés!...

Je ne vous dirai pas ce que j'ai souffert en cherchant l'explication d'un retard si préjudiciable à nos projets. La mission que m'avait confié le Comité français de l'association africaine était remplie; je pouvais aller en Europe prendre le repos dont j'avais besoin. Mais non, je ne pouvais pas, je ne devais pas abandonner sans ressources nos stations et les braves gens que j'avais laissés à huit cents et douze cents kilomètres dans l'intérieur. Aussi vingt-quatre heures après mon arrivée au Gabon,

JE PRIS MON COUTEAU ET JE TAILLAI...

je repartais avec ma troupe grossie de deux marins : Guiral et Amiel et de plusieurs indigènes, charpentiers, jardiniers, etc.

Tandis que nous quittions N'tamo, M. Michaud descendait pour la seconde fois l'Ogôoué avec sa flottille de pirogues. Depuis un mois et demi il était arrivé aux factoreries de Lambaréné, là les piroguiers, découragés de ne voir encore rien venir, menaçaient chaque jour de retourner chez eux et mettaient à une rude épreuve la patience et l'habileté de M. Michaud lorsque ma petite troupe fit son apparition.

A la nouvelle de notre retour, les esclaves des Gallois et des Inengas venaient en foule me prier de leur accorder un refuge à la station... Mais les ressources? Elles manquaient pour créer d'autres postes.

Par l'établissement des nouvelles stations, la question de l'es-

ASPECT GÉNÉRAL DE FRANCEVILLE EN 1882

clavage serait cependant résolue dans ce riche bassin ; riche, en effet par le sol d'une fertilité exubérante où l'on dédaigne la noix de palme, l'arachide, les essences les plus précieuses, bois rouge, ébène..., où le commerce de l'ivoire et du caoutchouc rapporte près de mille pour cent. Toute la contrée n'est qu'une forêt de caoutchouc.

Je ne surprendrai malheureusement personne en disant par qui commencent à être exploitées les richesses que nous avons révélées. Mon patriotisme s'inquiète de l'absence de factoreries françaises. Car les colonies et même les possessions ne sont que des causes d'épuisement pour une nation lorsqu'elle ne peut y envoyer que des soldats.

Ne soyons point les gendarmes de la colonisation moderne, ce serait un métier de dupe. Il faut être humanitaire soit, mais avant tout patriote.

Aux chutes de l'Ogôoué, la pirogue chavira, nous dûmes travailler longtemps dans l'eau pour sauver ce chargement, et je gagnai à cet exercice une dyssenterie qui m'a rendu plus maigre encore. Pardessus le marché, je m'étais blessé assez sérieusement le pied gauche sur une roche. Un charlatan de l'endroit appliqua sur la plaie un diable d'onguent qui me fit enfler le pied gros comme la jambe. Privé de médicaments et de ma trousse que j'avais laissée aux officiers de la mission Stanley je pris mon couteau et taillai dans le morceau jusqu'à un centimètre de profondeur, supprimant tout ce qui n'avait pas une jolie couleur de chair fraîche. J'en fus quitte pour deux mois d'inaction, et en arrivant à Franceville, en février 1881, je fus le premier voyageur à qui notre station hospitalière ait rendu service.

Noguez n'avait pas perdu son temps. Je trouvai là réunis une centaine d'indigènes : hommes, femmes, enfants déjà habitués au travail. Il ne restait plus qu'à achever ce qu'ils avaient si bien commencé. On fit de nouveaux magasins, de nouvelles caves et on prépara de jolies chambres. Nos légumes, nos plantations de goyaviers, d'orangers, de café... notre bétail : cabris, moutons, porcs, etc.., tout était soigné et prospérait. Déjà la station vivait uniquement sur ses revenus. J'allais oublier notre âne et notre ânesse, belles et bonnes bêtes qui en voyageant n'avaient rien perdu de leur entêtement. Mais c'était bon là-bas de les entendre braire et encore meilleur de parcourir, monté sur leur dos, notre charmant domaine, tout comme si nous eussions été à Montmorency.

Nos relations étaient établies sur un excellent pied avec tous nos voisins. Il ne s'agissait pas de se perdre dans les délices de Franceville, prête à recevoir ses nouveaux hôtes qui arriveraient sans doute avec le matériel nécessaire à la navigation de l'Alima.

Or, cent vingt kilomètres de route nous séparaient du confluent de l'Obia et de la Sékéba, tributaire de l'Alima, point choisi pour le lancement du vapeur. Mais cette route il fallait l'ouvrir et la construire de façon qu'elle supportât la charge de poids énormes; installer un magasin de montage sur l'Alima et enfin organiser le service des transports entre l'Alima et l'Ogôoué.

La première partie n'exigeait que des jambes et des bras. En effet, après avoir de nouveau exploré le pays afin de choisir le meilleur tracé je me procurai assez facilement quatre cents travailleurs.

Les escouades de défricheurs et de terrassiers furent organisées ayant à leur tête les Gabonais, devenus conducteurs de ponts et chaussées, dirigés par mes ingénieurs Michaud, Amiel et Guiral. Bientôt la large et longue trouée ouverte à travers la forêt fut transformée en une route praticable.

La seconde partie de notre plan était moins pénible mais plus difficile à exécuter. Toutes les tribus dont l'amitié nous était acquise n'étaient pas également intéressées à nos projets.

Il était donc nécessaire d'organiser ici comme sur l'Ogôoué un service général confié à un seul et même personnel. Il importait de l'établir avant que les modifications d'intérêt résultant d'un premier transport eussent frappé l'esprit des diverses tribus.

Voici comment après un premier essai infructueux je réussis à vaincre les hésitations des porteurs de l'Alima qui n'étaient jamais venus à Franceville. M. Michaud, que j'avais envoyé ravitailler notre station du Congo, s'étant blessé à la chasse et ne pouvant faire ce voyage, je partis à sa place. J'emmenai quelques hommes de plus que j'employai à faire construire des ponts et nous continuâmes lentement notre route. Arrivé chez les Aboma, j'expédiai le ravitaillement à Malamine et je revins aux sources de l'Alima. La nouvelle de la construction des ponts rapides, répandue et amplifiée, avait produit son effet.

Craignant que le commerce ne prît la route de terre de Franceville à N'tamo, les tribus riveraines de l'Alima réclamaient mon concours maintenant. Un grand palabre fut tenu auquel assistaient tous les chefs venus de cinquante kilomètres à la ronde. J'obtins tout ce que je désirais pour l'installation de notre poste de l'Alima et le service de transport entre cette rivière et l'Ogôoué.

Ceci se passait en septembre 1881. Trop malade alors pour me rendre à Franceville j'y envoyai un de mes hommes prendre des médicaments et prévenir que tout était prêt pour l'exploitation de l'Alima. Je m'imaginais que les compagnons attendus depuis deux ans devaient être arrivés ! Je me trompais.

Seul un de mes camarades, M. Mizon enseigne de vaisseau, désigné pour prendre la direction de Franceville était arrivé à la station le 27 du même mois. J'appris par sa réponse que le docteur Ballay était involontairement retenu au Gabon. De longues réparations exigées par un matériel défectueux reculaient indéfiniment notre exploration : peut-être même M. Ballay allait-il retourner en Europe.

Vers le 10 octobre je pus aller à Franceville. Il ne me restait qu'à remettre entre les mains de mon successeur une œuvre dont il fallait maintenant tirer parti.

CHAPITRE VII

Malamine ravitaillé. — Les sources de l'Ogôoué. — Riche vallée du Quillou Niari. — Coups de fusils. — Six blessés. — En retraite sous la pluie. — Les Bassoundis. — Arrivée à Banana (17 avril 1882). — Résultats politiques, géographiques et humanitaires du second voyage — à rendre définitifs.

A la fin de janvier 1882 nous partions de Ngango sur la route de Franceville au Congo avec l'espoir d'en rapporter un nouvel itinéraire. J'envoyais cinq hommes porter des marchandises à Malamine, chef de notre station de N'tamo.

On a dit que, peu de temps après ma visite, Stanley, cédant à un mouvement passager de dépit, avait essayé de gagner les services de Malamine et de détourner les chefs Batékés de leurs engagements envers nous. Il n'y avait pas là de quoi s'alarmer. Ma présence à N'tamo n'était même pas nécessaire pour faire respecter nos droits et nos intérêts. Ils étaient entre des mains fidèles et dévouées. Et non moins que sur les parchemins les engagements des populations étaient gravées dans leurs cœurs.

Poursuivant notre route sur des montagnes sablonneuses nous rencontrâmes les sources du Lékété, de M'jka. Le 8 février nous voyions une petite flaque d'eau. C'était la source de l'Ogôoué, de ce fleuve que j'avais remonté pour la première fois il y a six ans.

Cette découverte me fit une vive impression. Mon esprit fatigué, surexcité par la fièvre, embrassa en quelques instants le passé, le présent et l'avenir de l'œuvre à laquelle j'avais donné fortune, jeunesse et santé. Ceux qui ont éprouvé la force du dévouement à une idée me comprendront.

Un mois plus tard nous arrivions sur les bords du Niari, jolie rivière de quatre-vingts à quatre-vingt-dix mètres de largeur qui va se jeter à l'Océan sous le nom de la rivière de Quillou.

Non loin de sa rive gauche se trouvent les fameuses mines de cuivre et de plomb dont le voisinage nous avait obligé à nous détourner en venant de N'tamo. De là j'aperçus au milieu des montagnes qui encadrent à moitié l'horizon, la coupure qui livre un facile passage pour se rendre à notre station du Congo. Nous étions donc en bonne voie maintenant pour reprendre la reconnaissance de la voie la plus avantageuse entre N'tamo et l'Atlantique. Pénétrés de l'importance de notre itinéraire, nous continuâmes notre chemin sur la rive gauche du Niari.

La vallée assez large, plate et semée çà et là de petites cultures isolées se prolonge à peu près à l'Ouest entre deux plateaux de nature et de hauteur différentes. L'un, celui du Sud, nous était déjà connu, car nous l'avions suivi pour nous rendre chez Stanley.

Cette vallée du Niari est comme une large entaille au travers d'énormes terrasses parallèles à l'Océan. Mais tandis que le Congo les traverse à la façon d'un escalier le Niari jusqu'à son confluent avec la Cali coule sans un seul rapide sur un sol uni et fertile dont la population plus dense que celle de la France nous fit partout bon accueil.

Une centaine de kilomètres plus à l'Ouest le Niari incline un peu vers le Nord. Nous nous en écartâmes après avoir traversé son petit affluent, le Nréngé.

Nous commençâmes alors à nous élever vers un plateau. Là, les indigènes avaient bien entendu parler des blancs mais ce n'était pas de nous. L'accueil allait changer complétement.

Déjà nous avions eu plus d'un désagrément lorsqu'un jour deux de mes hommes qui avaient pris une route différente furent arrêtés et retenus dans un village. Les habitants croyaient ainsi me rendre service tout en faisant une bonne affaire. « Làbas, disaient-ils, en montrant la direction du Congo, le blanc paye quand on lui ramène ses esclaves; pourquoi ne payerait-il pas ici ! » Vous pensez si ces méprises étaient faites pour entretenir l'amité entre la population et mes hommes.

Cette scène désagréable aurait pu être oubliée comme le reste; mais le lendemain en arrivant, à cinq heures du soir, au village de M'btenga, nous rencontrons des dispositions les plus mauvaises, les plus hostiles à notre égard. On nous refuse de l'eau, du feu et une place pour nous reposer, même hors du village. Tandis que je discutais avec le chef, mes hommes excités de leur côté par les naturels s'échauffaient, l'un deux menacé veut montrer la puissance de nos armes en déchargeant son fusil contre un arbre. Au même moment il reçoit une balle qui lui traverse le poignet. On court au milieu des cris et du cliquetis des armes : c'est un combat dans les plus mauvaises conditions. En vain pour l'arrêter j'arrache à un de mes Sénégalais le fusil qu'il vient d'enlever à un naturel et je le remets au chef. Celui-ci le prend, me vise, me manque. Les balles sifflent de tous côtés et nous comptons six blessés avant de pouvoir nous abriter et battre en retraite.

La situation laissait à désirer. N'ayant aucun espoir d'arrangement il fallait nous retirer au plus vite. Après la marche de la journée et les coups de fusils qui nous avaient servi de souper, nous marchâmes toute la nuit sous une pluie battante dans la direction du Sud. Au jour nous étions au sommet des montagnes

A nos pieds s'étendait la plaine verdoyante de Lœma, dont les sources étaient voisines.

Nous descendons et bientôt nous apercevons un groupe de villages Mboco où le minerai de cuivre se ramasse à fleur de terre.

Enfin, de Mboco nous marchons à l'Ouest en coupant la grande corde que la Loundima dessine au Sud et nous venons nous reposer à Rimounda, village bassoundi, situé entre la Loundina et le Loango. Cinq ou six jours de marche à peine nous séparent, soit de Boma sur le Congo, soit de Landana sur la côte de l'Atlantique.

Les Bassoundi ne seraient pas moins intéressants à étudier que les Bacamba, les Baboueudé et les Ballali dont nous venions de traverser le pays. L'étude détaillée de tous ces peuples intéressants sera l'objet de mes travaux ultérieurs.

Nous nous traînions alors épuisés de fatigue. Nous arrivâmes enfin à Landana où, le 17 avril 1882, le supérieur de la mission française et la colonie européenne nous ont donné de si nombreuses et de si touchantes marques d'intérêt et d'affection que nous avons oublié une bonne part de nos misères, de nos privations et de nos dangers.

En deux ans et demi, avec les faibles ressources mises à notre disposition, nous avions, au point de vue géographique, ajouté à nos précédentes conquêtes un territoire aussi étendu que le tiers de la France. Nos itinéraires relevés à l'estime et appuyés sur de nombreuses observations astronomiques présentaient un développement d'environ quatre mille kilomètres. Le calcul de nos observations météorologiques fournissait une quantité considérable d'altitudes.

Les divisions entre les bassins et les grandes voies de communication étaient étudiées, et les collections que nous rapportions ont permis d'avoir une idée générale de la constitution géologique de cette contrée.

Au point de vue humanitaire, la fondation des stations hospitalières de l'Ogôoué et du Congo a nécessité une étude aussi complète que possible du pays, de ses ressources, de son avenir. Leur sécurité dépendait des bonnes dispositions des popu-

EN VAIN J'ARRACHE A UN DE MES SÉNÉCALAIS LE FUSIL......

lations et de leurs chefs. Nous avons rapporté des preuves que toutes ces conditions ont été remplies.

Outre M. Michaud j'avais ramené de là-bas deux de mes compagnons noirs. Ils étaient bien jeunes, mais leur conduite me rappela que « la valeur n'attend pas le nombre des années ».

En terminant ce trop long récit, je dois encore une indication plus précise sur ce que je croyais alors utile d'entreprendre.

Sans doute l'exploitation des bassins de l'Ogôoué et de l'Alima pouvait rapporter des centaines de millions. Mais, la clef du Congo intérieur, c'est-à-dire du réseau fluvial par lequel on drainera toutes les richesses de l'Afrique équatoriale, était N'tamo. Cette clef était dans nos mains. La voie la plus avantageuse de N'tamo à l'Atlantique est celle que nous venions de découvrir.

La voie ferrée à établir dans ces régions devait suivre la vallée du Quillou ou du Niari pour aboutir à notre station du Congo. Il serait le complément de nos travaux.

Qu'on se rappelle les sentiments des populations, leurs intérêts liés aux nôtres, les traités que les chefs avaient signés et que ratifierait la France. Devions-nous les abandonner?

En route nous avions prouvé qu'il est possible de servir les intérêts de sa patrie tout en combattant pour la science et la civilisation.

DEUXIÈME PARTIE

LETTRES

>Haut Ogôoué, en partie au pays des Okanda
>et partant pour Aduma
>
>Le 4 Mars 1881

MA CHÈRE MÈRE,

J'ai reçu toutes tes lettres au Gabon, ayant, en quittant Lambaréné, donné l'ordre qu'elles m'y fussent gardées.

Je ne m'étais pas trompé dans mes calculs ; si ces lettres m'avaient suivi, jamais elles ne m'auraient trouvé, tandis que je les reçus toutes ensemble lorsque, à l'embouchure du Congo, j'arrivai au Gabon sur le steamer vapeur « Coanzo. » Tu pourras t'imaginer facilement combien je fus heureux d'avoir de bonnes nouvelles.

Excuse-moi de t'avoir écrit si rarement des lettres, qui ressemblaient à des dépêches télégraphiques ; j'ai, à la vérité, fort peu écrit mais, d'autre part, ce que j'ai fait et le résultat obtenu ont dépassé tout ce que je pouvais espérer.

Voici, en résumé, le but et les avantages assurés de ce voyage pour lequel je suis parti sans pouvoir même dire adieu.

J'étais chargé de chercher et de recueillir le meilleur point de l'Ouest de l'Afrique pour l'établissement de deux stations scientifiques et « hospitalières », l'une près du haut Ogôoué et l'autre dans un endroit favorable à un moment d'humanité et de civilisation que la France veut exercer dans la région qui entoure le Gabon et l'Ogôoué, partie du Congo intérieur. Si j'en trouvais l'occasion favorable, je devais commencer l'établissesement de l'une ou de ces deux stations et y laisser deux Européens qui m'accompagnaient.

Telles étaient mes instructions, c'était le premier pas que l'on désirait faire dans l'avenir.

Il existe au cœur de l'Afrique une immense voie de communication que les vapeurs peuvent parcourir sur une distance de 5000 kilomètres sûrs et 10000 probables, espaces parcourus par le grand Livingston (Congo) de Urega jusqu'à Stanley-Pool et de ses grands affluents : le M'pama (Alima et Licona), le Quango, l'Ikelemba, le M'burn, l'Aruvimi. Ceci est un fait constaté et c'est ce point qui servira de pivot et où se soutiendra chaque entreprise humanitaire et scientifique dans la partie la plus riche et la plus peuplée de l'Afrique, la région qui s'étend de l'Ouest de l'Uriga à la côte occidentale et du Nord du Zambèse au Sud du Bimié et de l'Uadat, voilà maintenant le projet :

1° Lancer des bateaux à vapeur sur cette grande voie navigable.
2° Etablir entre un point de cette route navigable intérieure et la côte de l'Atlantique des moyens de transport continus et pratiques, c'est-à-dire mettre en relations constantes et commodes, l'intérieur du Congo avec la côte et avoir sur le fleuve Congo des vapeurs pouvant parcourir en tous sens une étendue de pays qui comprend le quart de l'Afrique.

Choix des stations.

La station que je fondai à N'tamo est la base des opérations des vapeurs qui devront tous aborder au Congo.

La station que j'établis au fleuve Passa (Haut Ogôoué) est le point le plus voisin du Congo intérieur qui peut être mis en communication par eau avec l'Atlantique; la distance de la station Nghimi (Franceville) est de 700 kilomètres.

Communication entre Franceville et l'Atlantique.

Tu sais que dans ma première expédition, il me fallut au moins deux ans pour remonter jusqu'au fleuve Passa jusqu'alors inconnu. Le fleuve était alors divisé en trois parties et dans chacune d'elles la navigation appartenait à différents peuples : les Ininga, les Galoa, les Okanda, les Aduma et les Ossyeba. Ce monopole commercial de navigation existant déjà depuis des siècles n'avait jamais permis à une tribu d'envahir les privilèges de l'autre, de façon que, pour arriver au Haut Ogôoué, il fallait changer trois fois de bateliers et de pirogues; de là, une source inépuisable d'ennuis et de dépenses infinis; de là, la différence énorme de valeur des marchandises au fur et à mesure qu'elles passaient d'une tribu dans l'autre. Chez les Aduma, par exemple, 4 kilogr. de sel suffisaient pour acheter un esclave. A mon arrivée cette dernière fois, je fis prendre une face nouvelle à tout le pays.

Tous les peuples qui ont su prendre en main une perche ou manier une rame, ont pour la première fois parcouru tout le fleuve des établissements européens de la côte à la station de Franceville. En juillet, Franceville pouvait disposer de sept cent quarante Aduma lesquels, à eux seuls, formaient une caravane de secours et actuellement la station peut, au premier signal, disposer d'une colonie de mille ou mille cinq cents bateliers qui peuvent armer quatre vingts ou cent pirogues, avec lesquelles une fois que les transports seront organisés (et ils le sont à présent) la station peut recevoir tous les trois mois, de quatre-vingts à cent tonnes de marchandises.

Communication entre la station de Franceville et N'tamo (Brazzaville).

Entre N'tamo et Franceville il y a une distance de 180 milles.

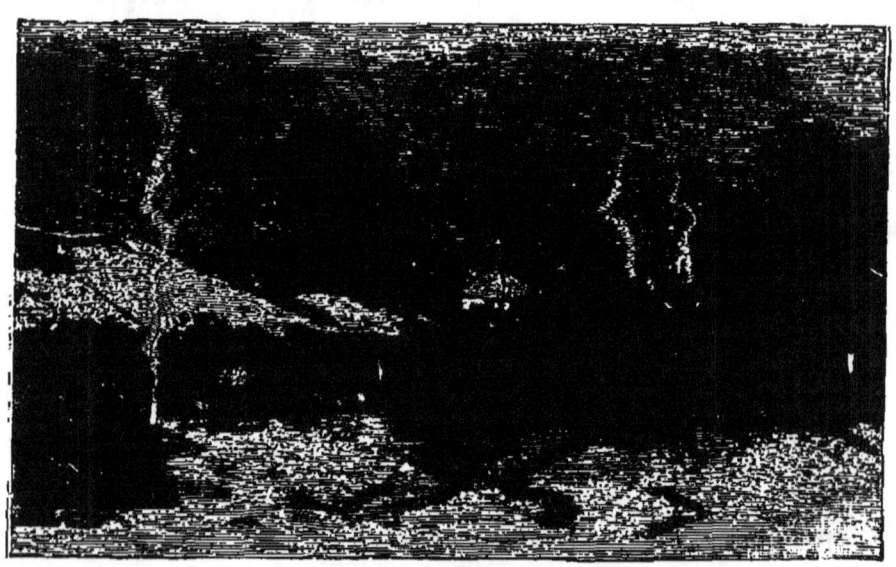

LA STATION DE FRANCEVILLE

Je partis de la station de l'Ogôoué avec vingt-quatre porteurs chargés de marchandises et mes douze hommes ; aucun d'eux ne me fut nécessaire et, cela, dans un pays que nous traversions pour la première fois.

Par la suite, il sera très facile de trouver chez les peuples qui habitent des deux côtés de la route, des porteurs comme dans l'Ogôoué nous avons trouvé des bateliers.

Ces peuplades sont assez nombreuses et pacifiques, et les

chemins pour arriver chez eux n'offrent aucune difficulté naturelle et s'il n'y avait pas quelques obstacles dans mes trois premières étapes, on pourrait parcourir le pays en voiture sans aucune peine; de plus, le climat y est très sain.

Plus haut, sur les coteaux hauts de 800 mètres, prospère la culture du bananier et du froment.

Actuellement, avec les seuls habitants du pays, on peut faire d'une station à l'autre des trafics d'une certaine importance. La

VÉRANDAH DE LA SALLE A MANGER A FRANCEVILLE

réunion des deux stations assurera le transport des marchandises destinées à payer les travaux que l'on fera faire par les indigènes chez eux-mêmes, travaux consistant en constructions de route et autres choses semblables.

Chemin de la station de Franceville à la station du Congo.

Tu sais que le point où nous sommes arrivés dans notre première expédition près de l'Alima et où nous avons commencé notre descente, se trouve à quarante-cinq milles de la station de l'Ogôoué.

Voilà le chemin à faire, la route à tracer pour assurer le passage entre l'Altlantique et le Congo intérieur.

La route choisie mesure donc, comme je l'ai dit, 45 milles.

Le pays ne présente pas d'obstacle important et il sera possible sans grande peine, de parcourir cette distance avec des voitures chargées de 4 ou 500 kilos. Je puis dire que je connais fort bien cette route, l'ayant parcourue plus de cinq fois.

Le pays n'est pas boisé; la végétation est faible et l'herbe rare. Les collines sont à pente douce et une voiture peut passer partout.

Travaux à exécuter.

Les travaux à exécuter sont les suivants : l'ouverture d'une route de 5 à 6 kilomètres à travers une forêt voisine de la station; une route de 5 à 600 mètres un petit peu plus loin, un pont sur le fleuve Kom large de 25 mètres et profond de 2 mètres. Reste encore cinq ou six points difficiles à traverser, à cause de la pente très forte à ces endroits; heureusement ces points difficiles sont de faible étendue et ne dépassent pas 500 mètres. Actuellement dans les villages qui se rencontrent sur notre parcours, on peut trouver deux cents porteurs qui se relayeront à chaque étape, mais il faut compter que très peu pourront faire le parcours. Dans ce cas, on peut faire un choix de six ou sept cents hommes (Batékés) comme porteurs ou bateliers.

De la sorte, on peut compter faire transporter sans grandes difficultés, de la station du Passa (Ogôoué, Franceville) à l'Alima (ce qui ne veut pas dire le Congo intérieur) des vapeurs chaloupes dont les parties pourraient se démonter, chaque pièce pouvant peser de 150 à 200 kilos. Quant aux marchandises portées à dos d'homme, en supposant que chaque porteur pût supporter une charge de 25 kilos, cent hommes pourront porter à chaque voyage, 2500 kilos. Tu vois qu'à l'heure qu'il est, tous ces moyens de transport dépassent tout ce qu'on aurait pu espérer.

Par la suite, on pourra même organiser des transports à dos d'âne et même en leur donnant quelques marchandises, on pourra faire faire par les indigènes les travaux nécessaires à rendre praticables aux voitures les cinq ou six points qui empêchent leur circulation.

Au lieu de se servir du transport à dos d'homme, on pourra alors employer le charroi.

Avantages humanitaires déjà acquis par l'expédition.

Si, avec l'établissement de ces deux stations, l'organisation de ces transports, la paix conclue avec les Apfourou — Ubanko Oubangi, avec lesquels, de même que Stanley, j'ai dû me battre, mon voyage rendit quelques services utiles à la science, et fit quelque honneur au voyageur, je n'ose m'attribuer en tout ceci qu'un seul mérite, celui d'avoir su profiter de l'occasion, du prestige que j'avais dans le pays, et des ressources de la localité, pour le reste, je n'ai fait que récolter ce que j'avais semé dans notre première longue expédition où j'eus besoin de tant de patience et où j'éprouvai tant de peine. La satisfaction la plus chère que je recueille maintenant des souffrances de ma première expédition, est la joie d'avoir radicalement, sans violences, sans hostilités, aboli de fait la traite des esclaves sur l'Ogôoué.

La station de l'Ogôoué est devenue le refuge des esclaves qui cherchent la liberté dans les limites de leur territoire et toutes les peuplades de l'Ogôoué reconnaissent ce droit d'asile et la liberté de chaque esclave qui s'est mis sous ma protection. Actuellement, j'ai une escorte de cent quatre personnes, hommes femmes et enfants, tous esclaves fugitifs de Galoa. Ils sont venus chercher leur liberté à la station de l'Ogôoué, ne pouvant être en sûreté dans les établissements de la côte.

Entreprise de Stanley.

L'entreprise dont j'ai jeté ici les premières bases n'est pas la seule qui soit en cours d'exécution, celle de Stanley a pour objet le Congo intérieur et comme seule différence la route prise. Stanley attaque les obstacles de front. Voici ce qu'il s'est dit : « Vivi, point extrême où les vapeurs remontent le bas Congo, se trouve à 450 kilomètres de N'tamo ; transportons avec la peine nécessaire quelques chaloupes à vapeur à travers ces 450 kilomètres et alors nous nous trouverons sur le Congo intérieur navigable et l'Afrique équatoriale s'ouvrira devant nous. »

Et ainsi Stanley a commencé à s'aventurer dans une route dans laquelle la nature semble s'être complue à accumuler les difficultés; c'est un travail de Titan qu'il a entrepris à coups de millions. Pas avant deux ans selon moi, il ne pourra transporter ses chaloupes à vapeur à N'tamo ; et la route qu'il aura ainsi tracée ne sera jamais un chemin commode à suivre. Chacun de ses pesants chariots traîné par deux cents hommes et avec l'aide de la grue, pourra surmonter les épouvantables accidents de terrain semés sur le chemin en question mais aucune autre voiture destinée aux transports réguliers ne pourra suivre la même route. Tant il est vrai que les approvisionnements sont transportés à dos d'hommes, de mulets et d'ânes qui, en de certains endroits, ne peuvent même pas suivre le chemin carossable.

A l'époque de mon passage, ces chaloupes à vapeur avaient déjà parcouru une distance d'environ 25 milles et se trouvaient à Ndambi Mbongo et il employait constamment 60 ânes ou mulets pour le service de ses approvisionnements.

Quelle quantité d'ânes et de mulets lui faudra-t-il donc quand il en sera à 50 ou 100 milles.

Sais-tu ce que c'est que le transport le long des cataractes et des rapides du Congo ? Pour t'en donner une idée je te dirai qu'il semble que dans une période géologique antérieure, une immense montagne de 650 mètres d'altitude ait séparé l'Atlantique du Congo intérieur, et que le Congo se soit ouvert une route coupant cette montagne. Cette montagnes par drainage,

ANCIENS ESCLAVES ÉMANCIPÉS (PRANCEVILLE).

successifs, se trouve ainsi sillonnée d'autant de vallées qu'il y a de torrents affluents au Congo. Quand on suit son cours, on ne fait que traverser toutes ces chaînes de montagnes, restes de l'ancienne éminence. Les difficultés de cette route sont telles que lorsqu'on apporte du sel à N'tamo (Stanley-Pool) on ne suit pas cette route ; on prend un tout autre chemin, plus long, il est vrai, mais aussi bien moins accidenté.

Parallèle entre les deux routes du Congo et de l'Ogôoué.

Voici en quoi il consiste : dans la route de l'Ogôoué, on peut se servir de ce fleuve jusqu'au point accessible aux canots. De là, un trajet par terre de 40 à 45 milles suffit pour arriver au point où l'Alima est navigable. Ce trajet se fait, en outre, dans

LA CASE DU VOYAGEUR A FRANCEVILLE

un pays facile, où il n'y a pas d'obstacles et où il n'en existe pas non plus pour l'emploi du charroi. Les chariots pesants employés par Stanley, pourront, sans les moyens dont ils disposent, sans même avoir besoin de la hache, même en de rares occasions, parcourir toute cette route. Tout, dans cette partie de l'Ogôoué, s'appuie sur la facilité naturelle du terrain.

La route choisie par Stanley au contraire, va contre toutes difficultés du sol, sans que rien ne vienne en aide à l'énergie européenne. Pour la première route, travaux, vivres, hommes, on trouve tout, réuni dans le pays.

Dans la seconde, au contraire, il n'y a que des roches et de l'herbe sèche, voilà tout ce que le pays peut fournir à Stanley. Non seulement son personnel se nourrit de riz d'Europe transporté à épaules d'hommes ou à dos de mulets, mais les ânes et les mulets eux mêmes mangent le foin et l'avoine d'Europe que l'on a fait venir à grands frais.

Il est clair que si le personnel européen consomme des vivres conservés comme viande et légumes, tout le reste se trouve dans le pays. Et, pendant que, ici, ce sont les indigènes qui fournissent les bateliers, les manœuvres et les porteurs, l'à-bas tout le travail est fait par les Zanzibarais et par les esclaves achetés par Stanley qui, d'ailleurs, ne leur servent pas à grand'-chose. Malgré les précautions prises, une partie s'est enfuie et plusieurs de ceux qui y sont maintenant furent repris dans les villages voisins où ils avaient vainement cherché un refuge.

Au reste, là-bas les indigènes libres ne travaillent pas; je ne parle pas d'une ou deux caravanes de commerce qui, pendant un moment, voulurent bien consentir à traîner quelques voitures. Là, au contraire, tout le travail est fait par les peuples des indigènes; aux stations, les villages avoisinants envoyèrent leurs hommes pour construire les cases. Quand, au mois de juillet, je dus me procurer des approvisionnements qu'il me fallut faire chercher dans les établissements de la côte, le personnel qui escortait la colonne de 750 Aduma, qu'on y avait envoyés, consistait en un seul Européen et deux Gabonais. Quant aux Aduma, ils furent payés en marchandises, après la fin de leur travail qui avaient duré neuf ou dix mois.

Si, entre la section de l'Ogôoué et les établissement de la côte on devait exécuter des travaux, on pourrait facilement disposer d'une certaine quantité de personnel vacante chez les Pahouins.

En ce qui concerne le trajet entre l'Ogôoué et l'Alima, on pense également se servir des peuples indigènes. Cette différence caractéristique entre les deux routes, tient à ce que l'Ogôoué possède une nombreuse population, que le pays en est fertile et que de plus il n'a reçu que depuis peu les marchandises européennes.

Au Congo, au contraire, la population est presque nulle, le pays stérile et depuis longtemps les marchandises européennes y sont connues.

Entre Vivi et Ndambi Mbongo, on trouve seulement six villages qui, en tout, n'ont pas quarante ou soixante hommes. Plus haut les peuplades sont également très rares ; les vivres le sont tellement aussi, que de Ndambi Mbongo à Vivi, avec mes seuls douze hommes (et je marchais à marche forcée) j'eus peine à en trouver pour ma modeste suite.

Quelle différence avec l'Ogôoué où je m'arrêtai, avec sept cents hommes dans un village. Deux heures après, je suivais ma route chargé de vivres pour deux ou trois jours. Que m'avait coûté tout cela ? trente kilos de sel. Et quand on arrive aux factoreries, je suis obligé d'acheter mes provisions de bouche avec des étoffes et s'il faut que j'en donne quatre mètres par jour et par trente ou quarante hommes, on trouverait, je pense, que les vivres sont bien chers.

Voilà ce qu'il est difficile d'imaginer. Alors que le personnel permanent, à ma solde, se compose en tout de vingt Sénégalais et Gabonais, et de deux Européens seulement, Stanley est accompagné par quatorze Européens, il a déjà dépensé deux millions ; que ne dépense-t-il pas encore, je n'en

UNE FACTORERIE DE LIBREVILLE

sais rien, mais ce que je sais fort bien, c'est qu'il procède à coups de millions.

Voilà qui ressemble peu aux moyens dont je dispose.

La somme de vingt mille francs qui m'a été donnée pour commencer l'établissement de ces deux stations fut non seulement dépensée et, comme tu le sais, je dus te demander, au moment de mon départ de Manchester, de vouloir bien m'envoyer une lettre de change (lettre de change qui fut la flèche du Parthe), pour compléter ma pauvre bourse particulière (maintenant complétement à sec); avec cela je dus pourvoir aux besoins urgents et immédiats de l'expédition. Finalement, j'ai dépensé jusqu'à présent, 45 000 francs. Comme la première fois, mon pauvre budget est venu au secours du budget de la France, mais maintenant, je suis aux abois. Toutefois, je puis me vanter d'avoir bien dépensé cet argent. La station de N'tamo, bien que seulement commencée, et que je suis en train d'organiser, offre un point d'appui et, grâce à mes quatre hommes, une expédition arrivée à cinquante milles de ce point pourrait trouver une colonne de secours de cent à cent cinquante indigènes, en obtenir des moyens de transport et forcer le monopole commercial des indigènes.

Aujourd'hui ; la station de l'Ogôoué est florissante ; elle possède des cases, des magasins, un dépôt de marchandises, des munitions, un troupeau de plus de deux cents brebis, des chèvres et des cochons. Ajoutes-y un poulailler bien fourni. A la côte on ne parle que de la belle vie qu'on mène à la station.

J'attends l'envoi des cent mille francs que devait apporter le vapeur que je croyais trouver au Gabon à mon retour du Congo. Quand j'y arrivai, quelle désillusion fut la mienne ! Je crois que maintenant l'envoi sera arrivé et que de la station partiront quarante ou cinquante pirogues pour prendre Ballay et Mizon. Un subside ultérieur m'est absolument nécessaire.

J'ai déjà écrit au comité français de Banana, du Gabon et de la factorerie.

Tout bien considéré, je ne vais pas mal et ma santé est bonne. Le courage ne me manque pas mais il est mis à une dure épreuve par le manque de ressources.

Parti d'Europe à l'improviste, je n'ai pas pu m'organiser de façon à me procurer les plus simples commodités. Je croyais que dans huit mois je serais de retour mais mon voyage se prolonge au-delà de mes prévisions. Mon chapeau et mes pauvres souliers sont à toute extrémité, ce qui me cause une certaine impression. Ce que j'attends avec anxiété, ce sont les secours pour l'expédition.

Ton affectionné fils.

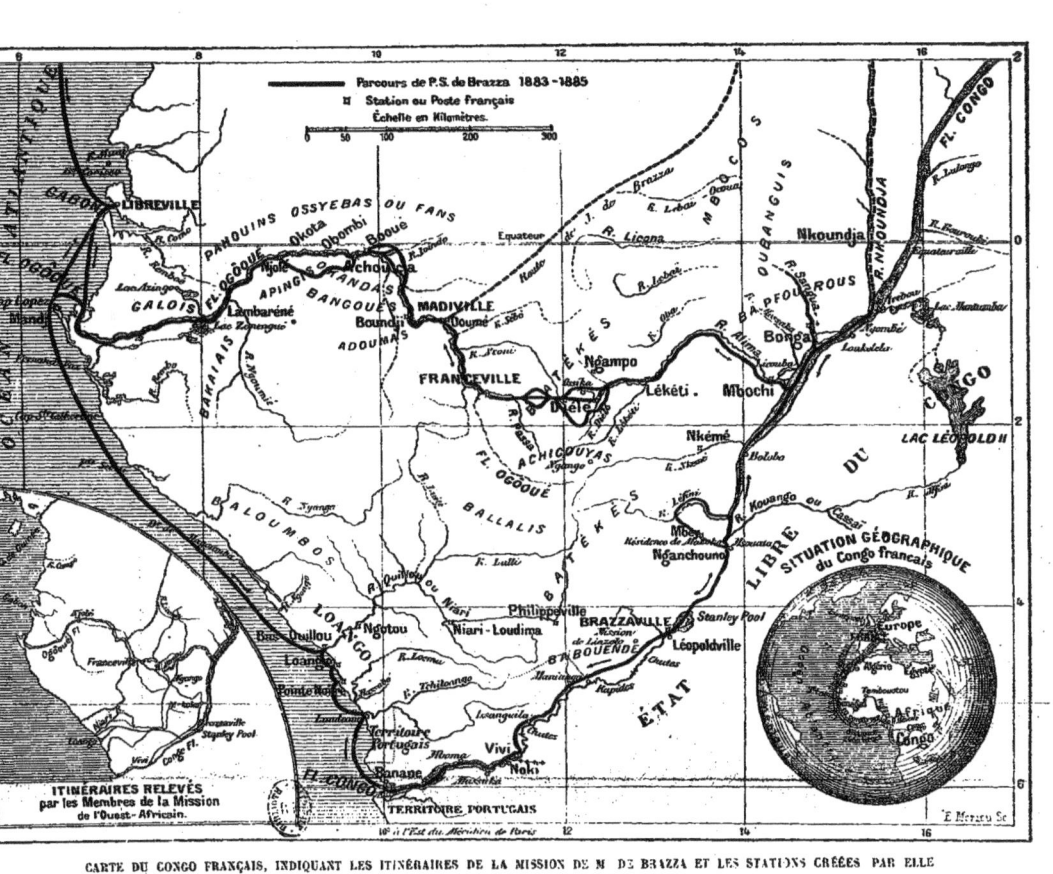

CARTE DU CONGO FRANÇAIS, INDIQUANT LES ITINÉRAIRES DE LA MISSION DE M. DE BRAZZA ET LES STATIONS CRÉÉES PAR ELLE
DRESSÉE PAR LES SOINS DE LA SOCIÉTÉ DE GÉOGRAPHIE.

III

EXPLORATIONS FAITES DE 1883 A 1886

III

EXPLORATIONS DE 1883 A 1886

PREMIÈRE PARTIE

CONFÉRENCE

CHAPITRE PREMIER

Résultats du second voyage. — Encouragements. — Réception solennelle du conseil municipal de Paris. — Le traité ratifié par le Parlement. — Les crédits votés. — Nommé lieutenant de vaisseau et commissaire général de la République dans l'Ouest africain. — Composition de la mission.

Dans mon voyage effectué de 1879 à 1882 tout n'avait pas marché au gré de nos désirs. L'imprévu, en prenant trop de place, avait occasionné de préjudiciables retards. Des résultats importants avaient été néanmoins acquis. Au cours de ces trois années, j'avais pu faire un double périple d'exploration. Franceville avait été fondée et organisée ; une route était désormais tracée entre les bassins de l'Ogôoué et du Congo, et la vallée du Niari ou Quillou avait été reconnue. Enfin un traité avec Makoko, souverain des Batékés, plaçait de grands territoires sous la protection de la France et nous donnait la clef du Congo supérieur.

D'accord avec le Comité français de l'Association internationale Africaine, la Société de Géographie avait voulu — je ne suis point le coupable — donner à notre première station sur le Congo, le nom de Brazzaville. Pourrais-je lui demander de ne pas laisser mon nom seul attaché à l'Ouest Africain ? Le nom de celui qui m'a précédé dans la tâche et qui appartient au passé, celui du regretté marquis de Compiègne, ne devrait-il pas être attribué à l'une de nos stations de l'Ogôoué, pour perpétuer sur ces rives le souvenir de l'explorateur qui les foula le premier ?

« En vous rendant compte de ce dernier voyage, je terminais ma conférence à la Sorbonne par ces mots : « Et quant à moi, le » plus grand honneur que vous puissiez me faire, sera de me » dire : « En avant ! »

» En avant ! vous l'avez voulu, Messieurs, vous l'avez dit. Le Gouvernement m'a concédé cet honneur que je vous demandais ; cette tâche insigne et glorieuse entre toutes m'a été confiée, d'aller porter là-bas encore la paix et la liberté au nom de la France. Mon premier sentiment à ce souvenir est un sentiment de profonde gratitude et je vous en remercie.

» Ai-je rempli cette tâche au gré de l'attente du pays ?

» Vous me pardonnerez de ne pas être juge en ma propre cause, c'est à l'opinion publique d'instruire mon procès. Ce que je puis vous affirmer, et vous affirmer en conscience, c'est que j'ai fait tout ce qu'il était en moi de faire, c'est que j'ai gardé avec un soin jaloux le souci des intérêts de la France et de l'honneur du drapeau qui m'était confié. Si la déception est venue parfois à son heure, si des retards et des lenteurs imprévus ont entravé dans une certaine mesure la réalisation rapide du projet et l'achèvement de l'œuvre (ce sont là des contretemps inhérents

---

(1) Voir Exposé présenté par C. Savorgnan de Brazza à la *Société de Géographie* lo 21 janvier 1886.

aux entreprises nouvelles), jamais du moins ma foi n'a été ébranlée ; elle a toujours été soutenue par la conviction que mes actes seraient impartialement jugés le jour où je les porterais devant l'opinion publique de notre pays.

» Ce jour est arrivé, Messieurs, et je comparais à votre barre, rassuré par vos sympathies, déjà fier du chaleureux accueil que m'ont fait la presse et le public à mon retour, heureux de vous soumettre les résultats de mes efforts et de m'en rapporter à vous.

» Ainsi que je vous le disais tout à l'heure, le Gouvernement, déférant au désir du pays et à la volonté des Chambres (1), m'avait

---

(1) Le 27 décembre 1882, eut lieu à la Chambre des députés la discussion du projet de loi de finances destiné à subvenir aux dépenses de l'expédition dans l'Ouest Africain. Le Gouvernement demandait un *million deux cent soixante-quinze mille* francs, répartis entre les trois ministères : de l'instruction publique (980,000 francs), des affaires étrangères (65,000 francs), de la marine et des colonies (200,000 francs). La discussion fut très courte et se borna à un échange d'observations entre le rapporteur M. Turquet et MM. Cunéo d'Ornano et Gerville Réache. Le crédit fut voté à la presque unanimité de quatre cent quarante-une voix sur quatre cent quarante-quatre votants. Et le 11 janvier 1883 la loi était promulguée au *Journal officiel*..

Par décret du 15 février 1883 M. de Brazza fut nommé lieutenant de vaisseau.

En outre il recevait le titre de commissaire général de la République dans l'Ouest Africain. Un petit bateau à vapeur l'*Olumo* était mis à sa disposition pour remonter le fleuve de l'embouchure aux stations à créer. Le matériel de la mission devait être transporté par des navires de commerce. Le Ministre de la guerre lui donnait en outre un détachement de tirailleurs algériens, qui se joindraient aux trente tirailleurs sénégalais.

La mission était ainsi composée :

État-Major

MM. MICHELEZ, ancien élève de l'École des Mines.
DE LASTOURS, ancien élève de l'École des Mines.
BLONDEL, comptable.
P. MICHAUD, ancien élève des Arts et métiers.
DECAZES, lieutenant de cavalerie, ayant longtemps séjourné au Sénégal.

Agents auxiliaires

MM. DE CHAVANNES, secrétaire du commandant de l'expédition.
JOSEPH MICHAUD, ancien élève des Arts et métiers, ayant déjà fait partie de la mission précédente.
DE MONTAGNAC, ayant fait un séjour dans le Haut Sénégal.
ECKERMANN, employé.
PIERRON, ayant séjourné longtemps à Madagascar.

dit : « En avant ! » Le traité qui établissait nos droits souverains sur les rives du haut Congo avait été ratifié sur la proposition du cabinet Duclerc, et un subside de 1 275 000 francs fut voté à la charge de différents ministères; en ma qualité de Commissaire du Gouvernement, j'avais pleins pouvoirs; enfin ma mission fut placée plus spécialement sous le patronage du Ministère de l'instruction publique : son caractère pacifique et scientifique indiquait tout naturellement de quelle partie des pouvoirs publics elle devait alors relever.

» Passons sur les détails peu intéressants d'une organisation faite à la hâte. Il fallait agir vite; recrutement du personnel nécessaire, acquisition de matériel et marchandises, préparatifs de départ, tout dut se faire en moins de trois mois, très rapidement, trop rapidement peut-être pour que tous les éléments de l'expédition fussent parfaitement appropriés à leur but.

Weisthoffer.
Roup.
Buffert, employé.
Borderie.
Lescau.
Rabuteau.
Henri Rochefort, fils.
Manchon.
De Ménerville.
Flicotteaux.

CHAPITRE II

Départ de l'avant-garde avec M. de Lastours. Malamine à Dakar. — Difficultés du Gabon pour le débarquement des marchandises. — Sur l'Ogôoué. — Les établissements du fleuve. M. le lieutenant de vaisseau Cordier commandant le *Stagittaire*. — Son habileté politique. — Traité du Loango. M.M. Dolisie et Manchon sur la côte.

Mon avant-garde était partie le 1ᵉʳ janvier 1883, sous le commandement de M. Rigail de Lastours. Avec elle partait mon frère Jacques, que son titre de docteur ès-sciences naturelles avait fait agréer du Ministère, pour la réunion de collections et de données scientifiques, et que surtout l'affection fraternelle poussait à me suivre.

Un mois après, M. le lieutenant Decazes partait pour recruter au Sénégal les laptots, qui devaient nous être nécessaires, pendant que M. le lieutenant Manchon allait chercher en Algérie les tirailleurs que M. le Ministre de la guerre m'autorisait à emmener.

Le 19 mars enfin je partais pour Bordeaux. Il était temps pour le public qui avait hâte de me voir commencer la tâche; temps pour moi surtout, qui, mieux que personne, comprenait le préjudice causé par ce retard dû aux exigences des préparatifs indispensables.

Un bateau, des armateurs Tandonnet, *le Précurseur*, emmenait le personnel entier de l'expédition. C'était, en tout, une troupe de quarante-huit Européens hiérarchiquement organisés, toute aux enthousiasmes du début.

Dans les premiers jours d'avril nous touchions à Dakar ; cent trente Laptots — toute notre force armée — montaient à bord, et parmi eux, mon brave sergent Malamine, rentré depuis quelques mois de Brazzaville, sur l'ordre de M. Mizon (1). Mélange de sang arabe et de sang maure ce Malamine, dont j'ai déjà parlé, est un homme de haute taille, solidement musclé. Son profil est presque européen et sa physionomie respire une fierté virile. On sent immédiatement en lui l'homme capable de remplir intelligemment des ordres, avec le tact de les interpréter suivant les circonstances. Quand, en 1880, je le laissai seul à la garde du pavillon français sur le Congo, sans ressources et à 500 kilomètres de notre plus voisine station, je savais à l'avance à qui je confiais ce dangereux honneur. Hardi défenseur des faibles, Malamine fut vite aimé des indigènes, auxquels il apprit à aimer la France.

— Avec lui plusieurs de mes vieux serviteurs d'autrefois avaient voulu m'accompagner.

Nous prenions encore quelques Krouboys dans le golfe de Guinée, et le 22 avril 1883, après une excellente traversée, nous jetions l'ancre en rade du Gabon. J'étais transporté sur mon terrain de travail et c'est là vraiment que commencèrent les difficultés.

Le débarquement du matériel et des marchandises (huit cents tonneaux environ) au Gabon, dut se faire avec mes propres moyens. J'eus l'autorisation de me servir des chalands de l'État et ce fut tout. Le petit vapeur que j'avais apporté à destination du bas Ogôoué dut être monté sur une place et se

---

(1) L'évacuation de Brazzaville, ordonnée par M. Mizon, fut annoncée en Europe par M. Stanley, vers la fin de 1882.

transformer en remorqueur: matériel, marchandises, munitions, vivres, tout vint s'empiler sur les quais et les routes, exposé aux averses de la saison des pluies, aux vols et au gaspillage, faute de pouvoir trouver un abri dans les magasins de la colonie.

Ce soin de ce qu'on appela « les intérêts absolus de la colonie du Gabon » ne correspondait pas à la bienveillance que me témoignaient les ordres envoyés d'Europe. Il me valut de payer pour les retards dans le déchargement deux mille francs de

LE « SAGITTAIRE »

surrestarie au *Précurseur*; le manque d'abri pour mon matériel et mes marchandises devait me coûter le centuple.

Que faire? A se lamenter on ne gagne pas de temps. Ma présence était nécessaire ailleurs; je laissai donc des ordres et je partis. Un bateau de commerce me transporta dans le bas Ogôoué où dès mon arrivée au Gabon, j'avais expédié, sous les ordres de M. de Kerraoul, une fraction du personnel convenablement ravitaillée et destinée à constituer mon premier jalon.

C'était le 30 avril; j'avais passé moins de huit jours à Libreville. Avec moi partaient une quinzaine d'Européens dont les uns, sous la conduite de M. Michelez, devaient gagner Franceville au plus vite, remettre mes ordres à M. de Lastours et se porter sur l'Alima; les autres allaient fonder le poste de Lambaréné, la station de N'Djolé et y établir, aussi vite que possible, des magasins pour abriter les ravitaillements destinés au haut du fleuve.

C'est à Lambaréné que se donnaient mes instructions et que les départs eurent lieu. Par un heureux hasard j'avais rencontré là, plusieurs équipes d'Okanda descendus aux factoreries avec leurs pirogues chargées de caoutchouc. Ces braves gens, anciens pagayeurs que j'avais formés et conduits jadis en leur montrant la route de la côte, me firent une véritable ovation et transportèrent à Franceville le premier convoi qui partait.

J'avais envoyé un Européen fonder au Cap Lopez la station qui devait être notre vrai centre d'approvisionnement. Bien vite je retournai à la côte, inquiet du résultat qu'avait pu obtenir à Loango M. Cordier, lieutenant de vaisseau.

Devancé que j'étais par les agents du Comité d'Études du Congo, je pressentais, dès avant mon départ d'Europe, que leur action aurait certainement pour effet de nous couper, autant que possible, de nos possessions du Congo, par l'occupation de la vallée du Quillou, l'un des plus beaux territoires de la contrée.

Ce pressentiment, trop bien fondé d'ailleurs, m'avait fait demander qu'un navire fût envoyé à Loango pour aviser. Et le Gouvernement, tenant compte de mes appréhensions, avait immédiatement expédié le *Stagittaire*, canonnière commandée par M. Cordier. Aucun choix ne pouvait être meilleur. Le commandant Cordier, avec une finesse, un tact et une fermeté au-dessus de tout éloge, tira merveilleusement parti d'une situation difficile. Ses traités au Loango nous donnèrent la seule rade praticable de la côte, entre le Gabon et Banana.

Dès que j'eus ces nouvelles, je partis sur l'*Oriflamme*, emmenant avec moi le personnel destiné à relever celui que le *Stagittaire* avait établi dans ces postes provisoires sur la côte. Une partie du matériel et des marchandises suivait.

Ayant malheureusement croisé en route le *Stagittaire*, je me trouvai à Loango privé des renseignements verbaux qu'aurait pu me donner M. Cordier, et sans information sur des questions de détail qu'il m'eût été très utile de connaître. Mais le hasard qui parfois m'a servi si mal, voulut me servir bien une fois en me fournissant l'occasion d'obtenir vite et sans coup férir, un territoire que convoitaient nos rivaux et au sujet duquel ils étaient en pourparlers. Une baleinière de l'*Oriflamme* avait chaviré dans la barre; les marins de l'équipage s'étaient débarrassés de tous leurs effets pour avoir dans leur manœuvre à la lame une plus grande liberté d'allures. Le sauvetage fini, plus d'effets; tout était volé. Nos braves marins, furieux en face d'un groupe d'indigène qui leur dissimulaient les voleurs et riaient de leur infortune, employèrent vainement, pour rentrer en possession de leur bien, des arguments *ad hominem*, où les avirons et les poings jouaient le rôle principal. Rien n'y fit, et dans leur costume primitif ils durent revenir à la plage.

Nous jurâmes de punir ce méfait. Les voleurs avaient agi à l'instigation d'un *mafouk* (chef) important, propriétaire du lieu témoin du vol. Sans nous renvoyer au mafouk, dès le lendemain, le roi de Loango, étranger au fait, réparait l'insulte par la cession à la France d'une partie du territoire du coupable, son subordonné.

Laissant la direction de la côte du Loango à M. Dolisie, avec ordre de la transférer à M. Manchon quand ce dernier arriverait, je revins sur mes pas avec une résolution bien arrêtée désormais. Nous avions à nous, il est vrai, la rade de Loango et l'embouchure du Quillou, mais tout l'intérieur était acheté, occupé, enserré par l'Association, et ces contrées qui semblaient nous revenir de droit, cette vallée de Niari-Quillou, que j'avais le premier révélée, on voulait nous les enlever. D'ores et déjà j'étais résolu à regagner, en faisant valoir la plénitude de nos droits à l'intérieur, ce que nous avaient fait perdre les retards entraînés par l'organisation de la mission. C'était le premier but à atteindre et que j'allais immédiatement poursuivre en agissant à Brazzaville.

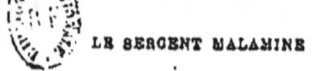
LE SERGENT MALAMINE

CHAPITRE III

A Lambaréné. — Ballay sur l'Alima. — Le canot à vapeur est monté. — N'Djolé, Ashouka, Madiville fondées. — Départ pour l'Europe de M. de Rhins. — A Franceville. — Le D' Ballay chez les Apfourou. — Le portage de l'Ogôoué au Congo, organisé par M. de Chavannes. — Heureuse issue de négociations. — Je rejoins Ballay. — Les Apfourou le conduisent au Congo.

A peine si je touchai de nouveau à Libreville où les mêmes amoncellements de marchandises et de matériel gisaient encore sur les mêmes quais, toujours exposés aux mêmes avaries et aux mêmes risques. Tout inquiet sur mes ravitaillements à venir, je dis adieu au Gabon, où je laissai l'agent comptable et deux Européens.

A trois jours de là j'étais pour la seconde fois à Lambaréné, où se trouvaient groupés tout le reste de mon personnel et les ravitaillements qui avaient pu monter, tant bien que mal, dans le désordre naissant de la côte.

M. de Lastours se trouvait aussi là, exact au rendez-vous que je lui avais assigné; il était descendu de Franceville avec une flottille de cinquante-huit pirogues et un armement de plus de huit cents pagayeurs.

On chargea le convoi, mes dernières instructions furent envoyées en Europe, M. Decazes reçut mes pouvoirs généraux sur la côte et devait les remettre à M. Laporte, commandant de l'*Oloumo*, à son arrivée. Le 10 juin, nous étions définitivement en route pour l'intérieur.

Le docteur Ballay venait de m'apprendre par lettre qu'il était installé sur l'Alima, à Ossika ; le montage de son canot à vapeur allait être terminé. J'avais grande hâte de revoir mon ancien compagnon. M. Mizon, que j'avais rencontré dans le delta du fleuve, remontait avec moi pour explorer, à l'aide des moyens que je lui fournissais, une nouvelle route directe de Franceville à la côte. Deux Pères de la mission apostolique du Gabon, le Père Davezac et le Père Bichet, avaient demandé à m'accompagner, pour chercher à fonder un établissement d'instruction dans le haut Ogôoué. Le gros du personnel partait avec moi.

En remontant, nous fondions des stations et des postes. N'Djolé était établi à la porte des rapides par M. de Kerraoul, puis, successivement, Asouka et Madiville (1).

M. Dutreuil de Rhins, qui était venu prendre une idée générale du pays et avait exécuté un croquis très détaillé de l'Ogôoué, nous quittait au confluent de la rivière Lolo, pour rentrer en Europe. Il devait par la suite nous envoyer des ravitaillements qui nous parvinrent au moment où nous en avions le plus grand besoin. Le 22 juillet, sans péripéties bien remarquables, la tête du convoi arrivait à Franceville.

La situation de Franceville est réellement belle sur la haute pointe d'un mouvement de terrain qui, après s'être sensiblement élevé à partir du confluent de l'Ogôoué et de la Passa, tombe, par une pente rapide, d'une hauteur de plus de cent mètres sur la rivière qui coule à ses pieds. L'horizon lointain des plateaux, dans un panorama presque circulaire, les alignements réguliers des villages qui couvrent les pentes basses, la note fraîche des plantations de bananiers tranchant sur les tons

---

1. Ville de l'huile.

rouges des terres argileuses, font de ce point une des vues les plus jolies et les plus séduisantes de l'Ouest africain. Elle inspire comme un besoin de se reposer en admirant, et en même temps comme un vague désir de marcher vers les horizons qu'on découvre.

En me rendant à Franceville, j'avais conclu de nouveaux traités faits surtout en vue d'une organisation dont j'aurai à parler plus loin et par lesquels, dès ce moment, notre service de pagayeurs était assuré.

A Franceville, quels ne furent pas ma surprise et mon désappointement de trouver encore là la fraction d'avant-garde, partie de Lambaréné depuis trois mois et que je croyais sur l'Alima depuis longtemps.

Mon premier soin fut de me mettre en communication avec M. Ballay, et j'appris cette bonne nouvelle que des pourparlers étaient engagés avec les Bafourou, ceux-là mêmes qui autrefois nous avaient barré le chemin quand nous descendions l'Alima. Ces pourparlers étaient si près d'aboutir, me disait M. Ballay, qu'ils lui faisaient retarder le voyage chez Makoko qu'une dépêche ministérielle lui avait donné l'ordre de faire. C'était vraiment là une bonne nouvelle capable de me faire oublier bien des ennuis.

La fraction d'avant-garde qui était demeurée à Franceville dut être renvoyée à la côte. Dès ce moment les vides se creusèrent dans les rangs du personnel. Maladies, défections, incapacités, nous réduisirent, tant à la côte qu'à l'intérieur, à un chiffre bien faible pour suffire à la tâche. Mais ceux qui demeuraient étaient des vaillants, je pouvais compter sur eux. Le dévouement et le zèle de ceux-là n'a jamais faibli; ils ont été courageusement à la peine, se multipliant partout et sans cesse; il est juste qu'ils soient à l'honneur et que je vous cite quelques noms. C'étaient :

Près de moi, sur l'Ogôoué : MM. Devy, Roche, Flicotteau, Jegou.

A la côte : MM. Decazes, Manchon, P. Michaud, V. Chollet, Kleindienst, J. Michaud, etc.

M. Dufourcq, envoyé par le Ministère de l'instruction publique, n'était pas encore arrivé. Dans la pénurie de personnel où je me trouvais, je n'hésitai pas à me priver de mon secrétaire et à lui imposer la charge d'une nouvelle besogne. Il partit pour rejoindre M. Ballay, et l'aider, aussi bien à organiser notre nouvelle station de Diélé, qu'à créer le service de

M. JOSEPH MICHAUD

portage par terre, entre les deux bassins de l'Ogôoué et du Congo. Ce service, dont jadis M. Ballay et moi avions jeté les bases, fut organisé avec tant de précautions et de tact que quelques jours après une caravane de cent soixante porteurs arrivait prendre charge à Francéville et d'autres caravanes la suivirent ; mes espérances de ce côté étaient largement dépassées. Ce service a, depuis lors, constamment et admirablement fonctionné. Mon vieux et fidèle laptot Metouta et trois Sénégalais ont conduit toutes ces caravanes, sans qu'il ait jamais été nécessaire de distraire un Européen pour cette pénible besogne. Dans ce service des transports, où la surveillance semblait devoir être insuffisante, jamais le moindre vol n'a été commis.

Dès que la chose fut possible, c'est-à-dire après avoir surveillé l'installation de nos magasins à Franceville et initié aux choses du pays les Européens qui devaient y demeurer, je partis pour rejoindre M. Ballay. Les négociations avec les Bafourou traînaient en longueur, et j'appréhendais de voir l'avantage que devait nous donner la libre descente de l'Alima compromis par une perte de temps considérable.

Quel vif plaisir ce fut pour moi de retrouver mon ancien compagnon de fatigue! Avec quelle joie je l'embrassai après une séparation de trois années!

L'éloge du docteur Ballay n'est pas à faire. Tous savent quel cœur, quelle intelligence, quelle volonté patiente et forte se cachent sous cette physionomie qu'une modestie excessive fait paraître douce, presque timide. Ces qualités ont été justement reconnues quand on a désigné M. Ballay pour faire partie des délégués français à la Conférence de Berlin; il y apportait, avec ses connaissances spéciales, les documents qui assuraient nos droits.

A l'envi M. Ballay et moi nous pressâmes les négociations en cours pendant que le brigadier Roche, au prix de bien des fatigues et de quelques ennuis, amenait sur trois chariots, les chaudières du canot à vapeur qui flottait impatient sur l'Alima. Les négociations aboutirent enfin. Le chef M'Dombi et plusieurs autres chefs Bafourou, après avoir fait quelques visites préliminaires à notre établissement de Diélé, se décidèrent à un grand palabre. La patience et l'habileté de M. Ballay portaient leurs fruits.

Nos nouveaux alliés désormais nos amis s'engagèrent à nous

vendre une immense pirogue et à escorter eux-mêmes la descente de M. Ballay jusqu'au Congo.

Ils tinrent parole. Le 15 octobre 1883, une pirogue capable de porter près de huit tonnes, venait s'amarrer au débarcadère de Diélé; on y empilait les marchandises et les vivres nécessaires pour six mois. Et le lendemain, M. Ballay, accompagné de quatorze hommes, se laissait dériver au courant rapide de l'Alima, emportant les adieux et les souhaits que couvraient les chants des pagayeurs et les roulements sonores du tambour bafourou.

Elle est saisissante l'impression que produit un départ dans ces contrées lointaines. Ceux-là seuls qui en ont été témoins savent quelle sorte d'émotion muette inspire la séparation, quelle profonde amitié tient dans le dernier serrement de main qu'on échange, quelle sorte de fraternelle tendresse il y a dans le dernier embrassement.

Le Dr Ballay allait donc revoir cette place où jadis nous avions dû nous arrêter devant des hostilités sans motifs. Quelle émotion le gagnerait, quand il passerait entre ces rives basses et boisées d'où jadis partaient des coups de feu ? Que devions-nous craindre encore? Pouvions-nous espérer atteindre pacifiquement le but? Telles étaient nos pensées en adressant à l'embarcation qui s'éloignait nos derniers signes d'adieu.

J'avais laissé M. Ballay partir seul, quel que fût mon désir de l'accompagner et d'aller, par cette nouvelle route, remettre au plus vite à notre allié Makoko la ratification de nos traités. Une double inquiétude me retenait. Il m'était possible d'aller sur le Congo sans être renseigné au préalable sur une situation qui pouvait offrir de sérieuses difficultés, et dans laquelle en m'engageant trop tôt, je risquais de faire fausse route. Je sentais d'autre part, mes derrières mal assurés par suite du désordre où j'avais dû laisser nos ravitaillements à la côte.

Quinze jours après, le Dr Ballay, par un billet daté du confluent de l'Alima et du Congo, m'informait que tout marchait à souhait. Les indigènes avaient partout manifesté sur son passage une curiosité craintive, absolument sans danger. Ce sentiment s'était même parfois transformé en un véritable bon accueil. M. Ballay venait de nous ouvrir pacifiquement la voie.

CHAPITRE IV

Nouvelles stations créées. — Le *Ballay*. — Triste mort de Flicotteau. — Sans nouvelles de la côte. — En vapeur sur l'Alima. — Nouvelles du Gabon. — Arrivée de M. Dufourcq. — Dans le Congo. — A N'Gantchou. — Salué par une ambassade. — Audience solennelle. — Remise du traité. — Arrivée à Brazzaville. — Fidélité et déférence des indigènes. — Mauvais vouloir des agents de Stanley. — Palabre solennel. — Les droits de la France établis.

Cependant M. de Lastours avait reconnu le N'Coni, affluent de l'Ogôoué, qui pénètre très avant chez les Batékés et permettrait peut-être d'économiser, sur les portages par terre, près de cent kilomètres. A Diélé, nous nous séparâmes. M. de Chavannes, avec quelques hommes, devait fonder la station de Lékéti, point où l'Alima devient réellement navigable pour les vapeurs, et centre commercial avancé des Bafourou. Mon frère devait remonter l'Alima jusqu'à ses sources, puis, après une courte halte au plateau central des Achicouya, il rejoindrait la rivière en aval, en descendant un de ses affluents, le Lékéti. M. Flicotteau, par N'Gampo, allait chercher un point de raccord entre l'Alima et le N'Coni, reconnu par M. de Lastours; M. Roche menait les travaux de Diélé; quant au quartier-maître mécanicien, Ourset, il travaillait du matin au soir à la mise en place des chaudières dans le canot à vapeur, qu'au prix de rudes fatigues le Dr Ballay avait amenées de la côte. Ce premier vapeur français sur le Congo, je l'appelai *le Ballay*.

Une triste nouvelle me parvint au moment où moi-même je retournais à Franceville pour compléter nos ravitaillements et assurer autant que possible l'avenir : Flicotteau venait de mourir, tué par un bœuf blessé. C'était un brave compagnon de moins et dont bien des fois j'ai regretté l'activité intelligente et les loyaux services.

A Franceville, je reçus quelques informations intéressantes.

CE PREMIER VAPEUR FRANÇAIS SUR LE CONGO JE L'APPELAI « LE BALLAY »

Sous la direction intelligente et ferme de M. de Lastours, tout allait bien; de nouveaux postes avaient été créés, parmi lesquels le poste important de Bôoué, installé par M. Decazes. Mais, de la côte, toujours pas de nouvelles! Ce silence me parut la preuve du manque d'ordre que j'avais pressenti; l'indice de la désorganisation qui se produisait en mon absence. A mon retour sur l'Alima, j'étais fort inquiet à ce sujet, car j'allais être obligé de partir bientôt pour le Congo avec des ravitaillements moins que considérables, et de continuer à vivre avec cette économie, cette frugalité d'ascète qui constituait le fond de notre existence depuis six mois. Elle nous était imposée par le respect dû aux malades qui n'ont jamais manqué de rien et aux devoirs de l'hospitalité française envers les étrangers nos voisins d'en face.

Deux courriers successifs de M. Ballay me donnèrent de bonnes nouvelles. Il était installé à N'Gantchou et avait été cordialement reçu par Makoko, demeuré fidèle à sa parole, malgré toutes les tentatives et toutes les promesses faites pour l'en détourner. L'insuccès de ces tentatives fut sans doute l'origine des bruits qui circulèrent alors en Europe et sur la foi desquels on annonça que Makoko avait été détrôné; sa mort fut annoncée ensuite, puis la mienne, puis celle de mon frère, trois personnages qui ne se portaient pas mal et dont les affaires allaient fort bien.

Le canot à vapeur était prêt, il avait fait ses essais. Notre ravitaillement était transporté et accumulé à Lékéti; nous avions acheté des pirogues; tout fut chargé et je partis. Nous « stoppions » quelques jours dans le bas Alima où je voulais en même temps gagner à nous les populations et choisir l'emplacement d'un poste.

C'est là que cinq jours plus tard M. de Chavannes me rejoignait avec un courrier important que lui avait remis M. Decazes, arrivé à Diélé le lendemain de mon départ. Ces nouvelles, les premières qui m'arrivaient de la côte, ne confirmèrent que trop mes inquiétudes. Le Ministre de l'instruction publique sachant que je devais demeurer longtemps à l'intérieur, m'avait envoyé un second sur la côte, en nommant M. Dufourcq son délégué direct dans la zone maritime. L'arrivée de M. Dufourcq produisit un certain mécontentement dans un personnel habitué depuis mon départ à en prendre à son aise; nous étions loin de ce bel enthousiasme du début, de ces promesses de vaillance, de ces serments de tout supporter sans plaintes. Tout s'était évanoui devant la simple nécessité de renoncer à l'indolence et au bien-être. Les vides furent heureusement comblés, en partie, par un renfort de six Européens que M. Dufourcq avait amenés avec lui. Je dois ajouter ici que plusieurs des anciens restèrent fidèles, malgré tout, et ne dissimulèrent pas le sentiment que leur inspirait la résolution prise par leurs camarades.

En somme, j'aimais mieux qu'il en fût ainsi ; la part du feu était réglée : j'avais derrière moi un homme d'activité qui m'assurait de son dévouement. Je pouvais aller de l'avant, débarrassé d'une inquiétude qui, jusque-là, m'avait poursuivi.

En constituant M. Dufourcq son délégué direct, le Ministère de l'instruction publique m'a enlevé le droit d'en faire l'éloge ; je me bornerai donc à dire que M. Dufourcq s'est trouvé entouré de graves difficultés et que, même malade, il trouvait dans son patriotisme l'énergie nécessaire pour résister à tous les découragements et pour se multiplier sans cesse.

Après une nuit passée entière à l'expédition d'un courrier, je rejoignis notre campement général, qui se trouvait quelque peu en amont, tandis que M. de Chavannes poursuivait sa route sur le Congo, avec cinq pirogues emportant toute notre richesse. Il s'arrêterait à N'Gantchou, près de M. Ballay, et y annoncerait notre prochaine arrivée. De mon côté j'achetai quelques pirogues qui nous étaient encore nécessaires, et nous nous mîmes en route, définitivement cette fois. Partout m'accueillirent des démonstrations d'amitié, qui ne laissaient aucun doute sur l'heureuse influence exercée par le passage du docteur Ballay.

A chaque agglomération de villages, toute une population grouillante abandonnant ses occupations, nous entourait des manifestations les plus cordiales.

L'Alima, après s'être infléchi longtemps au Nord-Est puis à l'Est, se dirigeait maintenant de plus en plus bas ; la végétation se transformait, les marécages du delta apparurent avec leurs hautes herbes et les *Borassus* qui en émergent ; tout à coup, brusquement, nous débouchions dans le Congo. Magnifique spectacle ! Une immense nappe d'eau touchant le ciel à l'horizon, semée d'innombrables îlots et sur laquelle s'épandait à l'infini une lumière intense qui semblait noyer tous les objets et tous les plans dans une buée tiède et jaunâtre.

Mais passons sur les beautés du site, aussi bien que sur les incidents d'un voyage de quatre jours dans les méandres du Congo. J'avais touché à la station de Bolobo et salué son chef, M. Librecks, un très avenant et très aimable officier de l'armée belge. Le 27 mars, j'arrivai à N'Gantchou. M. Ballay y était parfaitement installé et dans les meilleurs termes avec les chefs environnants, vassaux de Makoko. Je me retrouvais en pays connu. C'est là que, trois ans auparavant, je m'étais embarqué pour aller prendre possession des territoires cédés à N'Couna, que vous connaissez sous le nom de Brazzaville. Tous les chefs et nombre de leurs sujets étaient pour moi de vieilles connaissances. Je fus assailli de visites et me fatiguai à serrer la main de tous ces amis de jadis.

Makoko prévenu de mon arrivée m'avait envoyé saluer par une ambassade. En grande hâte, nous réunissions les présents destinés à récompenser sa loyauté, et une marche de nuit nous conduisit aux abords de sa résidence.

Il serait trop long de décrire en détail la cérémonie de réception et la remise des traités : j'en fais un abrégé sommaire.

Est-il indispensable de dire que le cérémonial n'avait point tout à fait la rigoureuse correction d'étiquette exigée en pareil cas dans nos pays ?

Makoko me reçut avec une pompe peu usitée et des démonstrations de joie excessives. Tout d'abord, dans une chanson improvisée en mon honneur, et faisant allusion aux faux bruits qui avaient couru sur mon compte, aussi bien en Afrique qu'en Europe, il disait au peuple présent :

> « En vérité, en vérité,
> » Vous tous, qui êtes là, voyez.
> » Voilà celui qu'on disait mort ;
> » Il est revenu.
> » Voilà celui qu'on disait pauvre ;
> » Voyez ses présents. »

Et il désignait, en parlant ainsi, un magnifique tapis et un coussin de velours, que nous avions placés sur ses peaux de lion.

Le peuple reprenait en chœur et en manière de refrain :
« Ceux qui ont ainsi parlé sont des menteurs. »

Puis, suivant le cérémonial admis, se levant en même temps que moi, et faisant le même nombre de pas, Makoko me donnait une vigoureuse accolade, ne se lassant pas de sourire à son ancien ami.

Je le priai de faire prévenir ses premiers vassaux, afin que la remise des traités pût se faire en séance solennelle. La cérémonie fut renvoyée au surlendemain.

Au jour dit, tous les chefs et leurs plus notables sujets répondirent à la convocation. Le palabre se tint sous un velum de laine rouge, semblable à celui sous lequel avait eu lieu notre première réception. On avait déployé l'appareil le plus brillant des grands jours. Et, dans le but de donner plus de solennité à la cérémonie, chacun avait apporté ses dieux lares pour les prendre à témoin.

C'était un spectacle bien étrange que cette nombreuse réunion, foule compacte accroupie où, dans la bigarrure des étoffes à couleurs vives, le mouvement d'une lance ou le déplacement d'un fusil faisait passer des éclairs. Çà et là, tranchant sur le reste, quelques pagnes de satin ou de velours qui nous indiquaient que des générosités étrangères avaient devancé les nôtres et que tous n'avaient pas eu, comme le grand chef, le courage de refuser.

Makoko trônait sur ses peaux de lion, négligemment accoudé sur des coussins, entouré de ses femmes et de ses favoris. En face, à quelques pas de lui, M'pohontaba, l'un de ses premiers vassaux, et les autres chefs assis à terre sur des peaux de léopard, attendaient que le souverain donnât le signal du palabre. Nous étions entre les deux groupes, un peu sur le côté. Makoko, sans se lever, souhaita la bienvenue à tout son monde ; il expliqua en quelques mots le but de la réunion. Puis chaque chef, M'pohontaba en tête, vint à genoux protester de sa fidélité à Makoko, seul vrai chef, disaient-ils, seul propriétaire et souverain de tous les territoires Batékés.

Tous se déclarèrent, comme autrefois, heureux et fiers d'être placés sous la protection de notre drapeau et le jurèrent sur les fétiches et par les mânes de leurs pères. A mon tour je rappelai le passé en quelques mots. Mes hommes présentaient les armes, on sonna aux champs et je fis à Makoko la remise des traités au nom de la France.

Procès-verbal de la cérémonie fut dressé et signé, et on se rendit sous le « hall » improvisé où se trouvaient, exposés à l'admiration de tous, les présents destinés à chacun et étiquetés à son nom. Les cris de surprise, les marques de joie, les remerciements, jetèrent leur note bruyante et gaie dans le va-et-vient d'une foule curieuse ; puis, chacun emportant ses nouvelles richesses, on se dit gaiement au revoir.

MAKOKO ME REÇUT AVEC UNE POMPE PEU USITÉE ET DES DÉMONSTRATIONS DE JOIE...

CHAPITRE V

Monsieur de Chavannes reste à Brazzaville — Son habileté. — Ses notes. — La chasse. Cent-un éléphants en trois jours. — Retour à Franceville par terre. — En vapeur sur le Haut-Congo. — Rencontre de M. Dolisie, venu par le Niari. — Je l'envoie vers l'Est. — Retenu à la côte (Décembre 1884).

Il fallut rester chez Makoko quelques jours encore, pour l'aider à terminer les différends survenus entre certains vassaux depuis mon dernier passage.

M. de Chavannes fut mon ambassadeur, et je me félicitai d'avoir à ma disposition un diplomate d'un nouveau genre, dont les premières négociations furent couronnées de succès. Pendant ce séjour, comme jadis, je ne pus que me louer des procédés aimables dont on usa envers moi et des soins empressés dont nous entourèrent la reine N'Gassa et ses servantes.

J'allais partir. Dans un palabre intime auquel assistèrent seuls les principaux chefs il fut décidé que pendant que je me rendais à Brazzaville par la voie du fleuve, M'pohontaba, muni des pouvoirs de Makoko, s'y rendrait par terre pour me remettre solennellement, au nom de son chef, les territoires et les vassaux secondaires qui les administrent. M'pohontaba, il faut le dire, est ce grand vassal de Makoko, qui était censé avoir détrôné son souverain (1).

1. Le traité conclu par un des agents du Comité avec M'pohontaba était daté « Falla » 21 décembre 1882. Or, en langue du pays, Falla signifie France. Ce nom fut donné par Makoko à la contrée en 1880, à la suite du traité conclu entre lui et la France.

Le lendemain nous étions de retour auprès de M. Ballay; deux jours de nouveaux préparatifs et le canot à vapeur, suivi d'une dizaine de pirogues, amenait à Brazzaville MM. Ballay, de Chavannes et moi.

M'POHONTABA PREMIER VASSAL DE MAKOKO

A Brazzaville nous fûmes bien accueillis. On ne m'avait pas oublié et deux jours après notre arrivée, ces mêmes indigènes qui avaient refusé les offres de M. Stanley et des agents de l'Association; qui avaient même, par une réserve excessive, refusé d'admettre sur leur territoire le R. P. Augouard et ses missionnaires (1); ces sauvages qui, disait-on, devaient me mettre à la

(1) Voir appendice, lettre du R. P. Augouard.

porte moi aussi, me donnaient toutes les marques de déférence, sans que je leur eusse fait un seul cadeau. Ils consentaient même à me céder, pour une valeur inférieure à deux cents francs, tout un petit village dont les cases abritèrent mes hommes, et que sa situation au bon air et dominant le fleuve nous avait fait choisir pour le nouvel emplacement de la station de Brazzaville.

Brazzaville, dont on a parlé si souvent, est située sur l'extrémité d'une croupe assez large qui domine le Congo et s'abaisse brusquement à cent mètres de la rive, dans un éboulement de sable argileux. Cette croupe semble être le premier obstacle contre lequel se butte le fleuve pour aller en tournant se précipiter à la première cataracte. De là le regard embrasse dans son entier l'immensité du Stanley-Pool et tout le cirque de hautes montagnes qui l'entourent. Le pays est peuplé, le sol est fertile, l'air est sain et la brise constante d'Ouest y apporte la fraîcheur relative des plateaux qu'elle a traversés.

Au moment de mon départ de l'Europe, certaines feuilles étrangères avaient affirmé qu'une « réception chaude » m'attendait sur le Congo : elles ont eu raison. Mais non dans le sens de leur pensée. Nous avons été, en effet, très chaudement et très cordialement accueillis.

Sur la bonne impression de cet accueil, M. Ballay nous quitta pour prendre le chemin de l'Europe...

Nous étions établis sur la rive droite du fleuve, tout à fait au-dessus des premiers rapides. L'Association internationale avait installé en face, sur la rive gauche, trois ou quatre stations, au nombre desquelles Léopoldville. Tous ces établissements étaient situés sur un territoire administré par des vassaux secondaires de Makoko et n'avaient pas, par conséquent, vis-à-vis de nous, l'indépendance absolue que l'Association prétendait leur attribuer. Voulant de suite rendre nette notre situation réciproque, je cherchai immédiatement à entrer en pourparlers avec le représentant de M. Stanley ; on fit la sourde oreille à toutes mes propositions d'entente.

Vainement j'allai par trois fois à Léopoldville : trois fois on prétexta d'une absence. J'invitai alors à venir me voir : on était malade. J'écrivis : on me répondit toujours d'une manière évasive et sans avoir l'air de comprendre.

Lassé de ces faux-fuyants, qui répondaient mal à mes dispositions et à la franchise de mon attitude, j'envoyai M. Chavannes faire une dernière fois mes offres d'entente. Et le lendemain dans un palabre solennel, le délégué de Makoko me présentant les chefs des deux rives du Congo leur ordonnait de n'obéir qu'à moi. Puis prenant les mains de tous, il les mettait dans les miennes en signe d'abandon.

Cette cérémonie n'était du reste que la répétition de celle qui avait eu lieu à mon premier voyage en 1880. Le procès-verbal en fut dressé et communiqué le lendemain au représentant de l'Association. Il fut répondu à cet envoi par une lettre peu courtoise. Mais habitué à ce genre de procédés, je déclarai que j'en reférerais à mon gouvernement, que je demandais un arbitrage, puis je partis. Nos droits étaient établis, la solution seule était ajournée.

Outre qu'il était strictement de mon devoir de faire valoir dans leur intégrité les droits de la France, en gardant à Brazzaville la clef du Congo supérieur, j'avais un sûr moyen de rentrer en possession de la vallée du Niari-Quillou et des trois cent soixante kilomètres de côtes, que le Comité avait occupées entre le Sette Bama et Ciolango.

La résolution que j'emportais un an auparavant de Loango était venue à effet. Mon premier but était atteint ; le dommage causé par le temps perdu et par les désordres et l'apathie qui avait régné à la côte était réparé.

J'avais appris à connaître M. de Chavannes depuis plus d'un an et je le savais assez patient, assez perspicace, pour se maintenir seul à Brazzaville, dans la situation embarrassante que nous créaient les difficultés avec l'Association. Tout en le plaignant de la situation peu enviable où il demeurait, je partis sans inquiétude, en lui laissant mes pouvoirs.

C'était le 1ᵉʳ juin 1884. Il avait fallu plus d'un an pour atteindre mon premier but; et quelque désireux que je fusse de poursuivre immédiatement les autres, fatigué d'une continuelle tension d'esprit et d'ailleurs malade, je me décidai à prendre huit jours de repos à notre station de N'Gantchou.

Mieux portant au bout d'une semaine, j'essayai mes forces en allant visiter Makoko, qui, sur la nouvelle des différends survenus à Brazzaville entre le comité d'études du Congo et nous, ne parlait de rien moins que de s'y rendre lui-même avec les forces réunies de ses vassaux pour faire respecter ses volontés. Ce ne fut pas sans peine que je parvins à le calmer.

Dans cette courte promenade, j'avais compté cent-un éléphants en trois jours et j'avais profité de leur bonne volonté pour en tuer quatre, dont les défenses, données en présent à certains chefs, me firent passer pour un homme complétement désintéressé des biens de ce monde.

A peine si je serrai la main à M. Decazes en passant à Diélé; en quelques jours j'étais à Franceville et descendais l'Ogôoué jusqu'aux Aduma. Sans doute il m'aurait fallu descendre à la côte, voir un peu où en étaient nos affaires et causer un peu avec M. Dufourcq; des renseignements verbaux l'eussent, autrement que des lettres, instruit sur notre situation et sur nos besoins à l'intérieur. Mais le défaut de personnel me forçait à repartir pour aller moi-même pourvoir au plus pressé au-dessus de l'Alima.

Avec la plus vive satisfaction, j'avais constaté les progrès que faisait l'Ogôoué sous la direction de M. de Lastours. Il s'était bien tiré de sa tâche d'organisation : l'influence qu'il avait prise sur les populations était considérable. Au mois de mai il m'en avait donné la preuve, en amenant de l'Ogôoué au Congo et en conduisant jusqu'à Brazzaville cinquante Aduma ou Okanda dont la présence contribua alors sérieusement à raccroître notre prestige.

UN POSTE DE L'ALIMA

Prenant donc avec moi un certain nombre de ces hommes je repartis immédiatement avec mes nouveaux auxiliaires de l'Ogôoué, pour aller agir au Congo. Mon intention était de remonter ce dernier fleuve aussi haut que possible et d'y établir notre influence par des traités.

Je brûlai l'étape de Franceville, celle des Batékés et nos postes de l'Alima. Lorsque je débouchai sur le Congo avec le canot à vapeur suivi de sa flottille, ce fut une heureuse surprise pour moi de trouver là M. Dolisie, que j'avais laissé à Loango jadis et qui avait rejoint le Congo supérieur, les vallées du

PRENANT LES MAINS DE TOUS IL LES METTAIT DANS LES MIENNES

Quillou et de la Loudima. Parti épuisé de Brazzaville, avec l'intention d'aller prendre en Europe un repos bien nécessaire, M. Dolisie avait trouvé dans l'air vif du fleuve et plus encore dans l'énergie de son caractère le rétablissement imprévu de ses forces. Quand je le rencontrai, il était presque en bonne santé et me demanda lui-même de se remettre à l'action. J'y consentis d'autant mieux que ma présence était nécessaire ailleurs et que je savais M. Dolisie parfaitement capable de manœuvrer à ma place dans le rayon où je voulais agir. A l'école de M. de Chavannes, il s'était vite assimilé les qualités de patience nécessaire, avait pris l'habitude du pays et venait de conclure d'importants traités chez les Oubangui, en amont de l'Alima. Je lui laissai donc le canot à vapeur et après avoir donné de sommaires instructions, je revins sur mes pas pour gagner rapidement la côte, où j'arrivais le 1ᵉʳ décembre 1884.

A ce moment-là nos droits établis à Brazzaville nous assuraient par avance, la possession prochaine du Quillou et notre influence allait s'étendre sur la rive droite du Congo, en amont de l'Alima. Il restait désormais à faire certaines explorations importantes que je n'avais pu entreprendre jusqu'alors faute de monde ; il restait également à produire une action aussi loin que possible sur le haut Congo pour avoir en main, à l'heure voulue, des éléments de compensation. C'était la seconde partie du programme, la plus intéressante mais non la plus facile, étant donnée l'exiguité de nos ressources et la faiblesse de nos moyens d'action.

Avant de me consacrer à cette partie nouvelle de la tâche, il fallait laisser derrière moi une situation aussi nette que possible, rassembler les éléments des expositions futures et les pousser devant moi. J'employai près de trois mois à ce travail ; trois mois pendant lesquels je courus d'un point à l'autre, réglant une difficulté à Loango, causant politique à Vivi, veillant au ravitaillement de tous, donnant partout des conseils ou des ordres et surveillant les préparatifs de mon propre départ.

Cent cinquante porteurs de Loango, recrutés par mes soins, montaient à Franceville en longeant l'Ogôoué sous la conduite du maréchal des logis Weistroffer. On était au commencement de mars. Dix jours encore furent consacrés à mes derniers préparatifs et, pour la seconde fois, je me lançai à l'intérieur, décidé à aller loin si rien ne venait entraver mes projets.

CHAPITRE VI

Rive de l'Ogôoué. — La canonnière hors de service. — M. Dolisie découvre le Mossaka et le Shanga.—Nombreux traités.—Mort de M. de Lastours.—MM J. de Brazza et Pécile vers le Benné. — Convention de Berlin. — Préparatifs hostiles. — Ordre de rentrer en France. — Arrivée à Libreville (Octobre 1885).

L'Ogôoué semblait fou cette année-là ; une crue énorme survenue à la meilleure époque de l'année avait causé, dès les premiers jours, la perte de plusieurs pièces importantes de la canonnière démontable le *Djué*. Il fallait redemander en Europe le double des pièces perdues.

En attendant la baisse des eaux, je m'arrêtai à chaque agglomération de villages riverains, pour achever l'importante organisation indigène dont j'avais jadis jeté les bases et que M. de Lastours avait poussée suivant mes vues; ce n'était pas là perdre mon temps.

Je fus retenu à Madiville, station des Aduma, par la crue persistante du fleuve. M. de Lastours organisait la première des expéditions projetées à la tête de laquelle il devait partir. Cette expédition quitterait l'Ogôoué pour gagner directement le bassin de la Bénouée, en se maintenant autant que possible sur la crête qui sépare le bassin du Congo des autres bassins côtiers du Nord.

Enfin les eaux de l'Ogôoué ayant baissé de plusieurs mètres en quelques jours, la navigation devenait normale; en une semaine je fus à Franceville, où je trouvais M. Decazes qui se rétablissait d'une fièvre. Les nouvelles qu'il me donna du Congo et de l'Alima étaient bonnes. M. Dolisie en deux voyages successifs, avait découvert et reconnu le Mossaka et le Shanga, puis le cours supérieur de l'Oubangui-N'Kundja et avait fait de nombreux traités avec les tribus riveraines dans le haut cours de ce fleuve et fondé de nouveaux postes.

M. Decazes, avec le tact patient qui est le fond de son caractère, dirigeait tout son monde, aimé de tous. Sous sa direction, notre influence s'était beaucoup développée chez les Batékés, et avec cette influence la facilité d'obtenir des ressources soit en vivres, soit en hommes. Le service des porteurs était si bien organisé que notre vapeur le *Djué*, dont le poids passait trente tonnes avait été transporté en moins d'un mois de l'Ogôoué à l'Alima

En deux autres endroits différents, une tâche semblable était poursuivie simultanément. Le gouvernement de la Sénégambie a transporté du Sénégal au Niger, sur une route de 900 kilomètres, une canonnière d'un tonnage beaucoup plus faible que le *Djué*. Le prix du transport a été de 400.000 francs. Le Comité d'études du Congo a transporté de Vivi à Léopoldville, sur une route de 450 kilomètres, un vapeur d'un tonnage un peu supérieur, dont le transport a coûté plus de 400.000 francs. Le prix de transport du *Djué*, sur une route d'environ 700 kilomètres dans les Rapides et d'environ 200 kilomètres par voie de terre, nous a coûté à peu près 27.000 francs. Ce résultat est dû à l'organisation de notre service d'auxiliaires indigènes, Le transport de terre a été effectué sans exiger d'autre surveillance que celle de quatre soldats noirs du Sénégal.

Comme j'allais quitter Franceville et poursuivre ma route

avec tout mon monde, de mauvaises nouvelles apportées par un exprès vinrent me retarder encore.

Deux des nouveaux membres de la mission, MM. Taburet et Desseaux, venaient de succomber à la côte. Et M. de Lastours, pris d'un accès de fièvre pernicieuse au moment où il allait se mettre en marche, me suppliait de descendre en hâte à Madiville, recevoir ses dernières volontés.

S'il est une situation cruelle, c'est bien celle de se voir placé entre le cœur et la raison, entre les devoirs d'humanité et le devoir absolu de poursuivre sa tâche sans regarder derrière soi.

Un de mes plus zélés collaborateurs se mourait et me suppliait de l'assister à ses derniers moments ; le courant de foudre de l'Ogôoué pouvait me porter près de lui en moins de deux jours ; j'hésitai un instant, puis, le cœur l'emportant sur la raison, je sautai en pirogue et arrivai à temps pour serrer encore une main qui semblait vouloir se souder à la mienne dans une dernière étreinte, pour fermer des yeux qui s'éteignirent dans les miens.

M. de Lastours était un Français dans toute l'acception du mot; un de ces dévoués aux grandes idées, un de ces hommes au chaleureux courage qui aiment leur patrie par-dessus tout.

Puissent aujourd'hui ces paroles payer à ceux qui dorment là-bas le juste tribut de regrets qu'on n'est pas en droit d'accorder au cours de l'œuvre. Ce n'est qu'après la lutte qu'on peut songer à compter ses morts et à les pleurer. Les nôtres gardent éternellement sur les rives de l'Ogôoué et du Congo le nom de la France, martyrs de la foi patriotique et du dévouement au pays, muettes sentinelles endormies dans les plis du drapeau national.

Aussitôt les derniers devoirs rendus à notre pauvre ami, je fis violence à ma tristesse et me hâtai vers Franceville. J'espère qu'on m'aura pardonné cette perte de temps de quinze jours, sacrifice à une faiblesse de sentiment dont je n'avais pas su triompher. Si je n'avais pas travaillé pendant ce temps-là, j'avais du moins beaucoup souffert.

Quand j'arrivai à Franceville, M. Decazes et mon brave Roche me consolèrent de leur mieux. M. Roche est ce brigadier de la garde républicaine qui avait été, pendant quelque temps, chef de la station de Diélé et que j'avais installé récemment comme chef de Franceville. Scrupuleux observateur des consignes, il était amoureux d'ordre et d'économie, au point de se refuser le nécessaire et de retrancher aux autres tout ce qu'il croyait superflu.

En quittant les Aduma, et faute d'avoir d'autres Européens immédiatement sous la main, j'avais chargé mon frère de conduire l'expédition dont M. de Lastours allait prendre le commandement au moment où il succombait. Il eût été profondédément regrettable de ne pas utiliser immédiatement les éléments préparés pour ce voyage et qui se fussent sans cela désagrégés en pure perte. Mon frère partit donc accompagné d'un camarade profondément dévoué qui l'avait suivi partout, M. Pécile.

Nous étions déjà au 15 juillet 1885, il semblait que ce fût bien tard pour entreprendre un voyage de longue haleine. La nouvelle de la convention du 5 février entre la France et l'Association et le résultat de la conférence de Berlin, qui vinrent me trouver alors, rendaient inutile l'action projetée dans le haut Congo. La Compagnie d'auxiliaires indigènes que je conduisais allait me servir du moins, pensais-je, à continuer l'exploration de la N'Kundja-Oubangui. On pousserait aussi loin qu'on pourrait dans cet affluent, pour tâcher d'atteindre la limite de son bassin et de reconnaître les nœuds orographiques qui déterminent, à proprement parler, le bassin du Congo, du côté du Nord. Je rêvais de ces hypothèses quand vint me surprendre l'ordre de rentrer en France.

M. RIGAIL DE LASTOURS

La mission de l'Ouest Africain était déclarée terminée et l'Administration de la Marine prenait la suite de mes travaux ; je devais rentrer au plus vite.

Deux lignes de retour s'offraient à moi : revenir sur mes pas par l'Ogôoué, où je n'avais rien à faire (des ravitaillements plus que suffisants s'y trouvaient accumulés, et tout y était organisé et tranquille). Ou bien poursuivre par l'Alima et le Congo et rentrer par Brazzaville directement à la côte.

J'optai pour ce dernier parti, qui me permettrait de me rendre compte *de visu* de la situation politique et matérielle de de nos possessions du Congo, d'où j'étais absent depuis longtemps. En outre il était de mon devoir de ne pas rentrer en Europe sans avoir donné une direction aux moyens et aux forces que j'avais amenés, non sans difficulté, sur l'Alima ; c'eût été sacrifier, en pure perte, un premier résultat. Je descendis donc avec M. Decazes, auquel j'allais remettre en partant la direction de tout l'intérieur.

Le jour même où notre flottille de quinze pirogues atteignait le poste du bas Alima, M. de Chavannes y arrivait. La vue de nos pavillons en berne lui annonça de loin qu'il allait apprendre de tristes nouvelles. Lui aussi nous en apportait : le quartier-maître Le Briz venait de succomber sur le Congo. En brave marin, il était mort comme il l'eût fait sur le pont de son vaisseau, un jour de bataille. Quand vint la dernière minute : « Je » m'en vas, dit-il, d'une voix ferme encore ; vous direz à M. de » Brazza que j'ai toujours fait mon devoir. » Il semblait ne regretter de la vie que la satisfaction du devoir accompli.

Ah ! que de grandes choses on ferait avec de tels hommes et de tels dévouements.

M. de Chavannes, que j'étais heureux de retrouver après une longue séparation, me mit vite au courant des affaires de Congo et nous reprîmes tous notre route. M. Decazes allait droit nous attendre à Brazzaville pendant que je montais à l'Oubangui.

L'ordre de rentrer au plus vite ne me permit pas de rester aussi longtemps que je le désirais dans ces pays que je voyais pour la première fois et où mes collaborateurs avaient établi notre influence aussi bien et aussi sagement que j'eusse pu le faire moi-même. M. Dolisie était de retour d'une troisième expédition dans l'Oubangui, poussée jusque par 3 degrés environ

M. DECAZES

au-dessus de l'équateur. Sur ces nouvelles rives, il avait jeté les bases d'une future organisation.

Ayant fait une visite à notre poste de Bonga et de N'Kundja, je quittai à regret ces parages où m'avait précédé une pacifique renommée; je pressentais tout le parti à tirer de ces populations neuves, analogues par leur race, leurs mœurs et leur langage, à certaines peuplades turbulentes de l'Ogôoué.

Un court séjour au milieu de ces populations d'Oubangui avait fait naître en mon esprit l'espoir d'unifier quelque jour ce nouveau domaine avec l'ancien par une organisation similaire.

Plaise à Dieu que ce résultat soit un jour atteint et que ces contrées jusqu'ici vierges puissent, en un nombre restreint d'années, se transformer au contact de notre civilisation ; elles payeront alors leur dette de gratitude à la France, en devenant pour elle une source de développement et de richesses.

M. DE CHAVANNES

Je me hâtai de revenir à Brazzaville, puis de gagner la côte à Banana, en traversant la belle mission apostolique de Linzolo et les stations du nouvel État du Congo, qui était né de deux éléments différents : l'Association internationale Africaine, et le Comité d'Études du Congo (1). Partout je reçus le plus cordial accueil et la meilleure hospitalité. J'arrivai le 18 octobre de

1. L'Association internationale africaine avait pour devise : « Science et Humanité. » Le Comité d'études du Congo avait pour devise : « Politique et Liberté commerciale ».

cette année à Libreville, où j'aurais voulu rester, afin d'initier M. Pradier à une situation absolument neuve pour lui et à une organisation si différente de celle de nos colonies. Mais le maniement de cette organisation dépend surtout de l'initiative et de l'expérience de ceux qui la dirigent sur place ; d'ailleurs l'activité, et l'intelligence, dont M. Pradier donnait des preuves, étaient stérilisées d'avance par sa situation de gouverneur du Gabon qui l'attache au rivage. Aurais-je pu, en quelque temps, lui inculquer mon expérience de dix années ? Qu'aurait-il pu, à son tour, transmettre au bout d'un an à son successeur!

Enfin, après avoir remis définitivement mes pouvoirs, je rentrai en France deux ans et neuf mois après mon départ.

CHAPITRE VII

Conclusion. — Travaux de tous genres accomplis : astronomiques, géographiques et hydrographiques. — Résultats économiques importants. — Conquêtes pacifiques des populations. — Nos possessions territoriales agrandies. — Les désidérata.

Qu'avons-nous fait durant ce voyage de trente-trois mois? Comment ai-je profité, dans l'intérêt du pays, des pouvoirs et des ressources pécuniaires qui m'ont été confiés?

Au point de vue géographique, de nombreux tracés ont été faits ; les travaux de MM. de Rhins, Dufourcq, etc., ont complété mes anciens travaux sur l'Ogôoué ; le bassin de l'Alima est donné par les travaux de MM. Ballay, de Chavannes, Decazes, de mon frère Jacques et les miens propres ; ces travaux, qui se contrôlent, offrent donc certaines garanties d'exactitude.

De la N'Kundja à Brazzaville, la rive et les deltas ont été relevés par MM. Dolisie et de Chavannes. De remarquables travaux d'hydrographie, sur la côte du Loango, sont dûs à M. le commandant Cordier ; la topographie sommaire de la côte même a été faite par M. Manchon qui occupait ainsi les loisirs de sa corvée de gardien de territoires. Les itinéraires de M. Manchon et ceux de M. Dolisie relient Loango à nos stations de la Loudima et à Brazzaville. Enfin deux expéditions marchent aujourd'hui parallèlement dans le blanc de la carte, situé au

Nord de l'Ogôoué et de l'Alima. L'une est conduite par mon frère Jacques, je l'ai dit plus haut; l'autre par M. Dolisie, aidé de M. Froment, un homme jeune et tenace, qui venait de passer plus d'un an au milieu des populations de l'Oubangui. Ces deux expéditions sont comme le couronnement de la tâche et ne sauraient manquer d'amener des découvertes importantes à tous égards.

Des données astronomiques ont été fournies pour fixer les points géographiques et avec elles ont été effectuées des observations de météorologie, de minéralogie, de géologie. De belles collections d'histoire naturelle (1) ont été réunies grâce au concours de tous, par les soins spéciaux de mon frère; elles doivent arriver très prochainement à Paris. A ces collections vien-

---

1. Cent une caisses de collections arrivées à Paris en mars 1886.

Les premières caisses envoyées par MM. Schwebisch de Thollon, se rapportent surtout à l'ethnographie du bassin de l'Ogôoué; la botanique n'y tenait qu'une place très secondaire, ainsi que la zoologie.

Puis, c'est la collection de M. Cholet. Cette collection, recueillie dans le Loango et le bassin du Quillou-Niari, comprend cent-quarante-quatre pièces, dont quarante-sept d'ouvrage de coton, fibres et vannerie; vingt-quatre de métallurgie, instruments et produits; quinze instruments de musique; cinq articles de fumeurs; trente-trois objets d'usage domestique, et quinze objets d'art, fétiches, ornements, etc., enfin une collection d'insectes et des notes intéressantes sur les mines de la Loudima.

Toutes ces collections, rapportées par M. Thollon, ont été recueillies principalement dans le Haut-Ogôoué, l'Alima et le Congo. Au point de vue ethnographique, on y trouvera tous les produits de l'industrie indigène, parmi lesquels des bracelets de famille de Makoko, et les colliers et bracelets de cuivre qu'il donne à ses chefs vassaux.

Parmi les collections très complètes d'histoire naturelle, on remarquera des insectes, reptiles, poissons; des singes et des gorilles d'espèce nouvelle du Congo; mais peu d'oiseaux nouveaux. Les collections géologiques sont, dit-on, fort riches. La plupart des plantes utilisées dans la fabrication des produits indigènes se retrouvent dans les collections botaniques. Il était sage d'attendre encore avant de faire des collections anthologiques; mais on a peut-être trop négligé les collections d'essences forestières.

Enfin de nombreux albums de dessins et environ quatre cents photographies sont dues principalement à MM. de Brazza, Pecile, de Chavanne, Beauguillaume, Didelof, etc.

Nous attendrons maintenant, qu'avec le concours de la société de géographie, du Muséum, du musée d'ethnographie, etc., M. le ministre de l'instruction publique organise l'exposition des travaux et des collections de la mission de l'Ouest Africain, pour en apprécier la valeur.

nent se joindre une quantité de croquis, de dessins, de photographies et de notes ethnographiques d'un grand intérêt.

Tous ces travaux ont été exécutés au milieu d'occupations imposées par la création de huit stations ou postes dans le bassin du Congo, de huit autres dans celui de l'Ogôoué, et de cinq sur la côte ou dans la vallée du Quillou.

A côté de ces résultats scientifiques se placent des résultats économiques plus importants encore.

Le premier est d'avoir conquis sur les populations cette influence définitive qui doit, à mon avis, constituer l'élément primordial essentiel de toute création de colonie. Tirer parti des indigènes, fondre leurs intérêts dans les nôtres, en faire nos auxiliaires naturels, c'était là, suivant moi, un des plus hauts objectifs de ma mission.

A l'heure présente les anciennes tribus de l'Ogôoué sont complétement dans nos mains. Par les traités qui les lient, leurs hommes nous doivent annuellement un temps déterminé de service; en dehors de leur salaire, elles trouvent, dans de sérieux avantages économiques et dans notre protection, une compensation au temps qu'elles nous consacrent.

Les Pahouins eux-mêmes, ces tribus cannibales que de puissantes migrations conduisirent autrefois sur les bords de l'Ogôoué et que leur sauvagerie comme leur instinct de pillage avaient longtemps éloignés de nos vues, y arrivent enfin. Ces mêmes Pahouins qui depuis vingt ans sont en révolte constante contre l'autorité du Gabon, ont été amenés, par les intérêts que nous leur avons créés, à traiter avec nous sur les mêmes bases que les autres peuplades. Ils ont dû, eux aussi, consentir à nous fournir des auxiliaires, et c'est là une garantie considérable au point de vue de la tranquillité; peut-être est-ce même le seul moyen de maintenir une sécurité complète dans un pays qui est absolument — j'allais dire heureusement — hors de la portée des canonnières. Ces nouvelles recrues sont venues sans trop de répugnance s'encadrer dans les rangs de nos premiers auxiliaires : Adouma, Okanda, Apingui, Okota, Bangoués, toutes tribus dont les avaient toujours éloignés aussi bien une inimitié instinctive que des intérêts faussés et mal compris.

Peu à peu ces Pahouins viendront doubler et tripler le nombre de nos auxiliaires ; leurs aptitudes naturelles, leur force physique, leur sobriété extrême, les rendent merveilleusement propres à nous seconder dans ces contrées neuves.

C'est ainsi que se constitue l'homogénéité des éléments maniables de l'Ogôoué ; tous ces hommes, réunis par les mêmes intérêts dans un même sentiment de dépendance à notre égard, sont aujourd'hui liés à nous par une organisation dont l'idée première m'a été donnée par l'inscription maritime de la France.

Pagayeurs, porteurs ou soldats, suivant les besoins, ces hommes manœuvrent nos pirogues dans les rapides, transportent nos marchandises et sont toujours prêts à suivre et défendre notre drapeau.

C'est enfin là la solution d'un problème que j'ai mis dix ans à résoudre.

Dix ans pour arriver, dans ces contrées, à un embryon d'organisation à la fois économique et politique, peuvent sembler un temps considérable aux personnes étrangères à cet ordre de questions. Eh bien, je puis affirmer sincèrement qu'il y a dix ans je ne croyais pas obtenir en si peu de temps un pareil résultat. Il n'a fallu rien moins que le concours intelligent de mes collaborateurs et des soins constants, pour aboutir à la solution actuelle qui est, je crois, la seule possible. Ce que la patience et la persévérance ont fait en dix ans, la force n'eût pu l'accomplir, même au prix des plus grands sacrifices.

Ailleurs que dans l'Ogôoué, sur les plateaux qui séparent le bassin de cette rivière de celui du Congo, nous avons, dans les groupes de villages voisins de la route, plus de trois mille Batékés qui, pour n'être pas précisément encore enrôlés et disciplinés, n'en effectuent pas moins honnêtement et régulièrement nos transports.

Les Batékés du haut Alima ont commencé à devenir nos pagayeurs. Et à l'Ouest de Brazzaville, les Ballali, en attendant de devenir nos porteurs, nous fournissent plus de travailleurs qu'on n'en saurait utiliser.

Dans le haut Congo, enfin, chez les peuplades encore barbares, notre action est trop récente pour avoir pu produire de semblables résultats; je ne doute pas, toutefois, que nous les obtenions par la patience. Les immolations humaines, qui sont dans les coutumes de ces peuples, deviennent moins fréquentes. Si nous avions voulu moraliser par la force, nous n'aurions pas obtenu ce commencement de progrès, qui nous a dédommagés de lents et pacifiques efforts.

En un mot, à différents titres et dans des contrées différentes, depuis l'indigène transformé en soldat et qui passe un an sous les armes, jusqu'à celui qui porte un ballot pendant sept jours, environ sept mille hommes sont employés annuellement par nous. Ils perdent à notre contact les vices de leur sauvagerie primitive, notre langue et notre influence se répandent dans leurs familles et dans leurs tribus, et ce groupe, qui représente une population d'environ cinq millions d'âmes se forme progressivement à l'école du travail et du devoir. Une influence ainsi basée doit être stable et féconde et je puis en donner une preuve.

« Il y a douze ans, le seul commerce du haut Ogôoué était la traite des esclaves; le chiffre total du commerce du Gabon atteignait à peine deux millions; aujourd'hui le commerce licite a remplacé l'ancien trafic et le chiffre des transactions atteint environ quatorze millions de francs (1). »

Enfin, nos possessions qui jadis ne comprenaient qu'une bande étroite et insignifiante de côte, entre le cap Saint-Jean et le cap Sainte-Catherine, sont actuellement plus que centuplées. Elles ont aujourd'hui pour limites : au nord, la rivière Campo, à l'Est, l'Afrique centrale, puisque la convention du 5 février 1885 nous donne le bassin de la N'Kunja-Oubangui : au Sud, enfin, elles touchent le Congo, limite qui bornait au Nord les prétentions d'une nation amie. Cette limite, historique plutôt que réelle, nous avions tenu toujours à la respecter, nous en avons donné le gage ; le Portugal voudra certainement à son tour la respecter aujourd'hui.

Il nous a fallu au Dr Ballay et à moi, dix ans pour atteindre les résultats que je viens d'exposer. Dans ces dix années nous avons dépensé *deux millions deux cent cinquante mille francs.*

Notre crédit moral auprès des indigènes et notre manière d'agir ont été pour nous l'équivalent des sommes considérables qu'à dû dépenser l'Association Africaine. Notre lenteur même a valu à notre autorité de s'établir dans ces contrées sans coûter de sang à l'Europe ni à l'Afrique et sans amener aucun froissement ni aucun trouble dans la politique générale de la France.

Laissant maintenant le passé pour l'avenir, je me demande ce qui reste encore à faire.

Ces contrées de l'Ouest Africain qui constituent notre nouvelle colonie sont loin d'être toutes parfaitement étudiées, complétement organisées et ne peuvent entrer en exploitation que le jour où les voies de communication auront relié à la mer l'immense réseau navigable dans l'intérieur. Il reste donc à pour-

---

1. *Les colonies françaises,* par M. Louis Vignon. Paris Guillaumin et Cie, 1886

suivre notre œuvre d'étude et d'organisation, et pour la continuer dans les meilleures conditions possibles il suffirait d'y employer une cinquantaine d'Européens et à peu près deux cents noirs, soit une dépense annuelle d'environ un million : c'est prêter à un avenir que je crois solvable, mais il serait de toute nécessité d'établir un sérieux programme d'ensemble. Il faudrait, tout d'abord, que des crédits successifs fussent, dès aujourd'hui, assurés d'année en année.

Sans un avenir ainsi garanti, un programme complet d'exploration et d'organisation ne saurait être exécuté, ni même préparé.

J'ajoute que ce programme doit absolument s'inspirer des vues et des procédés que nous avons employés, seule sauvegarde de la sécurité et du sage développement commercial du pays, seule garantie du maintien de nos moyens d'action et de l'économie dans nos budgets futurs.

L'avenir du bassin du Congo, considéré d'une façon tout à fait générale, dépend en partie des voies de communication à créer. Dans les obscurités actuelles de la question, je ne sais ni où, ni quand, ni comment ces voies seront établies. Mais je puis affirmer qu'elles le seront quelque jour. Plus ou moins tôt, plus ou moins tard, cela dépendra encore plus des procédés que du reste. Par là, je m'éloigne peut-être de certaines opinions qui, trop légèrement émises, ne font pas assez la part du temps et des circonstances. Ces opinions diffèrent encore des miennes, en ce sens que je considère l'Ouest Africain et le bassin du Congo comme un pays dont l'avenir dépend du commerce et de la culture des indigènes, non de la colonisation par l'émigration.

Nous sommes là en face d'un problème économique et social fort ardu. Pour travailler à le résoudre la science n'aura pas trop de toutes ses notions.

Voilà une contrée neuve encore, où s'acclimateront individuellement quelques Européens, mais où l'Européen en général, surtout celui du Nord, se trouve dans un milieu défavorable à son tempérament. Cependant on convient que les richesses naturelles de ce pays merveilleusement arrosé sont considérables. Mais il faut les aller chercher au cœur du continent ; en former de grands courants et les diriger vers la côte.

Il faut compter aussi que certaines cultures convenablement établies s'ajouteraient encore à ces richesses naturelles, sous une latitude qui, tout en étant plus à portée de l'Europe, est celle de Sumatra, de Bornéo et du Brésil.

Sans parler ici de l'ouverture des voies de communication, à laquelle il y aurait à pourvoir d'une manière spéciale, la récolte des produits du sol, l'établissement des cultures, représentent une main-d'œuvre considérable qu'on ne peut demander ni aux Arabes, ni aux Chinois, ni surtout aux ouvriers de race blanche.

Or cette main-d'œuvre, nous la trouvons sur place, dans des populations fort primitives, il est vrai, mais non point inintelligentes et qui sont assez maniables pour qui sait les man'er, ne pas les heurter, apporter dans les relations avec elles beaucoup de fermeté, une bienveillance sans faiblesse et une patience sans limites.

En voulant leur imposer brusquement nos réglementations, nos manières de faire, de voir et de penser, nous arriverions infailliblement à une lutte où nous les conduirions à l'anéantissement. A part même la question d'humanité, la protection des indigènes me semble être, en ce cas, l'hygiène la plus sûre pour la poule aux œufs d'or.

Aussi bien que personne, je connais les difficultés de création d'une colonie sans en forcer le développement, sans vouloir qu'elle rentre dans un type déterminé. Que le haut commerce prenne garde de vouloir bien mettre trop vite en coupe réglée une possession qu'à vrai dire nous connaissons encore insuffisamment et dont les indigènes ne sont pas encore initiés à ce que nous voulons d'eux.

Ainsi donc notre action, jusqu'à nouvel ordre, doit tendre surtout à préparer la transformation des indigènes en agents de travail, de production et de consommation ; plus tard viendra l'Européen avec le simple rôle d'intermédiaire.

Je ne saurais assez le répéter ici : préparer un pays à la colonisation est œuvre de temps et de patience. Ce qu'il reste donc à faire, c'est d'étendre à nos possessions du haut Congo l'action qui s'exerce actuellement sur les rives de l'Ogôoué, cette tâche ne saurait être ni l'œuvre d'un jour, ni celle d'organisateurs qui auraient tout à apprendre, quels que soient leur intelligence et leur bon vouloir.

L'influence personnelle est grande maîtresse en ces questions. Aussi, à des influences changeantes et variées il faudra préférer l'action continue et persistante des mêmes hommes, qui conduit à tous les résultats chez des peuplades primitives. Ces peuplades aiment d'abord le drapeau pour celui qui le porte, et la plupart du temps personnifient en ceux qu'elles connaissent l'idée vague du pays lointain dont on leur parle. Voilà pourquoi il faudrait, autant que possible, les mêmes volontés à la même tâche, sur les mêmes lieux, les mêmes dévouements aux mêmes intérêts. Faute de similitude dans les procédés dont on use envers eux, les indigènes perdent rapidement confiance, et de la méfiance à la peur et à la méchanceté il n'y a qu'un pas.

Outre que la force est un mauvais moyen, il est impossible de l'employer actuellement dans les contrées de l'intérieur. La présence de nos canonnières du Gabon dans le Remboé et le Congo sont bien loin d'avoir civilisé ou pacifié dans le pays. Les rapides de l'Ogôoué sont, du reste, pour ces engins de guerre une barrière infranchissable

Ce qu'il faut redouter par-dessus tout, c'est de renverser en un jour l'œuvre de dix années, car l'intervention de la force dans une œuvre préparée par la patience et la douceur peut tout perdre d'un seul coup.

Il est juste aussi que je vous livre les noms de quelques-uns des collaborateurs demeurés derrière moi, et qui, faisant le sacrifice de leurs plus chers désirs, l'abandon de leur droit au retour, ont consenti à demeurer au poste que leur expérience est toujours prête à défendre. Ceux-là s'appellent :

Lieutenant Decaze, MM. de Kerraoul, Laneyrie, Chollet, Weistroffer, l'adjudant Pierron, MM. Ponel, Roche, Jégou, Manas (1), Devy, Pouplier, Kleindienst et d'autres, parmi lesquels M. Thollon, doyen de tous, qui compte quatre ans de séjour consécutif dans l'Ouest Africain où il a rendu de réels services (2).

J'ai pleine confiance en ces hommes qui ont fait leurs preuves, pleine confiance surtout en celui qui les dirige, M. Decaze. Mais je ne puis me défendre d'une certaine appréhension en songeant qu'une partie du personnel noir, qui est là-bas à notre service, a droit à son rapatriement depuis plus de six mois, ce qui entraine certains risques. Dès le mois de mai dernier j'ai informé qui de droit de cet état de choses : je ne saurais assumer désormais la responsabilité d'une situation qui a cessé de m'appartenir.

Tel est le résumé de nos dernières opérations dans la région de l'Ogôoué et du Congo. Ce sera l'honneur de ma vie que la France ait adopté notre œuvre. Et aucune compensation plus

---

1. M. Manas a installé à Lékéti une usine primitive où il fabrique l'eau-de-vie d'ananas, l'huile d'arachide et le savon, qui sont consommés par nos Européens sur le Congo.
2. Je ne nomme pas tous les derniers venus; je dois citer encore M. Coste, agent comptable.

grande ne pouvait être accordée aux quelques fatigues, aux quelques soucis qu'il m'en a coûtés pour obtenir ce résultat.

Les territoires assez vastes déjà que les traités passés par moi avec différents chefs avaient placés sous l'influence française, le Congrès de Berlin leur a donné plus d'ampleur encore. Il a inscrit sur la carte d'Afrique, à côté des possessions portugaises, deux États nouveaux : le Congo français, plus étendu que la France elle-même, et l'État indépendant du Congo. Par la vertu des protocoles, ces deux immenses contrées, peuplées d'enfants de la nature, sont comme entrées dans le concert des États civilisés. Je veux dire par là que suivant les circonstances et, bon gré mal gré, ils pèseront plus ou moins sur leurs métropoles.

L'État indépendant du Congo, voisin du Congo français, relève nominalement du Souverain d'un royaume avec lequel la France entretient les meilleures relations; ces relations seront certainement les mêmes sur les rives du Congo. Car je ne doute pas que les nobles vues auxquelles le nouvel État libre doit ses origines, continuent à présider de haut à son développement.

DEUXIÈME PARTIE

LETTRES

I

Libreville, Gabon, 9 février 1883.

Le « *Corisco* », que nous attendions ici le 22, est arrivé seulement hier soir. Pendant que je vous écris, je vois s'approcher un autre bâtiment, non pas le bateau anglais qui croise quelquefois au Gabon avec le *Corisco*, mais bien celui qui portera le courrier en Europe. La santé de tous est parfaite. Le Gabon n'est pas si meurtrier qu'on le croit en Europe; je crois qu'on lui attribue la même réputation fausse qu'à l'air de Rome. En réalité le Gabon est bien moins malsain que bon nombre d'autres colonies sur la côte d'Afrique.

Je vais à Lambaréné même, où on commence à connaître la monnaie d'argent et les dollars, ce qui n'était pas encore arrivé jusqu'à présent.

Ici, au Gabon, le corail vrai a une grande valeur et je crois

---

(1) Les Lettres du premier et du deuxième voyage sont de M. Pierre Savorgnan de Brazza. Les Lettres du troisième voyage sont de M. Jacques Savorgnan de Brazza, son frère, docteur ès-sciences attaché à la mission. D'autres sont de M. Attilio Pecile, également attaché à la mission. Les lettres de M. Jacques de Brazza sont marquées J. B. et celles de M. Pecile A. P.

NOTE DE L'ÉDITEUR.

qu'il commence à être recherché sur l'Ogôoué où les négociants l'ont déjà introduit. Probablement aussi les perles Bapteros roses qui imitent le corail seront également recherchées par la suite.

Avant-hier, nous nous sommes fait tous photographier en groupe. Le photographe du Gabon est un noir qui ne parle qu'anglais, qui porte des lunettes, d'ailleurs assez adroit.

Nous avons un cuisinier noir qui est une merveille. Je voudrais que tu aies vu ce type de nègre impassible. Le matin, il vient prendre les ordres d'Attilio (Pécile) pour le déjeuner et il semble qu'il ne comprenne rien de ce qu'il lui dit, il reste impassible comme une statue. Puis il nous sert un repas exquis.

Nous avons de la viande, quand il y en a, et volontiers des écrevisses, du poisson frais, des aubergines frites à l'huile, de la salade, et pour fruits d'excellentes bananes et des ananas en abondance.

Pour la première fois, avant-hier, dans un dîner succulent, j'ai essayé le fameux manioc, le pain africain. Que te dirai-je du manioc? Sache qu'avant tout on le vend en long saucisson roulé dans une feuille de bananier; il a la couleur de la cire; son odeur, franchement, n'est pas des plus agréables.

Au goût, il est un peu élastique et piquant, et je crois que, pour ma part, il me remplacera notre pain sans trop grand déplaisir.

J. B.

II

Libreville, Gabon, 23 février 1883.

J'espère que tu seras heureux d'apprendre que j'ai déjà eu la fièvre. Quant à moi, j'en suis très content parce que j'ai appris comment on la traite et que, maintenant, je n'aurai plus que les rares accès qui durent quelques heures et qui n'arrivent qu'une fois par mois environ. J'ai été malade, ainsi que me l'avait prédit le médecin, comme tous les Européens qui arrivent pour la première fois au Gabon ; généralement après quinze ou vingt jours la fièvre arrive et dure cinq, six, et au plus huit jours, après quoi tout est fini.

Ma fièvre a duré six jours ; le thermomètre n'a jamais marqué que 39 degrés 5 ; depuis ces six jours, j'ai retrouvé mon solide appétit et me voici, depuis le 19, en pleine santé et fort gai.

Attilio a eu également la fièvre un jour après moi. Le lendemain, plus de fièvre et grand appétit. Conclusion : nous nous portons tous bien et nous nous préparons à partir pour Lambaréné d'ici à trois ou quatre jours au plus tard. Le bateau de Hambourg vient d'arriver et nous a apporté tout notre matériel.

Il existe ici en grande abondance une espèce de roche

appelée sphérosidérite, très riche en fer; il y a aussi une couche épaisse (je ne saurais te dire de combien) formée de sable siliceux qui a la couleur de l'hydrate de fer.

Je t'assure que les observations de géologie dans ce pays, ne sont pas la chose la plus facile du monde. La végétation tropicale semble jalouse des trésors de la terre et recouvre tout de ses plantes.

Hier nous avons eu une température maxima de 28° 4 c., et minima de 24° 8. Aujourd'hui nous avons 28°5 ; tu vois que la chaleur n'est pas forte.

L'humidité est très pénible; l'hygromètre marque aujourd'hui 93°7. Dans ce bienheureux pays tout moisit ; le baromètre Fortin, placé à 17 mètres du niveau de la mer et réduit à 0, marque à l'heure présente m. m. 758,05.

Maintenant que j'ai fini de déjeuner, je reprends ma lettre, la table est déjà desservie, M. de Lastours fume la cigarette. Attilio revoit la note des caisses et moi, j'écris. De temps en temps, sur mon papier blanc, court quelque blatte, mais on ne s'en inquiète pas, attendu que cet insecte infeste toutes les cases et s'y cache partout. Nginghé, un des hommes qui étaient avec Pierre dans la première expédition et qui maintenant est avec nous, a un petit garçon tout petit qui marche comme une oie, il s'appelle Joseph. Le petit Joseph est toujours à sautiller dans les deux chambres qui forment notre grand appartement, c'est un vrai crapaud tout nu ; il a seulement pendu au cou avec une ficelle comme un gros cigare de la havane de la couleur d'un nerf de bœuf sec; devine un peu quel est ce cigare? c'est un morceau de son cordon ombilical que, à sa naissance, on lui a suspendu au cou pour le défendre des maladies que peuvent avoir les enfants.

LE POSTE DE LAMBARÉNÉ

III

Lambaréné, 4 mars 1883.

D'ici à deux ou trois jours, nous partirons pour Franceville où nous pourrons, je crois, charger douze pirogues. Attilio reste à Lambaréné pour en attendre d'autres et ainsi nous pourrons faire remonter à Franceville toutes nos marchandises.

Je ne pourrai avoir tout mon équipage de naturaliste à Franceville avant cinq mois.

Pour en revenir maintenant à la partie comique je vais te faire la description de ma chambre, qui est vraiment africaine. La petite case où je suis se compose de deux chambres minuscules. Attilio occupe l'une et moi l'autre; je t'y écris. Ces petites chambrettes, faites d'après le système du pays, à claire-voie, d'une espèce de plante qu'on appelle bambou, plante qui n'a cependant rien à faire avec le bambou que l'on connait, parce que c'est une sorte de palmier que je crois n'avoir pas encore vue. Cette plante forme des bâtons longs, lisses et qui ont de l'aspect de la tige d'une feuille de palmier. Ces bâtons sont mis l'un sur l'autre et attachés avec des lianes au travers desquelles on peut passer la main. Le toit est formé de feuilles larges de 5 centimètres et longues de 70 centimètres. disposées comme des tuiles et liées ensemble très fortement; elles forment un toit impénétrable à l'eau et extrêmement léger.

Comme plancher, la terre et comme lit, une table, sur laquelle une couverture de laine me sert tout à la fois de matelas et de draps; par-dessus tout, un moustiquaire rose qui m'enferme avec ma lumière; quelques moustiques pénètrent cependant et les moustiques d'Afrique sont de bonne qualité.

Ma position pour t'écrire est des plus incommodes; je suis étendu sur mon lit, un livre me sert de table et j'ai mal aux reins.

Mon album de dessins augmente et j'en suis content, et d'autant plus que je vois que le travail me rend plus adroit.

J. B.

IV

Village de Bundana, 26 mars 1883.

La première chose que je t'écris est que nous sommes en bonne santé. Mon voyage s'est fort bien passé à l'exception d'un petit accès de fièvre qui m'a duré trois jours.

Nous sommes partis de Lambaréné le 9 mars avec quinze pirogues, la navigation sur l'Ogôoué a été jusqu'à présent très bonne, pas une pirogue n'a chaviré, et nous sommes dans la meilleure saison pour remonter les rapides. Je dessine, je fais de la géologie quand je peux et je recueille des pierres.

Hier les chefs Okanda, Cimbouata, Boja et Désu sont venus nous voir et nous porter des cadeaux. Quand ils surent que j'étais le frère du grand commandant, du même père et de la même mère, ils en furent émerveillés. La première chose qu'ils observèrent et d'après laquelle ils me reconnurent ce fut mes pieds, et, après les avoir bien regardés, ils poussèrent de grandes exclamations. Après m'avoir regardé la figure, ma manière de marcher, le comble fut quand ils me virent pendus au cou le petit crucifix et le médaillon que tu m'as donnés. Du reste, sur le projet que j'avais fait d'aller pieds nus au Congo, je ne sais quel chef me dit « que l'on ne pouvait pas se fier à un homme blanc qui cachait ses pieds ».

Des trois chefs que j'ai nommés, Cimbouata est le plus caractéristique. Il porte la barbe nattée et dans chaque natte sont pendues trois perles baptéros : une blanche et deux bleu ciel ; quand il bouge, les nattes sont en mouvement et font un curieux effet.

Les femmes ont d'énormes chevelures avec des coiffures faites au moyen d'une espèce d'argile mêlée avec de l'huile de palme ; quand elles vont aux plantations et quand il pleut, elles se couvrent avec un sale petit morceau d'étoffe. Les enfants sont beaux, gras et ronds à plaisir et avec de grands yeux noirs très intelligents. Ce matin, j'étais en train de dessiner près de notre campement, et j'avais pour voisin un bel enfant qui me regardait faire ; de temps en temps, il touchait mon papier, y laissant des marques noires, puis touchait mon crayon, ma pipe, mes habits et me regardait avec ses grands yeux sans bouger et sans avoir peur.

Toutes les femmes du village venaient me voir, les hommes leur ayant dit que j'étais le frère du grand commandant. Elles avaient toutes bras et jambes chargés d'anneaux de laiton, les reins couverts seulement d'un tout petit morceau d'étoffe.

Dans le village, j'ai trouvé une vieille femme qui fabrique des marmites avec de l'argile jaunâtre, un peu de colle et des morceaux de quartz, elle les fait à la main à l'aide d'un petit morceau de bois, les marmites sont minces, elles sèchent au soleil et on peut alors les mettre près du feu ; elles ont toutes la même forme simple.

Les rapides du fleuve que nous commençons à rencontrer et à remonter depuis huit jours, ne sont pas aussi mauvais que je croyais. Pour t'en donner une idée, figure-toi que tu remontes en pirogue la Torre lorsqu'elle est dans sa crue. A chaque instant, l'eau fait des bonds ; alors on tire la pirogue par la corde et on remonte à coups de perche. Quand on ne le peut pas, on tournoie au milieu des petits canaux secondaires.

La chaleur n'est pas excessive, la nuit, depuis 7 heures jusque près du lever du soleil, le thermomètre centigrade marque presque toujours 25 degrés, il est vrai que depuis 11 heures jusqu'à 3 heures du matin, le sable a une température d'environ 66 degrés. Donc tu comprendras que cheminer pieds nus sur le sable est loin d'être un plaisir. Depuis Franceville, je ne mets plus de chaussures, attendu que ce n'est pas pratique : 15 jours de pluie suffisent à les moisir.

Le temps est beau, depuis trois jours il ne pleut pas, bien que ce soit la saison des grandes pluies. Je crois que, également en Afrique, les lois météorologiques sont sens dessus dessous comme en Europe.

Demain, je partirai de bonne heure et, tant que je ne serai pas à Franceville je n'aurai plus le temps de t'écrire.

Aujourd'hui, temps superbe, il ne pleut pas et les eaux du fleuve commencent à baisser

J. B.

V

De Dumé, 14 avril 1883.

Au village de Dumba, rive droite de l'Ogôoué à une journée et demie de pirogue de Dumé.

Nous sommes arrivés à Dumba hier à midi.

Avant tout, sachez que la santé est bonne, que l'appétit ne manque pas et, ce qui est encore mieux, que je ne souffre pas de la chaleur comme les autres. Le soleil de Rome, en été quand on fait des excursions dans la campagne, n'a rien à envier, comme chaleur, à celui d'ici; les soirées sont toujours fraiches. Il y a quelques jours, il est vrai, le thermomètre placé sur la couverture que j'ai dans ma pirogue marquait 53 degrés; à l'ombre, il descendit à 35, et hier à onze heures du matin, il ne marquait plus que 20°,5; l'autre soir 21 degrés; tu vois que la chaleur n'est pas grand'chose et qu'en tout cas, le soir on jouit du frais.

Hier, ma pirogue a chaviré dans un rapide; heureusement, j'avais changé d'embarcation; je ne sais comment il se fait que je n'ai rien perdu et comment mon baromètre Fortin est resté sauf malgré son bain forcé.

La formation géologique d'une grande partie de l'Ogôoué, à partir de Boué, est granitique, elle continue sans interruption jusqu'aux monts de Dumba.

Je crois qu'il me serait difficile de trouver une saison des pluies plus clémente ; depuis que nous avons quitté Lambaréné il a plu seulement pendant cinq jours.

J. B.

VI

Lambaréné, 3 mai 1883.

..... Pierre de Brazza est arrivé, et avec lui toute l'expédition. Si tu voyais toute cette foule et ce va-et-vient. Nous sommes ici plus de trois cents personnes, parmi lesquelles, une vingtaine de blancs.

L'arrivée de Pierre de Brazza a été quelque chose de fort émouvant, et je t'assure que j'ai les yeux humides à voir l'accueil que lui ont fait les noirs.

La nouvelle de son arrivée s'est répandue très vite. De toutes parts arrivaient les pirogues surchargées de noirs qui venaient pour le voir le saluer, criaient d'une voix forte :

Notre père est revenu! notre père est revenu.

Les Adouma, peuplade du haut Ogôoué qui se trouvaient actuellement ici, pour le transport du caoutchouc, vinrent tous lui serrer la main et l'embrasse.

Ici tous voudraient partir avec lui, sans cela, ils quitteraient les traficants, avec lesquels ils sont descendus et se mettraient aux ordres de Pierre de Brazza. Je t'assure que je ne peux comprendre comment un blanc a pu inspirer tant de confiance et d'affection à ces gens défiants, ingrats, et de tempérament faux.

Depuis quinze ou vingt jours, j'attends les pirogues de Franceville, sur lesquelles je dois remonter le fleuve, pour rejoindre Jacques de Brazza.

A. P.

VII

> Poste de l'Alima ou plutôt de Kenkuna,
> dans l'angle formé par le Diélé et le Gambo,
> qui, réunis, forment l'Alima.

> 5 juillet 1884.

Le 24 mai, avec Ballay et quarante-cinq porteurs Batékés nous partîmes ensemble de Nghimi et le soir nous étions arrivés à Niamanaciné où finit la route que Pierre a tracée dans la forêt à partir de Franceville, tout étonnés des travaux qu'il a fallu faire pour cette route, quand je vois les arbres qu'on a dû abattre.

De plus, les arbres, les lianes et les herbes qui forment taillis ont eu le temps de croitre très épais; on pourra cependant les abattre facilement.

Aussitôt après Niamanaciné commence le pays des Batékés où la route est très bonne et surtout serait excellente pour les chameaux.

Le 25 mai; nous passâmes la nuit sur la colline des Batékés, colline sablonneuse et onduleuse; il y a plus de cailloux que d'herbe, laquelle, parait-il, pousse à peine dans ce sol formé de sable léger pur quartz; ces cailloux sont généralement grisclair; ils doivent cette couleur à la pauvreté de l'humus fourni par les herbes qui, tous les ans, sont brûlées et dont les cendres presque toutes emportées par le vent sont, en petite quantité,

DE TEMPS EN TEMPS IL TOUCHAIT MON PAPIER

mêlées au sable. Soit dans les bas-fonds, soit dans le lit des ruisseaux, ces cailloux blancs sont comme du sel et ressemblent absolument à de l'eau de mer évaporée.

La lueur reflétée par un soleil perpendiculaire, fait mal aux yeux; nous marchons depuis longtemps sans avoir d'autre ombre que celle de notre chapeau. A l'endroit où nous avons passé la nuit, nous avions, d'un côté, le pays des Batékés, pays délabré, où l'œil ne suit que les courbes monotones du sol qui s'étend à l'infini, interrompu ça et là par quelque chétif groupe d'arbres épars comme de petites îles au milieu de cette mer de soleil. Derrière nous, au contraire, la forêt verdoyante sans interruption à travers laquelle on voit Franceville et derrière encore la forêt sans fin qui se confond avec l'horizon et avec le ciel.

Quand on a vu un coin du pays des Batékés, on l'a vu tout entier, de même qu'une goutte d'eau ressemble à une autre goutte d'eau.

Le 26, j'arrivai au premier village Batéké ou pour mieux dire au groupe de villages de Lekey, d'où nos porteurs étaient originaires.

Il faudrait que tu eusses une idée bien claire de ce qu'est un village Batéké. Ne vas pas croire qu'il est formé d'un groupe de maisons où habitent un chef et d'autres familles réunies ; ici au contraire, c'est un groupe de cases habitées par un chef avec ses femmes et quelque esclave ; puis, distant de 200 mètres ou plus, un autre groupe de cases et ainsi de suite.

Cependant, le village Lekey n'est pas du tout semblable aux autres villages Batéké parce que celui-là est exposé en plein soleil tandis que presque tous se trouvent près des arbres qui couvrent le fond d'une gorge de laquelle sort un petit ruisselet ; ce ruisseau plus au Sud se réunit à un autre qui passe près du village Ngiayole et celui-là, à son tour, se jette dans le bassin.

Mais pour en revenir à nos moutons, il faut observer qu'un vrai village Batéké a ses cases sous un bouquet de palmiers assez épais, et il n'y en a guère qui n'aient le leur. Quand on fonde un village nouveau, on plante d'abord quelques bananiers qui croissent étiques et chétifs.

Si le village existe depuis longtemps, on voit les palmiers de trois, quatre, cinq hauteurs différentes lesquelles hauteurs indiquent les générations successives.

Si l'endroit du village vient d'être abandonné, les palmiers restent et alors servent pendant plusieurs années à indiquer les vestiges d'une ancienne peuplade de Batékés. Ce sont ces groupes de palmiers, ceux-ci plus jeunes, ceux-là plus vieux ou déjà décrépits qui, tant de fois, interrompent çà et là les légères courbes stériles de l'horizon Batéké. Le palmier (je te dirai son nom quand mon herbier sera prêt) sert à faire le pagne qui est le tissu propre du pays, tissu grossier, et fait à peine de la grandeur d'un mouchoir ordinaire. Plusieurs pagnes réunis ensemble forment une espèce de grand linceul dont s'enveloppent les chefs. Ces pagnes ont une couleur de soie écrue qui peu de temps après est complétement salie par la teinture rouge et l'huile de palme dont les indigènes s'enduisent le corps. Et c'est précisément parce que ces palmes servent à la fabrication des pagnes, que, en arrivant dans un village, je vis que les palmiers étaient dépouillés de toutes leurs feuilles, excepté le seul bouquet du haut ce qui rappelle le « palma palmata » le seul qui pousse spontanément en Italie, le *chamérops humilis*.

A l'ombre de ces palmiers, entourés de quelques rares bananiers, sont plantées quelques légumineuses (plante arborescente à fleurs blanches et à fruits velus laquelle, paraît-il, broyée avec une autre plante que je ne connais pas sert à empoisonner le poisson). Il y a en outre quelques plans de racines, quelques euphorbes (dont on se sert pour empoisonner les flèches), quelques citrouilles, quelques extormiers et autres plantes qui existent aujourd'hui, qui manqueront demain mais qui servent à indiquer la présence de l'homme. A l'ombre de ces quelques palmiers, pullule la nombreuse peuplade des Batékés. Tous les jours, ou plutôt chaque nuit on danse le tam-tam et, chaque matin toutes les femmes avec le panier, la hotte, et la pioche (une vraie pioche) vont aux plantations voisines tracées chacune régulièrement, également distantes l'une de l'autre, en formant de longs parallélogrammes, l'un touchant l'autre, comme nos champs. Le manioc y abonde ainsi que le mil, la canne à sucre, le maïs, le tabac et la pistache.

Si je voulais entrer dans les détails je n'en finirais pas. J'aurais voulu te causer de leurs paniers qui ont mille formes et de leurs hottes dans lesquelles ils vont chercher de l'eau.

J'aurais voulu te parler de leurs bâtons dont l'extrémité est attachée avec de la filasse végétale qui sert aux femmes pour attraper les sauterelles et autres insectes dont ils sont très avides.

De leurs ananas qui poussent dans ce pays comme les mauvaises herbes ; les herbes y sont d'ailleurs très saines parce que le sol y est exclusivement couvert de cette plante. A chaque halte on en boit avidement le suc qui remplace l'eau souvent manquante. J'eusse encore voulu te parler de ce que j'ai vu manger aux Batékés; des petites pousses vertes claires de divers arbres ; le fruit agreste et amer de quelques lianes, la petite bulbe rouge d'une plante basse à feuilles coriaces avec des fleurs qui sortent de terre. Je m'exprime mal en disant bulbe, c'est plutôt une espèce d'œuf dont on mange la pulpe blanche, peu succulente, qui a une saveur semblable à celle de l'ail.

En outre il y a des sauterelles en quantité. Tout le long de la route nos porteurs mettaient le feu aux herbes et couraient après ces insectes qu'ils mangent dans une boulette de manioc plus grosse qu'un abricot et qu'ils avalent comme une pilule. Pour leur repas le plus exquis, ils prennent des larves de papillons, ils les mettent dans une feuille, les font rôtir et les mangent.

Voici les dernières lignes de mon journal de ce jour : Les Batékés que le Dr Ballay avait envoyé chercher à Apiré sont arrivés. Ils se sont tous assis en rond, ont posé à terre leur panier, fiché

UNE HALTE DE PORTEURS BATÉKÉS

dans le sable leur zagaye et leur couteau. Le soleil disparaissait déjà derrière toutes ces têtes couvertes d'un sale petit morceau de pagne indigène qui encadrait leur visage décharné.

Au 30 mai nous sommes arrivés au village Diélé après avoir traversé le fleuve Diélé.

INSECTES QUE MANGENT LES BATÉKÉS

Le 31 mai, nous traversions le Nconi et arrivions au village des Apiri.

Le 3 juin, départ des Apiri; et je passe la nuit près de Bala où je reçus une énorme averse.

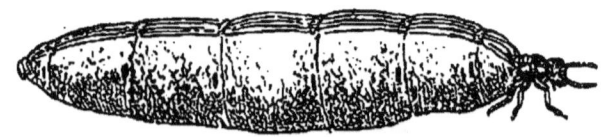

LARVE DE PAPILLON QUE MANGENT LES BATÉKÉS

Le 4 juin, à 11 heures du matin, j'arrive à la station d'Osika située dans une excellentissime position à 30 mètres du fleuve Lékila et placée à 100 mètres sur le niveau du fleuve même. Note bien que les arrêts de trois ou quatre jours dans ce village furent employés à chercher des porteurs. A Apiri nous n'avions pas pu en avoir assez à cause d'un grand tam-tam, de sorte que je suis parti seul en avant avec 33 Batékés; j'avais avec moi les charges les moins lourdes. Le Dr Ballay a pu partir le même jour avec d'autres porteurs. Jusqu'au 24 juin, je suis resté à la station d'Osika; j'ai continué, sans interruption, mes observations barométriques et météorologiques.

Voici les notes prises dans mon journal le 18 juin :

Aujourd'hui, journée formidable. Nous avons lancé la chaloupe; sa quille toute peinte en rouge comme habillée de pourpre, soutenue par des Sénégalais, des Gabonais, des Pahouins et des Galoa, tous gens au service de l'expédition, glissait sur des rouleaux de bois, et à quatre heures et demie du soir, au milieu des hourrah et des cris de nos hommes, elle flottait sur les bords du Lékila à Osika par 1° 34 latitude sud et 12° 15 longitude ouest à environ 380 mètres d'altitude du niveau de la mer. Le soleil, qui était déjà descendu derrière la colline, empour-

LA CHALOUPE DU DOCTEUR DALLAY AVANT SON LANCEMENT

prait, incendiait tout le ciel, cependant que la lune se montrait blafarde au travers de l'inextricable réseau des branches pendantes et des lianes agitées par le vent.

A la nuit close, l'illumination devint générale. . . . . . .

. . . .

J'ai un petit accès de fièvre qui m'avertit de prendre demain une bonne dose de quinine : Quelle vilaine chose que la fièvre ! mais quand je l'ai, je pense alors au beau ciel d'Italie et en y pensant mon esprit se raffermit.

Tu me diras que je suis devenu un peu romantique ; mais que veux-tu ? Je t'écris et cette idée me fait considérer la journée que je passe avec toi comme je regarderais un paysage pour le dessiner et je t'assure que j'écris simplement les impressions comme je les ressens.

Le 23 juin, un homme de la station de Kenkuna est arrivé vers les trois heures de l'après-midi, me dire que quelques Apfourou voulaient parler au blanc; ils étaient huit hommes et trois femmes dans une pirogue, laquelle était chargée de manioc. Que faire? Avant tout, faire ses bagages pour partir le lendemain. Ce que me disait l'homme de la station de Kenkuna n'était pas chose sûre. Les Apfourou voulaient probablement recommencer ce qu'ils avaient fait à Mizon qui, lorsqu'il s'approchait d'eux, les mettait en fuite.

Il est vrai que Mison les cherchait et que, au contraire, ils venaient, eux-mêmes, chercher le blanc. En tous cas, je me rappelai ce vers : *Timeo danaos, etc.*

Le 24 juin, je pars avec quatre Batékés de la station d'Osika pour aller à celle de l'Alima ou même à Kenkuna nom du village près duquel cette station est établie, j'y arrivai au soleil couchant.

Le 25 au soir, arriva le Dr Ballay. Le 27 au matin, Firmin, que nous avions expédié avec Ugula au camp des Apfourou, était de retour disant mille belles choses de ces mêmes Apfourou qui attendaient pour parler au blanc.

Vers deux heures de l'après-midi, M Ballay, Firmin, moi et et Renkekisa, nous partîmes pour le camp des Apfourou où nous arrivâmes à nuit close. Nous avions traversé tous les villages Batéké, ce qui avait allongé le chemin. Nous avions de plus traversé dans une petite pirogue le fleuve Gambo et passé à gué deux ruisseaux, l'eau nous venant jusqu'à la ceinture. J'ai oublié de te dire que le fils de Kenkuna était avec nous.

Ne pouvant perdre du temps à t'écrire sous une nouvelle Jorme ce que j'ai déjà relaté dans mon journal, je t'en envoie une partie, tout en omettant la description des instruments et du manioc des Apfourou dont je t'ai déjà parlé.

Il était déjà nuit noire quand, grimpés sur une colline au coin d'un bois qui borde l'Alima, nous vîmes briller un feu, c'était le camp Apfourou; j'envoyai en avant le fils de Kenkuna pour annoncer l'arrivée des blancs; quelques minutes après nous nous trouvions assis sur une espèce de petit banc plat près du feu et entourés par les Apfourou qui, étonnés, nous regardaient de la pointe du chapeau à la pointe des pieds.

Après avoir serré la main au chef et frappé une main contre l'autre, les interrogations commencèrent. Ugula, qui parle forbien le Batéké et le Pongué, servait d'interprète et, grâce à lui, nous pûmes compléter divers renseignements qu'on avait réussi à recueillir. La journée passée avec les Apfourou, nous servit d'autant mieux qu'ils connaissaient Makoko et Kunkuna où j'étais déjà allé avec Pierre.

Ils préféraient d'ailleurs pouvoir rejoindre cette fois Makoko en pirogue au lieu de faire le chemin par terre.

La première impression que me causèrent les Apfourou à la lueur du feu au milieu duquel bouillait la marmite caractéristique fut que c'étaient des hommes braves, grands, robustes, ayant de forts bras, le visage étonné mais loyal. Quelle différence avec ces squelettes de Batéké !

La contemplation intense dont nous étions l'objet se manifestait à chaque moment par quelque exclamation répétée à son tour par chaque bouche. — Le feu, qui brûlait sans flamme, était à chaque instant attisé avec des brindilles que les Apfourou s'empressaient de mettre sucessivement pour pouvoir s'éclairer et observer à leur aise. Ce fut un interminable examen des pieds et des chaussures ; ces dernières, ils les voulaient examiner scrupuleusement et les passaient de main en main au milieu de l'admiration générale. Qui aurait dit à mon cordonnier d'Udine que ses chaussures auraient fait la stupeur des Apfourou! Pour moi, c'était un vrai rêve de voir ces visages noirs illuminés par la flamme et dont les seuls traits éclairés se découpaient sur le bois obscur : au-dessus de notre tête un beau ciel tout constellé sans lune et à travers les arbres les eaux de l'Alima. Je pensais à tant de choses, je me rappelais Pierre quand, pour la première fois, il se trouva sur ce fleuve inconnu arrêté par de nombreuses pirogues pleines de noirs armés de fusils, c'était alors le 3 juillet 1877.

L'endroit où nous étions était probablement celui où pour la première fois Pierre avait vu et découvert l'Alima ; c'était probablement le même jour avec une différence de cinq années.....

Je ne te parlerai pas du repas fait de manioc, de poisson fumé et de noix de palme rôties ; je ne te dirai pas notre nuit passée tout entière à la discrétion des moustiques qui nous empêchèrent de fermer l'œil et qui nous firent vivement désirer de voir apparaître le jour.

Il serait trop long de te parler des innombrables paniers dans lesquels ils mettent le manioc ; ils l'échangent avec les Batékés contre du poisson fumé, le manioc est alors en racine, ils le préparent ensuite.

La conclusion du discours avec le chef fut que, la première fois qu'il était venu un blanc, il avait fait la guerre mais que maintenant tout était fini et qu'alors ils voulaient être grands amis des blancs.

Celui-ci voulait que le blanc vînt chez lui pour pouvoir faire avec lui un grand commerce d'ivoire. Son frère qui avait fait la guerre était mort, et, lui, il voulait s'accorder avec les blancs.

Ce chef s'appelle Dombi, il avait la chair de la jambe traversée par une balle dont nous nous sommes bien gardés de lui demander la provenance.

De notre côté, nous lui dîmes que d'autres blancs viendraient volontiers avec de nombreuses marchandises, que nous voulions descendre chez Makoko et que nous les apporterions dans leurs pirogues.

Il fut alors décidé que M. Ballay porterait les marchandises déjà arrivées à Séné, sur les bords du Diélé, et que, lorsque tout serait prêt, je lui enverrais un de nos enfants (c'est ainsi que nous appelions nos hommes) pour le prévenir. Il se mettrait alors en route avec une très grande pirogue à cent rameurs où seraient réunies toutes les marchandises. Le paiement fut fixé ainsi : un fusil à capsule pour Dombi, et trois pagnes d'étoffe par chaque homme. Un pagne mesure un peu plus de trois mètres.

Le palabre ainsi terminé, nous retournâmes à notre campement après avoir fait notre distribution de cadeaux : un gros grelot, un pagne, du sel, des perles, de la poudre, quelques petits grelots et des kauris (petits coquillages), ils en parurent d'ailleurs fort satisfaits ; ce dont ils sont le plus avide c'est l'étoffe rouge.

L'Alima, paraît-il, se descend en huit jours jusqu'au point le plus voisin de Makoko ; ce point serait indiqué sur la carte sous le nom de Nganchino et je crois qu'il doit s'écrire Gancin.

JACQUES DE BRAZZA

De chez Makoko jusqu'à Franceville on va très commodément en douze ou quinze jours au plus.

P. S. Campement de Ballay au confluent du Lekina et du Diélé....

La santé continue à être très bonne. Je suis arrivé ici partant du fleuve l'Alima, descendant le Gambo en pirogue et remontant le Diélé.

J. B.

VIII

Franceville, 8 août 1883.

Nous voici finalement arrivés à Franceville, après cinquante-deux jours de voyage heureux, mais fort souvent ennuyeux.

De Asuka (Aduma) aux cascades de Boué, rien de remarquable, excepté les Pahouins du haut Ogôoué, qui sont un peuple vraiment intéressant. Bien qu'ils soient sauvages jusque dans la moelle des os, intelligents et courageux, c'est l'unique peuplade de la rivière qui ait un caractère délié et qui ne ressemble pas à un troupeau de singes stupides, de poltrons comme tout le reste des tribus du fleuve.

A Boué nous avons eu quelques difficultés avec ces braves gens. Il était beau de voir le courage et la joie de ces sauvages, et comment ils allaient au-devant de la fusillade, et avec quelle habileté ils s'embarquaient pour soutenir l'attaque. Heureusement tout finit pour le mieux et nous nous quittâmes bons amis.

Le Pahouin a un type particulier, et de fait différent des autres tribus de la rivière, tant pour la coiffure que par les armes dont il se sert, par ses habitudes et par sa langue.

Les femmes des Pahouins sont, autant qu'on peut le dire, laides : et, je dirai plus, dégoutantes. Elles sont petites, ivrognesses, elles ont des cheveux longs et crépus qui leur forment une espèce de perruque, frisée comme celle d'un caniche. Leurs jambes sont recouvertes jusqu'aux genoux de gros anneaux de fer ou de cuivre, mais elles n'ont rien aux bras. Leur vêtement consiste en un collier de perles au cou et un au-dessous des flancs soutenus par les reins. A ce collier est pendu un bout de peau de gazelle de forme carrée large de 50 centimètres, dure et roide comme une planche ; le tout est gras, sale, rougi par l'habitude que les tribus de la rivière ont de se teindre le corps en rouge après qu'ils se sont oints préablement avec de l'huile de palme.

Les Pahouins étant une peuplade de l'intérieur, ne savent ni nager, ni pagayer, ni construire une pirogue. Celles qu'ils possèdent, ils les ont toutes volées aux tribus voisines. Ils emploient le radeau pour descendre le fleuve.

Quand je suis arrivé à un village Pahouin, tous les hommes étaient sur pieds armés, de leurs fusils, qu'ils ne quittent jamais, et du couteau caractéristique dont je t'ai envoyé un échantillon.

L'homme, comme dans toutes les tribus le long de la rivière, est un peu plus adroit que la femme, mais pas beaucoup.

Les Pahouins sont des commerçants très-habiles et ont pour ainsi dire le monopole du trafic de l'ivoire. Ils sont d'ailleurs adroits chasseurs et vendent leur chasse fumée (très bonne) aux peuplades voisines. Un de leurs objets de chasse le plus usité est le long filet en corde avec lequel ils prennent une énorme quantité d'antilopes et de sangliers :

Les Pahouins tendent pour la plupart toujours à se rapprocher de la côte où ils sont arrivés déjà les premiers ; d'autres émigrent continuellement. Des villages entiers descendent.

Je crois que lorsque les Pahouins seront à la côte, ils pourront rendre de réels services à la colonie, qui se servira de ce peuple laborieux et intelligent et de beaucoup supérieur à toute cette stupide race des Mpongué, d'ailleurs race presque complètement éteinte.

Les Pahouins étant dégoûtamment sales (ils ne se baignent jamais) ont le corps couvert d'énormes poux; nous en avons presque tous attrapé après avoir simplement traversé leur village et sans avoir même passé une nuit chez eux.

Après les Pahouins viennent les Aduma, autre peuple très intéressant, non par lui-même, mais parce qu'il est très nombreux et essentiellement navigateur.

Le pays des Adouma est le seul de la rivière qui ait un aspect agréable, fertile, cultivé et qui fasse exception à l'éternelle monotonie du paysage, monotonie qui vous poursuit, ennuyeuse au possible de Lambarené à Franceville.

De l'Adouma comme peuple, je ne te parlerai pas; il est peu intelligent; comme industrie, l'huile de palme, les nattes (très belles) et les étoffes indigènes faites de feuilles de palmier.

Ces gens cultivent beaucoup et bien : ils construisent des pirogues et les mènent dans la perfection. Du reste, comme peuple sauvage, il n'a rien de caractéristique; il est pacifique et poltron. Il me suffira de te dire que je suis allé seul, dans un village avec ton fusil à l'épaule : je leur dis que j'étais venu pour faire la guerre. Je liai le chef du village et tous les autres prirent la fuite. De sorte que si j'avais voulu, je pouvais incendier tout le village et emmener le chef prisonnier, tout cela, sans tirer plus d'un coup de fusil en l'air.

Les Adouma sont extrêmement avides de viande. Il m'arriva un jour d'interroger un chef et de lui demander pourquoi il n'élevait pas des porcs dans son pays, comme le font les autres tribus voisines; il me répondit qu'il avait bien essayé, mais qu'il les avait trouvés si bons qu'il avait toujours fini par les manger tous.

Après les Adouma, il y a encore quelques petites tribus qui n'ont rien de particulier; les Dangiaka et les Obamba. Les Obamba sont remarquables par la façon relativement merveilleuse avec laquelle ils travaillent le fer, qu'ils tirent eux aussi du minerai. Ils sont toujours armés de une ou de plusieurs zagayes fort bien faites, d'un petit arc et d'un carquois de flèches empoisonnées, plus d'un beau couteau d'une forme particulière. La zagaye est une fort bonne arme.

Dans le bas de la rivière, les étoffes, la poudre, le fusil et le tabac sont les principaux objets d'échange, tandis qu'à Boué le sel est le Dieu des noirs et l'étoffe, les perles et les fusils sont ce qu'on donne, non pour leurs besoins journaliers, mais comme cadeaux et comme paiement aux hommes.

Pour une cuillerée de sel, on achète une poule, quatre œufs, un régime de plus de cinquante bananes.

Quant aux verroteries, leur valeur dépend de la mode et des demandes plus ou moins nombreuses ; mais le sel reste malgré tout le maître des marchandises. A peine donné il est mangé et, à peine mangé, il est de nouveau désiré; il en est ainsi de la poudre qu'on brûle aux trois quarts dans l'air.

Et maintenant parlons un peu de Franceville.

Première chose à noter; il y a près de Franceville un pont suspendu sur le fleuve, long d'une soixantaine de mètres et fait avec des lianes. Ce pont est construit d'après les mêmes principes que nos ponts suspendus avec cette seule différence que ce sont deux grands arbres qui soutiennent, sinon les trois cordes principales, du moins les cordes de suspension.

La liane présente l'aspect d'une grosse canne de l'Inde elle est fibreuse et très forte.

Franceville est placée sur le haut d'une colline d'où l'on jouit d'une vue étendue et très belle. Tout le paysage consiste en collines pas très élevées mais couvertes d'une herbe très haute (plus haute que moi) dure et sèche ; et, à l'heure qu'il est, pour la plus grande partie brûlée, tandis que tous les vallons du fond sont couverts d'arbres, ce qui rend étrange le contraste entre l'aspect sombre des collines et l'aspect riant de la vallée. Je crois que dans la saison des pluies quand toute les collines qui nous entourent seront couvertes de verdures, le paysage ne sera plus ni trop vilain ni trop uniforme.

La station consiste en un groupe de cases, les unes faites de paille et de bambou, les autres de troncs d'arbres avec une belle petite case en planches pour le chef, quelques bananiers, des palmiers et quelques arbres entourent le village.

Comme centre de chasse Franceville n'est pas mauvais, mais pour tuer quelque chose il faut s'éloigner un peu et faire quelques jours d'excursions. On y trouve alors le bœuf, l'éléphant et la panthère, sans compter le petit gibier comme les singes, le faisan, etc.

Ma santé a été parfaite pendant le trajet, sauf quelques accès de fièvre, l'appétit est toujours bon, comme l'humeur.

Pendant le voyage, on a tué un crocodile long de plus de trois mètres, deux énormes hippopotames, un serpent boa et un bœuf sauvage. Naturellement on mange de tout cela et je te dirai de suite ce que j'en pense. Le crocodile est du vrai caoutchouc mais n'a rien de dégoûtant. L'hippopotame a une chair tendre et savoureuse comme celle du bœuf, et la première fois qu'on en mange, on le trouve très bon, mais on lui découvre ensuite un certain goût de ménagerie qui ne vous va plus autant. Le bouillon en est excellent.

Le serpent boa est très dur, mais il a bon goût. A mon avis ce qu'il y a de vraiment bon en fait de gibier, c'est le singe et l'antilope.

Quand nous mangerons une soupe à la tortue je t'en donnerai des nouvelles.

ENGAGEMENT DE PORTEURS BATÉKÉS

Le lendemain de mon arrivée ici, Jacques de Brazza arrivait de l'Alima, où il avait accompagné Ballay. J'espère partir avec lui au Congo, mais je ne sais pas encore bien comment nous ferons. J'ai trouvé Jacques un peu maigri, mais bien, il a l'air de quelqu'un qui vient de passer un mois dans la montagne.

A. P.

IX

De l'Alima (bouches du Leketi), 21 décembre 1883.

Je suis à Franceville déjà depuis un mois et travaille désespérément à faire des collections de toutes sortes ; je pouvais partir pour le pays des Batékés, d'où je serais revenu à la station de Diélé.

De Franceville à Diélé il y a cinq jours de marche à travers un pays habité par les tribus Batékés, peuplade qui s'étend jusqu'au Congo, et qui est de race différente de toutes les tribus de l'Ogôoué.

C'est dans leur pays que se trouve l'euphorbe vénéneuse, avec laquelle ils empoisonnent leurs flèches.

Une particularité.

Les ananas croissent ici beaux et gros comme on n'en voit pas en Europe et font le repas favori des éléphants et des bœufs sauvages.

Le Batéké est fort peu sympathique, de nature emportée et méfiante. Il est anthropophage mais il ne mange pas les morts et ne tue pas les esclaves pour les manger, cependant il mange les prisonniers de guerre, et l'ennemi qu'il a tué par vengeance.

En fait d'armes de guerre, il n'a que la zagaye et un grand couteau qu'il porte presque constamment sous le bras.

L'arc petit et primitif lui sert presque exclusivement d'arme de chasse. Le fusil n'est employé que par quelques chefs.

Ce qu'il y a de bon chez les Batékés, c'est qu'ils sont un peuple de porteur. Ils portent avec une espèce de hotte, du genre de celle portée par nos colporteurs et un homme chemine jour par jour avec 25 ou 30 kilos sur l'épaule d'un pas rapide, sans s'arrêter avant le soir.

Le Batéké est d'une sobriété singulière. Avec un peu de manioc, quelques sauterelles ou quelques chenilles qu'il ramasse à ses pieds tout en marchant et, sans s'arrêter, il satisfait son appétit. Ils sont maigres comme des squelettes et il est surprenant de voir ces carcasses ambulantes porter d'assez forts poids avec tant de désinvolture. Tous ces gens sont gagnés à l'expédition, et tous font régulièrement le service de transport de Franceville à leur pays. Pour quatre jours de « portage » de Franceville ici, ils reçoivent quatre brassées d'une cotonnade à 0 fr. 25 le mètre, bien teinte et bien empesée, un verre de sel et un de poudre; 20 perles de verre transparent et 20 kauris, petit coquillage qui produit un petit bruit lorsqu'on l'approche de l'oreille. Ils reçoivent en outre un miroir d'un sou et un couteau; le tout en Europe vaut bien 2 francs. Ils comprennent tous les avantages qu'ils ont d'être parmi des blancs, et ils les servent surtout fort bien. Tous les villages voudraient posséder une station de blancs, surtout ceux qui sont sur notre route et qui ont travaillé pour nous.

Je restai à Diélé encore huit jours et partis reconnaître les chutes du Gambo, affluent du Diélé. C'est là que l'expédition désirerait créer un poste et étudier l'installation possible d'une scierie hydraulique sur les cataractes.

Je partis avec trois hommes et, après trois jours de marche, j'arrivai à la chute. Là, quelques difficultés à s'entendre avec la population du village, population encore sauvage. Mais, à l'aide de beaucoup de patience, de plusieurs discours et de quelques cadeaux, je laissai les choses en bonne voie et les noirs déjà à l'œuvre pour nous fabriquer une première case, sous la direction d'un noir de confiance laissé sur les lieux. Après avoir

HADJOU

ainsi terminé cette mission peu difficile sur le Gambo, je retournai à pied jusqu'à Diélé, n'ayant pu me procurer de pirogue. En ayant trouvé une je descendis jusqu'à l'Alima où je me trouve et d'où je vous écris. Ici nous sommes en pays Batéké mais entre deux campements d'Apfourou.

Les Apfourou sont un peuple du Congo dont je t'ai déjà parlé.

Ils campent tout le long du fleuve, sont industrieux et laborieux en même temps que vigoureux et guerriers. Brazza leur fit la guerre dans sa dernière campagne et ce furent eux qui conduisirent Ballay sur le Congo dans une de leurs pirogues. Tous ces poltrons de Pahouins du bas Ogôoué étaient menteurs, s'il faut en croire les dires des noirs. Michaud, un fidèle de Brazza, était tranquillement au Gabon quand les Pahouins lui ont tiré des coups de fusil. Ce fut lui qui apporta le courrier et il fut fort surpris quand il rencontra Lastours qui descendait tout armé pour faire la guerre..... aux fantômes.

Je suis en très bonne santé, l'air est des plus sain ; depuis que je suis ici je n'ai plus les fièvres et mes pieds sont complétement guéris.

A la première occasion, je ferai faire et vous enverrai ma photographie.

Minuit vient de sonner.

Ma lumière, un lumignon formé d'une pièce d'étoffe roulée que je tiens dans une vieille boîte de cirage, est devenue petite petite. Je vous envoie un baiser.

A. P.

X

Des bords de l'Alima, 26 décembre 1883.

Brazza traite les indigènes en frères; en peu de temps, tous seront pour lui.

Brazza est très content de ce mode de procéder ; ces quelques nouvelles partiront avec le courrier qu'il fait partir et arriveront en Europe sous le moins de temps possible.

Il est difficile de vous donner une idée claire de ce pays. Si moi ou quelqu'autre vous disons que le pays est beau et les noirs de bonnes gens, un autre de l'expédition vous dira qu'il n'a pas pu y résister parce que le pays est insupportable, que les noirs sont sauvages, qu'avec eux on ne peut arriver à rien, que l'air est mauvais et que l'on ne peut vivre des années avec du manioc et quelques poules étiques.

Moi, je m'y trouve bien et Brazza a su en faire son pays, non en employant la force, mais à sa manière. Tu peux aller te promener tous les jours avec ton bâton à la main et quelques perles dans ta poche, comme si tu étais à la campagne en Europe.

En somme l'expédition vit des ressources du pays sans toucher aux vivres de conserve qui sont gardés pour le Congo

NIDS DE TERMITES OU FOURMIS BLANCHES

manioc, bananes, igname excellente, aussi bonne que la patate, poules et œufs, un peu de gibier et de poisson constituent la base de notre nourriture ; ajoutes-y l'arachide qui, rôtie, ressemble à l'amande, l'oseille, l'ajaka (espèce d'épinard fait avec des feuilles de manioc) la patate douce, le mil, le maïs, l'ananas et d'autres petites choses, qui donnent une certaine variété à notre menu.

Si l'on ne vit pas d'une façon splendide, du moins on mange des vivres sains. Mon estomac est devenu meilleur, et, depuis huit mois, je n'ai pas souffert de la moindre perturbation dans mes organes digestifs. Je ne crois pas avoir maigri d'un kilo.

Seul parmi les membres de l'expédition, j'ai conservé mes couleurs de paysan et le soleil du tropique les a rendues plus paysannes encore. Je crois que la fièvre aurait quelque mal à me faire devenir anémique.

Les noirs sont, en général, de bonnes gens, le tout est de savoir les prendre ; il faut agir avec eux comme avec les enfants : les prendre tantôt de front, tantôt de côté, tantôt les persuader tout en leur donnant des bonbons comme aux enfants. Pour l'Udumbo, par exemple, il faut le commander sans toutefois le maltraiter. Le Batéké au contraire, plus fier et plus méfiant, se prend avec des cadeaux et beaucoup de patience. Quant à l'Apfourou, peuple guerrier mais intelligent, franc et loyal, on obtient tout de lui avec la persuasion, les discours et aussi quelques cadeaux qui au fond sont le moyen le plus sûr.

Le service de communication et de transport de la côte par l'Ogôoué au Congo est complètement organisé ; des convois de pirogues vont et viennent continuellement de Franceville à Ngioué et transportent à la station de Franceville des marchandises qu'on peut évaluer en une année pour plus de 100 tonnes. Lastours et Michaud sont à la tête de ce service qui est tout entier fait par les indigènes Aduma et Okanda ; ceux-ci sont enrégimentés et disciplinés et font un excellent service. Les marchandises arrivées à Franceville seront transportées à Diélé par centaines et centaines de Batékés qui sont toujours prêts à prêter leur concours à l'expédition.

De Diélé, les marchandises descendront par l'Alima au Congo et ce service sera fait en partie par les pirogues Apfourou et en partie par les chaloupes à vapeur dont la première avant une quinzaine de jours, sillonnera les eaux de l'Alima. On établira ensuite d'autres postes pareils et on y mettra en dépôt les provisions du pays à destination du Congo.

J'écris pour tuer le temps; je suis ici (Nghimi) depuis deux jours tout seul, sans un livre, sans un fusil de chasse et les pieds pleins d'ampoules.

Nghimi est, ou plutôt était le dépôt des marchandises de l'expédition. J'y suis venu pour traiter avec les gens des villages voisins de la construction d'une case pour Jacques et pour moi; ce point ayant été choisi par nous pour centre de séjour ordinaire. Ici, nous nous tenons à environ 10 kilomètres de la station de Franceville; l'endroit n'est pas très gai parce qu'il est bas et enfermé, mais nous avons le grand avantage d'y être seuls et tranquilles, condition essentielle pour nos travaux.

J'attends ici depuis un jour ou deux Jacques qui doit m'apporter effets, livres et amis, ainsi que quelque chose pour la « fabrique de l'appétit ». A l'heure où je t'écris (10 heures du matin), j'ai sur une table deux œufs et un peu de manioc, mon repas de la journée; à moins que quelque âme charitable ne me vienne apporter quelques ananas ou une poule.

Ne fais pas attention si ma lettre est stupide et décousue, j'ai un peu de fièvre et n'ai pas ma tête à moi. Je vous écris parce que je me sens le besoin de m'entretenir avec vous. (J'interromps ma lettre pour prendre un demi-gramme de quinine.)

La cabane dans laquelle je me trouve est faite d'écorce d'arbres et contient des caisses et des hamacs appartenant à l'expédition, une table et deux banquettes, plus deux lits indigènes formés de deux perches sur lesquelles sont attachées avec des lianes une trentaine de pieux qui ressemblent à des échalas plus ou moins tordus sur lesquels on étend une natte et une couverture quand on en a une. C'est tout autre chose que moelleux et cependant on y dort.

En ce moment mon boy m'apporte mon repas plus luxueux que je ne l'aurais espéré ; quatre plats : du manioc, des bananes et des pistaches rôties, et un ananas.

Je ne crois pas t'avoir fait l'énumération complète des « plaies d'Afrique » compagnes invisibles des malheureux explorateurs.

1° Les moustiques. — Ils se trouvent partout ici, comme chez nous sur les marais. Fort heureusement, l'usage du moustiquaire est connu également chez les noirs, et il sert à se défendre au moins la nuit de leurs attaques, étant donné, bien entendu, que tu apportes un soin spécial dans l'aménagement du lit et du moustiquaire.

2° Les « Furù », moucherons presque invisibles, qui persécutent matin et soir, et qui se cachent partout, sans qu'il soit possible de les entendre ni de les voir. Leur piqûre, semblable à celle du moustique, rend presque fou. On ne peut s'y soustraire qu'en entrant dans une case indigène, où le feu et la fumée les font fuir.

3° La teigne et les poux, qu'il est impossible d'éviter, lorsqu'on est en contact avec les noirs.

En ce moment, je me soigne d'un commencement de gale, qui va disparaissant..

4° Le « chic », qui est un des pires fléaux aussi bien chez les blancs que chez les noirs.

Le chic, à l'état normal, est presque pareil à une petite puce et saute comme elle, mais il pénètre sous la peau et spécialement sous les ongles des pieds. — Si on ne l'enlève pas entièrement il devient gros comme un petit pois, dépose ses œufs qui occasionnent des plaies. — Les plaies deviennent les nids de ces animalcules, qui finissent par vous ravager la plante des pieds, chose qui arrive souvent aux noirs, trop indolents pour se soigner matin et soir comme nous le faisons nous tous. Néanmoins la chaussette en préserve complétement, mais on ne peut pas toujours en porter dans ces pays. Chaque soir, après être allés dans les villages, on s'en enlève quinze ou vingt. Ajoutez à cela, que lorsqu'on a les pieds malades, chaque chic enlevé laisse une place suppurante.

Cet animalcule a été importé du Mexique au Gabon (peut-être par les négriers) depuis dix ou douze ans, et s'est propagé dans ce pays avec une rapidité incroyable. Les premiers temps, lorsqu'il était inconnu, il amenait mort d'homme, à la suite de plaies et de chancres incurables. La conséquence naturelle de cela est que, dans ce pays, on a toujours ses pieds dans ses mains.

5° Les Crocro. — Accidents dûs aux Crocro ! Quels sont-ils ? Pourquoi arrivent-ils ? Comment les guérit-on ? Je crois que personne ne peut le dire. Le fait est que le coup de pied, les jambes et quelquefois aussi les reins en sont fleuris. Il se forme d'abord une petite cloche, il s'en forme une à côté, qui, ensuite, se gâte et forme des plaies et des croûtes, jusqu'à ce qu'un beau jour tout cela soit sec et guéri mais en donnant d'autres plaies et d'autres croûtes.

Lorsqu'on se soigne, ces plaies restent superficielles et peu douloureuses, mais ce qui à la longue devient insupportable est qu'il faut se couvrir de bandelettes, se laver à l'eau phéniquée, se poudrer d'amidon deux ou trois fois par jour et avoir toujours les jambes et les pieds malades.

De cette façon, lorsqu'on part pour une marche de quelques

jours, on ne sait si vos jambes vous le permettront, attendu qu'elles se gonflent, que l'humeur en coule et que cela vous fait un mal du diable.

Naturellement, ici, on ne s'arrête pas, mais il est fort ennuyeux de marcher lorsqu'on est invalide. Les tempéraments forts et sanguins sont les plus sujets au Crocro ; il s'attaque surtout aux nouveaux venus, moi, par exemple, qui ai toutes les qualités requises pour cela. Ajoute à cela que chaque petite blessure aux mains et aux pieds, chaque égratignure dégénère en Crocro et huit ou dix jours après, on se trouve avoir une fort jolie plaie. Du reste, on s'y habitue comme à tout.

6° La fièvre, qui semble être ce qu'il y a de plus mauvais, est peut-être ce qu'il y a de moins ennuyeux. Elle suit son cours, et ensuite vous laisse libre pendant un certain temps sans entraîner de conséquences.

7° Les serpents venimeux, les mille pattes, les scorpions, les araignées, etc., etc. Bien que le pays soit plein de ces bêtes peu sympathiques, accidents de morsures et de piqûres sont rares.

Ajoutes-y les fourmis rouges qui, lorsqu'elles envahissent la case pendant la nuit, forcent à faire des bonds et à vous réfugier ailleurs.

Maintenant que l'énumération des sept plaies d'Afrique est terminée je m'en vais sur ma « plume moelleuse » me reposer de mon peu de fatigue de la journée.

Bonne nuit et à un autre jour la suite.

A. P.

XI

Poste de Lékété sur l'Alima, rive gauche, un peu plus près de l'ombouchure du Lékété.

30 décembre 1883.

MON CHER AMI,

Je reçois aujourd'hui tout le courrier. Depuis le 15 septembre j'étais sans nouvelles d'Europe ; j'ai écrit toute la nuit et ce matin les lettres doivent partir ; excuse-moi donc d'être si pressé.

Voici, brièvement, le récit de mon excursion. Le 11 décembre je suis parti du poste Diélé et j'ai remonté le fleuve dans une pirogue Apfourou montée par mes trois hommes ; il m'a fallu cinq jours jusqu'au village d'Atoro ; puis, par terre, je suis allé à Mpini dans l'angle formé par le Lékété et le Gialinkei, d'où je suis remonté sur la colline Scicuya, village Egighi du chef Mbumi, où j'ai passé un jour à admirer cette colline superbe couverte de belle terre végétale — Je suis revenu sur mes pas, et j'ai descendu par le fleuve Lékété, inconnu jusqu'alors, de Mpini jusqu'à l'embouchure de l'Alima. Je suis enfin arrivé après cinq jours de pirogue (un simple tronc d'arbre creusé, dans lequel

UN TROUPEAU DE BŒUFS SAUVAGES ATTAQUÉS PAR DES LIONS

on entre avec peine), après avoir chaviré une fois. Je craignais d'avoir perdu mon calepin, aussi ai-je continué à faire mon tracé du fleuve sur du papier à cigarettes que j'avais par hasard. Heureusement, j'ai retrouvé, une heure après, mon calepin dans le fond de la petite pirogue, au milieu du manioc, du maïs et des arachides, nos provisions de bouche.

Le fleuve est beau, large en moyenne de 60 mètres, mais à de

POSTE DE LEKÉ SUR L'ALIMA

certains endroits il a plus de 100 mètres. Il n'a pas de rapides, son cours n'est pas trop impétueux, et à droite et à gauche, il est bordé de bois marécageux, où le bambou abonde, et embellit cette magnifique flore équatoriale qui se mire dans cette eau légèrement grisâtre.

Outre mes mesures barométriques et hypsométriques, j'ai tracé toute la carte de la route suivie.

J'y ai marqué comme reconnus par moi, pour la première

fois, le Diélé et le Lékété. Je n'ai pas le temps de t'envoyer mon tracé, il n'est pas encore sur mes calepins.

Ici la santé de tous est excellente et nous ne vous envions point la santé et la bonne humeur, dont vous jouissez en Europe. Dieu veuille que la nouvelle année prochaine soit aussi heureuse que la précédente. Encore un an, je penserai alors à amener les voiles, et je songerai à mes souliers ferrés, à mon alpenstock et aux chamois que les fatigues d'Afrique n'ont pas su me faire oublier.

J. B.

XII

Gancin, 19 février 1884.

Je vis, je mange, et j'ai des habits. Je commence ainsi ma lettre, parce que, arrivé chez l'ami Ballay le 14 courant, nous nous sommes embrassés fort, bien fort, comme si nous étions ressuscités. Dernièrement un Anglais avait porté à Ballay la nouvelle que Jacques de Brazza, vulgo Jacques, était mort. En somme, je vais fort bien et il y a beau temps que je ne connais plus la fièvre.

Je suis parti de Diélé le 2 courant, et le 14 au soir, j'arrivai à une heure tardive chez Ballay. Le voyage fait, autant sur l'Alima que sur le Congo, a été très heureux. Toutes les peuplades que j'ai rencontrées m'ont fait l'accueil le plus cordial.

La partie supérieure de l'Alima est remplie de campements et de villages Apfourou qui se succèdent les uns aux autres. Le nombre des paniers de manioc amoncelé sur la rive, est incroyable, on les compte par centaines. Tout le long de la descente du fleuve, j'ai rencontré des pirogues Apfourou chargées de manioc, et des pirogues vides qui venaient prendre d'autres paniers.

Ce que je ne m'explique pas, c'est que l'immense quantité de manioc recueillie dans la partie supérieure de l'Alima, et qui en descend, ait disparu avant d'être arrivée jusqu'au Congo. Où va cette énorme coulée de manioc, qui ne parvient pas au Congo? Voilà ce que je me demande.

Le fait est que l'Alima débouche comme un immense marais coupé par mille canaux.

En sortant de la région de l'Alima où se fabriquent et se remplissent les paniers de manioc, les rivages deviennent plus marécageux, les villages plus petits, et les cases construites sur des ilots de la grandeur des cases mêmes. Ce sont de petites langues de terre que l'homme défend avec des pierres contre la vivacité des eaux. Sur ces petites langues de terre croissent le bananier, le maïs et quelques plants de manioc.

J'ai vu dans ces cases lacustres, une quantité de marmites, de plats, d'écuelles fabriqués pour les pêcheurs, la pêche étant très abondante.

Arrivé à l'embouchure de l'Alima, près du Congo, ou plutôt à une des bouches de l'Alima (je crois qu'il y en a trois ou quatre), l'impression que je ressentis fut indicible. C'est, sans exagération, quelque chose de grandiose, d'immense, de fou, le Congo est un énorme lac, garni d'une quantité d'iles au travers desquelles on ne voit que le ciel et l'eau.

De vrais troupeaux d'hippopotames barrent souvent le passage, j'en ai vu des troupes de cinquante. Quelquefois l'arrière de la pirogue se trouve sur une des bêtes du troupeau, c'est alors que mon fusil parle. Dans un jour, j'en ai tué trois, dont deux étaient vraiment colossaux. Il faut les tirer à la tête, si on veut les avoir. J'en ai tué un avec une seule balle entre l'œil et l'oreille, l'autre a reçu la balle à deux doigts environ de l'oreille. Le projectile est entré dans la tête, de plus de 4 centimètres, et cependant la bête se débattait encore, et deux balles mises au même endroit que la première, mais de l'autre côté, ont achevé le pachyderme, qui est tombé sur un banc de sable.

Mais, laissons de côté la chasse qui est abondante ici, en bœufs sauvages, éléphants, hippopotames ; la panthère n'est pas rare. Une panthère est venue voler un gigot de chèvre enveloppé dans une couverture de laine, qu'un des hommes avait mis sous son lit. Elle a été tuée avant mon arrivée, avec un fusil à piège, à la bouche duquel était attachée une poule. Le

MARÉCAGE AUX BOUCHES DE L'ALIMA.

lendemain, dans la journée, une autre énorme panthère était tuée par le même système à la station de Stanley, station en face de nous, sur la rive opposée.

Ici, sur le Congo, la vie est la plus agréable du monde, il semble qu'on soit sur le bord de la mer. Pour les collections et les études, c'est un vrai paradis.

Le commerce y est des plus curieux. Les indigènes viennent acheter de l'étoffe avec des barrettes (bout de fil de laiton long d'environ 60 centimètres, et de un demi-centimètre de diamètre).

Lu prakié vaut 3, 5 ou 10 barrettes. Ils achètent aussi avec ces barrettes de quoi manger : manioc, poulets, chèvres, vin de canne à sucre (malafou), boisson délicieuse. S'ils voulaient faire directement leurs achats avec des étoffes, ils perdraient énormément, voilà pourquoi on fait d'abord l'échange de l'étoffe contre du fil de laiton.

Je n'ai jamais vu d'indigènes aussi ivrognes que ceux-là. Ce sont de vraies éponges, ils se mettent à vingt ou trente autour d'un immense vase en terre de la grandeur et de la forme d'un baril d'huile (j'en ai quelquefois vu de la hauteur d'un mètre) et là, ils boivent jusqu'à ce que le vase soit vide et eux pleins comme des outres.

Ces indigènes sont riches, poltrons et cependant pleins de prétentions.

GRANDES CASES DE MAKOKO

XIII

Bords de l'Alima, à 3 jours du Congo, 7 mars 1884.

Je suis en route pour le Congo depuis quelques jours. Je suis descendu ici avec Pierre de Brazza sur la chaloupe à vapeur qui, pour la première fois, sillonne les eaux de l'Alima. Nous nous sommes arrêtés à un peu plus de moitié de chemin entre Diélé et le Congo pour attendre d'autres pirogues et d'autres marchandises. Il y a déjà une quinzaine de jours que nous sommes campés dans une belle prairie sur les bords du fleuve et, dans ce pays, le gibier ne manque pas.

Nous avons déjà tué cinq cerfs et une cinquantaine de pharaons; mais ce sont les seules occupations que nous ayons et le temps nous paraît long et nous fait désirer le moment du départ; si tout va bien, j'espère que sous quatre ou cinq jours, nous lèverons l'ancre pour filer droit à Makoko.

A. P.

XIV

Gancin, 26 avril 1884.

Pierre est arrivé et j'ai envoyé un message à Makoko, pour lui annoncer l'arrivée du Commandant. Les préparatifs terminés, le 7 avril, vers les 2 heures de l'après-midi, Chavannes, Attilio et moi, avec soixante hommes chargés de cadeaux, nous sommes partis chez le grand Makoko. Vers les 5 heures du soir, le dernier ruisseau traversé, nous arrivâmes sur la hauteur où nous mangeâmes et attendîmes le lever de la lune. A 9 heures du soir, on se remit en marche en file indienne et à 5 heures du matin nous arrivâmes au village de Pontàaba, après avoir parcouru sur la hauteur 40 kilomètres. C'est une vraie plaine, unie comme un miroir, sans un arbre, sans rien qui repose l'œil ; des herbes, toujours des herbes, pas un filet d'eau.

Nous nous reposâmes un jour au village de Pontàaba, et le lendemain on partit en grande pompe au village de Makoko.

Tous étaient donc en grand gala. Pierre en grande tenue, en chapeau à plumes, ouvre la marche.

Ajoute à cette tenue une ombrelle faite en morceaux de toutes couleurs, pour se préserver du soleil, attendu que les chapeaux à plumes ne sont pas faits pour les soleils africains. Venait ensuite un dais, sous lequel était le traité, renfermé dans une magnifique cassette de cristal et de métal ciselé. Les grands espadons, les hallebardiers, le drapeau de soie marchaient à côté du dais. Après quoi le peuple (Chavannes, Attilio et moi) qui rions comme des fous de nous voir faire partie d'une mascarade. Le beau de l'affaire fut le passage de la rivière qui sépare les deux villages. Nous fûmes forcés de la traverser complétement nus, parce que l'eau nous arrivait au dessus de la poitrine. Quand nous fûmes sur la rive opposée on refit toilette, et enfin nous voici arrivés au fameux village, où de nombreuses bandes de laine rouge flottaient sur les pieux d'un grand hangar. C'est là que devait avoir lieu la grande réception.

Comme dans les grandes cours, Makoko se fit attendre au moins une heure. La réception eut lieu en avant de la double enceinte qui entoure le palais royal, palais royal qui n'est autre chose qu'une case comme les autres, mais plus grande. Elle est faite en paille, et le toit en est rond.

Pierre était assis sur un pliant couvert d'un tapis de velours bleu brodé, et avait ses pieds sur une peau de léopard; en face de lui, par terre, des peaux de lions et sur ces peaux un grand coussin rouge.

Les tams tams résonnent, les cloches sonnent, les trompettes se font entendre, Makoko sort de l'enceinte, en marchant sur la pointe des pieds, un grand bâton à la main et, au cou, le fameux collier, qui est le signe de sa puissance; il est recouvert d'un autre collier.

Il avait le chef couvert d'un béret rouge et bleu, brodé à grands points (façon indigène) et surmonté de deux grandes plumes de coq. Ses bras étaient couverts de bracelets de fer et de cuivre (travail du pays) et son visage rayonnait de joie. La reine

Ngassa le suivait, portant, elle aussi, le fameux collier, toutes les femmes de sa cour en grand gala venaient ensuite.

Makoko s'assit, et la foule se mit tout autour du grand velum qui le protégeait du soleil couchant.

Pierre et Makoko se levèrent enfin, Makoko embrassa Pierre deux ou trois fois puis le regarda, le réembrassa, le regarda encore et de nouveau l'embrassa. Chaque embrassade était accompagnée d'un mouvement de hanches, ou plutôt de derrière le plus ridicule du monde. Makoko, très excité et content, nous sourit à tous, qui après les premières embrassades étions allés lui donner la main.

Toute la cour, y compris les femmes, vint ensuite faire ce qu'on appelle le « mfumei » c'est-à-dire, tous se mirent à genoux devant nous en étendant les deux paumes de la main dans lesquelles ceux à qui on vient faire le « mfumei » posent les leurs, et choquent ensemble leurs paumes.

Quand tous ces saluts furent finis, Makoko se leva et dit : « megnua » « megnua » (c'est vrai, c'est vrai) puis il dit au peuple, en montrant Pierre :

On a dit qu'il avait fui et qu'il était mort, le voilà, regardez-le. Celui qui a dit cela a menti. Le peuple répondit, affirmant la vérité : — On a dit qu'il était pauvre, sans marchandises, regardez le, le voilà riche ; et il indiquait le superbe tapis de velours rouge brodé d'or qui était mis là, par hasard, sur les peaux de lions. — Celui qui a dit cela, a menti. Le peuple de nouveau, répondant en chœur, affirma que c'était vrai.

Pierre parla alors, il leur dit qu'il avait tenu sa promesse et qu'il lui apportait le traité soussigné et approuvé par le chef des Fans (Français).

Makoko répondit que rien n'était changé depuis la première fois. Il raconta comment Walke était venu dans son village pour lui apporter des cadeaux, mais Tembo (nom donné par les indigènes à Walke) avait dû partir sans tambour ni trompettes, et penaud. Tembo, voyant qu'il avait fait un fiasco complet, avait du coup tué Makoko (dans les journaux) et mis Pontàaba à sa place.

Le lendemain de la réception eut lieu le grand palabre auquel assistèrent Pontàaba, ainsi que Galion et Gancin avec tous leurs hommes.

La réception eut lieu dans l'enceinte royale. Tout le monde était debout et chacun essayait d'avoir un peu d'ombre, mais comme ils étaient trop nombreux, tous les hommes de Pontàaba soutenaient avec leur fusil (gueule en bas) le grand tapis de laine rouge formant toit. C'était un vrai tableau duquel Fortuny eût fait une de ces toiles si pleines de vie, de lumière et de coloris. Il était étonnant de voir ce peuple noir vêtu de pagnes plus bariolés les uns que les autres, couverts de fétiches, comme cornes d'antilope, dents de lion, plumes de coq, etc., etc.

Pontàaba, Galion et Gancin parlaient à genoux à Makoko attestant et confirmant mille fois, et d'une manière absolue, qu'ils étaient ses vassaux. Tous disaient, et Pontàaba le premier, que Makoko leur avait donné la terre pour la gouverner, mais que la terre appartenait toujours à Makoko et qu'ils n'en pouvaient disposer.

XV

8 mars 1884.

Hier, avant midi, Pierre Brazza est parti avec la chaloupe et le mécanicien à une journée d'ici pour acheter une grande pirogue, je crois qu'il s'écoulera quatre ou cinq jours avant qu'il soit de retour; je suis donc ici seul avec mon boy et un noir; tu peux t'imaginer combien je m'amuse.

Depuis que je suis ici j'ai lu du commencement jusqu'à la fin y compris les annonces de quatrième page les douze paquets de journaux que j'avais reçus dernièrement ainsi qu'un autre paquet de journaux que m'avait envoyé Brazza. Entre autres belles nouvelles, il y avait la mort de Pierre et celle de son frère Jacques. D'une part, toutes ces histoires m'ont fait rire, mais d'un autre côté, je me suis dit qu'il était stupide de mettre dans les journaux de semblables nouvelles, uniquement pour lancer une nouveauté dans le monde, sans penser que les explorateurs d'Afrique ont une mère et une famille.

A l'heure où je t'écris, je suis assis par terre sur une natte, entouré par une vingtaine d'Apfourou qui me regardent avec surprise tremper la plume dans un gobelet de carton qui me sert d'encrier et tracer ensuite ces lignes.

Ils comprennent que les blancs savent mettre leurs paroles sur le papier.

Tout le long du cours de l'Alima on continue à trouver des campements d'Apfourou ; quelques-uns même sont de vrais et d'anciens villages.

J'ai travaillé deux jours entiers à me faire un costume, un splendide complet de cretonne blanche à riches dessins, costume que j'ai en ce moment. Il consiste en une chemise à manches très larges faite à la mode sénégalaise et une paire de sandales mauresques, pantalon à la turque, un vrai costume de pierrot qui me donne l'air d'un échappé de mascarade.

J'ai, à Franceville, des caisses pleines de vêtements d'Europe mais depuis que je suis dans l'intérieur je n'ai jamais endossé que des vêtements de cambrie confectionnés comme je viens de te le dire. Je trouve cela plus commode et plus frais et je dirai mieux, plus hygiénique que les étoffes prescrites qui sont les étoffes et les grandes ceintures de laine. Avec mon système, je n'ai jamais eu ni refroidissement, ni diarrhée, ni coliques, c'est pourquoi je continue à préférer cela au vêtement classique qui vous fait suer le corps et l'âme.

A mon arrivée en Afrique, dans les commencements, j'aurais cru qu'il n'était pas possible de se bouger sans avoir au moins une paire de revolvers à la ceinture et qu'il n'était pas non plus possible de se trouver au milieu d'une tribu sauvage sans être armé : il y a maintenant huit ou neuf mois que les revolvers reposent au fond de ma caisse et que j'erre de village en village sans même me souvenir qu'ils existent.

L'autre jour, allant à la chasse et surpris par la nuit, je perdis mon chemin et dormis dans un village que je trouvai sur ma route; eh bien, il ne m'est pas venu l'idée de charger mon fusil avant de m'endormir. Il n'y a pas de gens plus tranquilles que ces sauvages quand on sait bien les prendre.

A peine arrivé dans le village, il était environ huit heures du soir, je me mis à plumer un des pharaons que j'avais tirés et l'ayant enfilé dans une brochette, je le fis rôtir.

Durant l'opération, les indigènes qui, à mon arrivée, s'étaient

CELA ME DONNE L'AIR D'UN ÉCHAPPÉ DE MASCARADE

tous enfuis épouvantés, commencèrent à s'approcher de moi et lorsque le pharaon fut cuit, j'en donnai un quartier au chef, un quartier à une femme qui portait un petit bébé dans ses bras, j'en gardai un quartier pour moi, et le reste, je le distribuai aux plus pauvres. Cela suffit pour les rassurer tous sur mon compte et nous rendre amis.

Ensuite, le chef m'apporta des nattes et du manioc. J'ai dormi tranquillement et le lendemain matin je me suis fait conduire à notre campement par le chef auquel je payai son manioc et à qui je fis présent d'un miroir qui le rendit le plus heureux de tous les hommes.

A. P.

XVI

9 mars 1884.

Il a plu toute la nuit et cela continue plus ou moins. Ce matin, entre deux gouttes et pour passer le temps, je jetai l'hameçon dans le fleuve; les poissons qui, d'ordinaire, résistent à l'amorce, probablement à cause de la limpidité de l'eau, aujourd'hui paraissaient mordre par mépris; mon hameçon fut emporté cinq où six fois jusqu'à ce que ayant attaché une grosse amorce à une forte ficelle j'amenai sur le bord un magnifique poisson qui pesait bien 5 à 6 kilos. C'est dommage que, étant ici seul, je n'aie pu partager avec le commandant le produit de ma pêche; au lieu de cela, j'ai du me contenter de faire le bonheur de deux noirs qui sont avec moi.

C'est incroyable à dire, mais dans ce pays, coupé de fleuves et de ruisseaux dans tous les sens, on ne peut jamais avoir un peu de poisson frais. Depuis que je suis parti du Gabon je n'en ai mangé qu'une dizaine de fois, pas davantage. Les indigènes ne pêchent que fort peu et n'aiment pas le poisson, en vendent rarement; il est également étrange que moi, qui ne pouvais pas le souffrir en Europe, je le trouve maintenant à mon goût. Je crois que cela dépend du besoin qu'on éprouve de changer d'alimentation quand on est astreint comme ici à l'éternel régime du poulet — quand il y en a. En ce moment, mon boy est en train de m'acheter deux poulardes et du manioc. Les poulets se payent ici un petit miroir; le tour est un métal doré ou argenté et, si je ne me trompe, coûte en Europe deux centimes et demi; la glace mesure environ quatre centimètres et demi sur trois centimètres et demi.

Le manioc se paie en raison d'une perle pour deux pains, les perles les plus courantes sont les Congolais; ce sont de petits anneaux en verre bleu d'une épaisseur de deux millimètres. Puis viennent ensuite les perles bleues et blanches en verre de six millimètres de diamètre.

Le manioc peut s'acheter sous trois formes différentes :

1° En racine.

Et alors il sert spécialement à faire la farine après que la tige est grattée et torréfiée.

2° En racine fermentée.

C'est la forme sous laquelle les Apfourou font leurs expéditions. Dans cet état, il peut se conserver trois ou quatre mois.

3° En pain, et cuit et prêt à être mangé.

Pour rendre comestible cette racine, on la prépare et on la broie énergiquement après sa fermentation, après en avoir enlevé les fibres; on en forme ensuite des bâtons un peu plus grands qu'une saucisse et on l'enveloppe de feuilles.

Ainsi préparés ces bâtons se mettent dans une marmite avec très peu d'eau et bien couverts de feuilles de façon que la cuisson est faite exclusivement par la vapeur.

La forme et la grandeur du manioc varient suivant les pays; les Aduma en font des boules du poids de 5 ou 6 kilos.

Voici la chaloupe, au revoir.

A. P

XVII

13 mars 1884.

Pierre est parti hier soir pour le Congo et je reste de nouveau seul ici avec mes deux noirs et cette fois, si Dieu ne m'aide, je ne sais pour combien de temps j'y suis.

P. S. Aujourd'hui, trois heures de l'après-midi, les pirogues viennent d'arriver, et je pars demain.

A. P.

XVIII

Gancin, 9 mai 1884.

Pierre, Ballay et Chavannes sont déjà partis depuis quatorze jours pour Ncuna donner la dernière main aux opérations. Pierre et Chavannes retarderont un peu leur départ et Ballay remontera le premier; il retournera ensuite en Europe porter, en personne, les nouvelles de chacun.

La vie que nous menons ici est des plus monotones : On fait des collections et on est fort heureux les jours où la chasse et les promenades suffisent à user le temps. Quand je n'ai pas à préparer des petits oiseaux, je dessine et je fais de la photographie, j'écris mon journal qui, comme tu peux le croire, est très monotone. A l'heure où je t'écris, je suis de retour d'une petite excursion faite en forêt; j'ai encore pu tuer deux délicieux petits oiseaux au coloris superbe. Je ne peux pas te dire à quelles espèces ils appartiennent mais ce que je sais, c'est qu'ils feraient fureur sur un chapeau de femme. Ils ont toutes les couleurs de l'arc-en-ciel, du rouge à l'azur, et tout ce coloris est métallique.

La chasse, dans ce pays, est des plus divertissante. Je suis, à l'heure qu'il est, obligé d'aller moi-même à la chasse plus souvent que d'habitude, mes hommes n'étant pas des chasseurs. J'en ai bien quelques-uns, mais ceux-ci sont occupés aux travaux essentiels de la station, laquelle, du reste, sera bientôt terminée et alors Casimir retournera à la chasse.

Hier, nous sommes allés faire une visite à la station d'en

TOUTES LES FEMMES DU VILLAGE VEULENT VOIR LE FRÈRE DU « GRAND COMMANDANT »

face, voisine de Gabila ; elle a comme chef un nommé Westmark, un Suédois avec lequel je suis en excellents rapports, comme aussi avec un M. Paghels, également Suédois, qui est à la station Nena (Kuango). Ces deux stations sont distantes de Gancin d'environ deux heures de pirogue, ce qui fait que nous nous voyons souvent et que nos petits dîners sont cordiaux et sans politique, ce qui est à désirer.

Je crois, en outre, que les bonnes relations se maintiennent parce que nous possédons une excellentissime cantine, parfaitement fournie de vin, de rhum et de cognac, etc., tandis qu'ils n'ont jamais eu un verre d'alcool ni une bouteille de vin, pas même en cas de maladie. Pour aujourd'hui, je clos mon bavardage en te disant que, depuis quinze jours, je suis un homme très heureux parce que deux chèvres m'ont donné chaque matin une grande tasse de lait.

J. B.

XIX

Gancin, 18 mai 1884.

Ballay, arrivé de Nfa, apporte d'excellentes nouvelles de Pierre et de Chavannes. La station de Nfa (Brazzaville) est déjà composée de seize cases qui ont été achetées ; les relations avec les indigènes sont excellentes, les rapports avec les Belges de la rive opposée sont très bons, amicaux, mais un peu contenus. En peu de mots, tout va très bien.

Ballay est reparti de Brazzaville avec le père Paris, que j'ai dû accompagner chez Makoko qu'il désirait voir.

Parti d'ici le 13, je suis revenu ce matin à 8 heures après être resté chez Makoko deux jours. Rien de nouveau chez Makoko, il est toujours le même, j'ai fait sa photographie que je n'ai pas eu le temps de développer, de sorte qu'elle ne part pas avec ce courrier. Makoko nous a reçus d'une façon parfaite, il était assis sur une peau de lion dans sa grande case enfumée, appuyé sur un énorme coussin et entouré de toutes ses femmes; une entre autres était très belle, un vrai type européen, lignes minces, nez non déprimé, figure svelte, œil intelligent et magnifique stature.

Je n'ai rien de nouveau à te dire... Si, cependant, une chose qui mérite d'être remarquée, le système commercial employé dans les stations d'autres rives du Congo.

Pour moi, le commerce du Congo sur place est totalement absurde, je le répéterai mille fois ; voici quelques exemples pour se convaincre :

La pièce de mouchoirs formée de douze mouchoirs ou quatre coudées d'étoffe, est payée vingt-cinq barrettes (fil de laiton long de 65 et épais de 2 millimètres). La barrette coûte en Europe de dix à quinze centimes, ce qui fait revenir la pièce de mouchoirs à un prix bien moindre que celui qu'il coûte en Europe en fabrique (1 fr. 50) ; les étoffes qui se vendent le mieux sont vendues pour des barrettes au prix de fabrique d'Europe, ce qui veut dire qu'on ne compte pas aux noirs le prix d'emballage et de transport d'Europe jusqu'au centre de l'Afrique. Figure-toi qu'au Gabon, la moindre pièce de mouchoirs est vendue vingt francs les quatre coudées, cela peut te donner une idée de leur commerce ici, ce que je te dis pour un article, je puis te le répéter pour tous les autres. Pour conclure, on vend l'ivoire meilleur marché au Gabon et sur la côte qu'on ne le vend dans l'intérieur de l'Afrique.

Aujourd'hui même, Attilio et moi nous avons arrangé la nouvelle petite case que nous avons fait faire et qui est un vrai bijou....

Chavannes à déjà pensé à expédier à de Rhins les photographies de Makoko pour les faire publier en Europe ; bien qu'elles n'aient pas été très réussies, elles pourront cependant servir à quelque chose. Inclus deux photographies de Makoko, une de la reine Ngassa et une de la cérémonie qui eut lieu lorsque Pierre remit en grande pompe le traité à Makoko.

La dernière fois que je suis allé chez lui, j'ai fait encore du grand roi trois photographies desquelles, je l'espère, une au moins sera bien réussie.

Je t'envoie quelques autres photographies qui te feront plaisir et qui te montreront que nous allons tous bien. Il y en a une de Pierre, la mienne (un vrai Jean Labre) et celle d'Attilio laquelle fera un immense plaisir à sa famille, et j'espère pouvoir faire une magnifique collection de poissons du Congo. Les poissons sont tous pareils plus ou moins et parmi eux, j'en ai trouvé un de la famille des ganoïdes dont les représentants se trouvent seulement à l'état fossile. Ce poisson, d'après ce que disent les indigènes, va à terre et grimpe sur les arbres, ce qui fait qu'il a les nageoires antérieures très développées et quasiment articulées.

J. B.

XX

19 mai 1884.

Ballay ne part plus aujourd'hui, le nouveau courrier venant d'arriver enfin.

Une petite pirogue montée par un homme seul nous l'a apporté de Diélé. Tu vois que nous n'avons peur ni du Congo, ni de l'Alima. Le seul accident qui est arrivé à la petite pi-

rogue est qu'un hippopotame l'a fait chavirer. Le Pahouin qui la montait a tout perdu; heureusement il a pu sauver le courrier qui, bien qu'ayant pris un bain forcé, n'est pas arrivé trop en mauvais état.

J. B.

XXI

Gancin, 26 mai 1884.

CASE DES GALOIS PRÈS DE FRANCEVILLE

La petite pirogue est arrivée ce matin portant le courrier. Elle fait mes délices, tous les matins je vais chasser dans les petits bras du Congo, dans cette embarcation. Mais il faut bien faire attention de ne pas chavirer, vu l'abondance des crocodiles.

J. B.

XXII

27 mai 1884.

Un accès de fièvre m'a forcé d'interrompre ma lettre. La fièvre, mon cher ami, est le désagrément de ces riches pays, et je ne comprends pas comment elle nous vient, à nous sans cesse occupés à travailler. Je me suis dit bien des fois : il y a tant de désœuvrés en Europe, pour qui la fièvre serait une occupation, tandis que c'est nous fort occupés dans cette belle Afrique, qui en jouissons.

J'ai trouvé chez Makoko, le bijoutier du roi, auquel j'ai commandé collier et bracelets de mains et de pieds. Figure-toi un « Marchesini » de la Maison Royale. Ce qu'il fait est véritablement original et fort bien exécuté. Il est surprenant de le voir travailler avec des instruments aussi primitifs. Ses bijoux sont en cuivre, il les combine aussi avec du fer. C'est chez lui, que j'ai vu pour la première fois des fétiches en cuivre sculpté servant d'ornements à un collier comme seul il sait en faire. Il a aussi fait un bracelet, qui, j'en suis sûr, à peine arrivé en Europe, sera fait en or et en argent comme porte-bonheur. Les colliers de Makoko et des vassaux qui gouvernent ses terres sont un fort gracieux type de travail africain. A première vue on dirait un travail de médiocre valeur. C'est un collier plat, dentelé et à motifs sculptés. — Ces motifs sont seulement ceux qu'on puisse exécuter avec des lignes droites. C'est sur la demande expresse de Pierre et avec la permission de Makoko, que le bijoutier me fera ce collier.

Ce pauvre homme me dit alors, en me montrant le travail commencé, qu'il avait besoin d'une chèvre et d'un chien pour manger, sans quoi, il ne pourrait travailler ; je lui promis alors de les lui donner lorsqu'il viendrait à la station de Gancin.

L'artisan, pour faire pareil travail, fond les barrettes. Lorsqu'il a obtenu une barre de cuivre de la grandeur voulue, il commence à la marteler et à la mettre au feu légèrement. Après avoir donné une dizaine de coups de marteau, il la remet au feu, et ainsi de suite. Il arrive alors à lui donner au marteau la forme voulue.

Le soufflet dont il se sert est formé de quatre vaisseaux, qui ressemblent à des tambours de basque, entourés d'une peau qui forme sac. Deux hommes tiennent les bâtons qui sont placés dans le milieu du sac et produisent ainsi un courant d'air continu.

Une nouvelle qui fera sensation est que Lastours a conduit sur le Congo cinq pirogues armées par des Adouma. Tu vois que les indigènes de l'Ogòoué nous serviront ici aussi bien que sur le Congo. Il y a ici cinquante-quatre Adouma, gais et contents, qui font de vraies débauches de viandes d'hippopotame fumé, de manioc et d'arachides.

A peine Ballay était-il parti d'ici pour l'Europe sur la chaloupe, peut-être y avait-il une heure qu'elle avait disparu, lorsque je la vis revenir avec d'autres pirogues, accompagnée de celle de Lastours avec ses Adouma. Tu ne saurais croire quel effet m'ont produit ces chants Adouma, sur l'immensité du Congo. Mais je

FACTORERIE DE M. BRUNO STEIN SUR L'OGOOUÉ

confesse que les Adouma ne font pas belle figure, à côté des Apfourou il ont tous l'air de nains.

Lastours et Ballay descendent L'Alima vers Brazzaville ; ils sont accompagnés par une pirogue Adouma.

29 mai. — La journée d'hier a été employée à préparer les peaux des oiseaux et à soigner Attilio malade d'un fort accès de fièvre; aujourd'hui il va bien.

Cette nuit, j'ai entendu rugir deux lions sur la colline près de la station. Ces chers animaux, qui passent la nuit à chanter leur chanson sonore, ne sont pas trop éloignés de nous.

Quand j'ai passé la nuit dans les deux stations, je les ai entendus rugir, et à ce moment ils étaient fort près des habitations.

J. B.

XXIII

Brazzaville, 8 août 1884.

Je t'écris de Brazzaville où, comme tu le sais, je suis arrivé avant-hier, quittant Gancin pour venir faire visite à Chavannes et changer un peu d'air.

J'ai eu un peu de fièvre, qui m'a fort affaibli et, ce qui m'ennuie le plus, m'a totalement enlevé l'appétit. Malgré cela, comme les accès viennent assez loin les uns des autres, j'ai pu me remettre à aller à la chasse comme d'habitude. La fièvre s'est ensuite changée en fièvre tierce qui a duré assez longtemps. La quinine ne me faisait déjà presque plus d'effet, et j'avais essayé la cure par l'arsenic qui avait fait tant de bien à Attilio, et la fièvre tierce persistait cependant.

Ce que voyant, j'ai pris la décision d'aller sur la colline de Makoko où l'air est plus vif et plus sain, la position étant bien plus élevée. J'ai campé pendant quelques jours sous un arbre, et ce changement m'a totalement réussi. La fièvre tierce s'est interrompue, depuis je n'ai plus eu le moindre soupçon de fièvre. — J'ai même, ce qui vaut mieux, recommencé à manger et de grand appétit, ce qui m'a rendu mes forces habituelles et mes couleurs ordinaires. Je continue cependant ma cure par l'arsenic.

Attilio se porte également bien. Dolisie est arrivé ici le jour même que Pierre quittait la station de Gancin. — Parti avec vingt-cinq hommes, il a dû laisser ses marchandises à l'endroit où il a fondé une station (il laissait deux blancs pour les garder) et il est arrivé ici avec vingt-sept hommes et deux blancs, en fort bonne santé et, résultat précieux, sans avoir tiré un coup de fusil.

Dolisie est un garçon sympathique, très instruit, gai et de fort bonne compagnie.

Pendant mon voyage de Gancin à Brazzaville, je reçus l'hospitalité de M. Westmark à Msuatà et du capitaine Kontens à bord de la chaloupe « *En avant* ».

Le 5 août nous entrions à Stanley-Pool vers les huit heures du soir.

La lune dans son plein, déjà haute, rouge dans les nuages, éclairait ce beau paysage. Le Congo se présentait comme un immense lac et de là, au travers des grandes îles, s'avançait à erte de vue, confondant ses eaux grises avec le ciel de même couleur. Le vent agitait fortement les eaux, qui avaient l'air de former une barre. La lune mirait sa face d'argent dans les ondes et le bateau allait, lentement et doucement bercé. A moi, il me semblait que ce fût une partie de plaisir faite en Europe sur quelque beau lac.

Stanley-Pool ressemble absolument à la partie large du Congo supérieur, et les îles s'y répètent comme de nombreux bancs de sable.

De temps en temps, une grosse bande d'hippopotames, qui paissaient sur le rivage, se jettent à l'eau avec grand fracas sans faire attention au bateau.

A neuf heures du soir nous sommes arrivés à la station de son illustre Altesse, à Kimpoko, station d'abord abandonnée et reprise maintenant. Les cases n'étaient pas encore construites, aussi ai-je passé la nuit sous une tente.

Vers les neuf heures du matin nous partimes pour Brazzaville où nous arrivâmes vers une heure de l'après-midi; là, le capitaine Kontens me quitta, et alla à la station faire visite à Chavannes, qu'il croyait seul et qu'il trouva avec Dolisie.

Le capitaine se montra fort aimable, il me fit cadeau d'un

MAKOKO REVÊTU DE SON COLLIER

couteau du haut Congo, à mon grand plaisir, et me donna de plus deux cahiers de papier à cigarettes.

Attilio et moi, nous attendons un convoi qui descend pour pouvoir remonter avec nos collections faites sur le Congo. Nous en avons rempli une énorme caisse, longue de $0^m,65$ sur $0^m,85$, caisse qui me servira beaucoup pour remonter jusqu'au Diélé. De la sorte nos collections seront garanties de la pluie qui commencera vers le 15 du mois prochain. La position de Brazzaville est très belle, et bientôt avec de la patience, il y aura une belle base; déjà les palissades sont faites.

A propos de palissades, hier, un éléphant blessé est venu au clair de lune, près d'une allée faite de palissades mises là pour le séchage, et couvertes de nattes, un vrai sentier, il l'a parcouru d'un bout à l'autre.

Ici la chasse est abondante, et la cuisine variée, ce qui ne me déplaît pas, car le poulet commence à nous dégoûter.

Les matériaux pour faire une grande belle case sont prêts, et nous attendons Michaud l'ingénieur, qui la construira. A l'heure présente nous avons fait une case provisoire pour y pouvoir attendre la saison des pluies.

Demain, j'irai à la mission de Saint-Joseph de Linolo porter mon courrier aux missionnaires.

J. B.

XXIV

Saint-Joseph de Linolo, 18 août 1884.

Voici deux jours que je suis à la mission où j'ai reçu des missionnaires la plus charmante et la plus cordiale hospitalité. Mon impression a été vive de voir tous les travaux qu'ils ont pu exécuter jusqu'à présent. Ils ont déjà réuni dans leur mission ce qui leur était essentiellement nécessaire, ils ont déboisé d'énormes quantités de terrains et lorsqu'on connaît les forêts vierges d'Afrique, — celles de ce pays-ci — on est comme moi surpris de voir le terrain défriché, les troncs et les racines enlevés, le tout se présentant comme une ferme modèle en Europe. Tu verrais des champs bien tracés, droits, parallèles, un potager bien approvisionné où abondent la salade, les tomates, les navets, les carottes les céleris, les choux, les oignons, en somme un vrai potager européen tout à fait bien réussi.

Tu ne pourrais t'imaginer avec quel plaisir j'ai mangé de tous ces légumes après plus d'un an et demi d'abstinence.

Les missionnaires ont de plus, un beau troupeau de cochons, des chèvres en abondance, deux moutons et un agneau, des canards et des poulets en grande quantité.

LE CATAFALQUE ÉTAIT COMME UNE TOUR FORMÉE D'ÉTOFFES

Ils ont également une quantité d'arbres à fruits qui sont petits et fort intelligemment cultivés.

Ils sont en train de construire une magnifique case en briques séchées au soleil et placées sur des pilotis. Cette habitation sera achevée avant un mois; il y a neuf cases en paillis et des cabanes pour les animaux, tout cela fait avec très peu de monde; le grand mérite à été de pouvoir se servir de travailleurs indigènes, lesquels le font tous les jours pour un prix modéré.

Pour qui connait cette race, indolente et poltronne jusqu'à la moelle des os, il y a lieu d'être surpris d'un tel résultat dû au seul savoir-faire des missionnaires.

La position de la mission est saine, belle et pittoresque, distante de Brazzaville de cinq bonnes heures de marche.

En une heure on arrive au Congo, à l'endroit où sont les rapides, que les Aduma et les Okanda passent facilement avec leurs pirogues.

Tout autour de la mission, il y a des villages; non loin de là existe un grand marché et la mission est sur la route des caravanes qui viennent faire leur commerce d'avoine à Nfa.

Les travailleurs indigènes travaillent environ huit jours et retournent ensuite dans leur village; ils sont obligés d'y faire des nattes pour le chef; après quoi ils sont libre de revenir.

Les indigènes d'ici appartiennent à la tribu de Balali, mais mêlée de sang Batéké. Ils ont bien quelques petits défauts comme, par exemple, d'être anthropophages. Quand les missionnaires furent arrivés ici pour la première fois, et lorsque les indigènes surent que deux hommes de leur caravane étaient morts et déjà ensevelis, ils ont fait mille gestes et se sont écriés en clapant de la langue comme si l'eau leur en fût venue à la bouche: « Oh combien de bonne viande perdue ! pourquoi ne nous avez-vous pas apporté les cadavres; nous vous aurions donné en échange des moutons, des bananes et des poulets. »

Le paysage s'appelle ici l'Ondumdo; aux alentours de Franceville il y a de belles vallées et de belles collines coupées, ça et là, par de beaux herbages. Le terrain, sur les hauteurs, est sablonneux et rappelle un peu les sables du pays des Batékés sur la haute Alima.

Attilio n'est pas encore arrivé ici; mais à l'aide de la pirogue envoyée par lui, qui est arrivée avant-hier, il m'a envoyé une lettre datée du 24 août. Il me dit que la santé est fort bonne et que depuis mon départ il n'a pas eu le moindre petit accès de fièvre. Il me conte que Casimir, allant à la chasse, a trouvé trois lions qui venaient d'abattre un bœuf; Casimir a blessé le plus grand, qui est parti en faisant un bond; il a usé les cartouches qu'il avait en poche sans toucher les deux autres qui ont disparu comme s'il n'y en avait jamais eu.

Il a couru alors chercher Attilio et Perron qui étaient alors chefs de la station de Gancin; ceux-ci sont venus sur les lieux mais les lions avaient jugé prudent de déguerpir, laissant un bœuf tout frais, dont ils n'avaient mangé que la langue.

Je n'ai pas le temps d'écrire à la famille d'Attilio, je te prie de lui communiquer ces lignes en ajoutant mille choses de ma part. Prière de dire que, d'ici à deux ou trois jours, j'irai à Gancin, en pirogue, chercher Attilio pour l'amener ici; de là, nous partirons ensemble quand les pirogues du Diélé arriveront; cela, je crois, dans une vingtaine de jours.

Le 25 août dernier, nous avons eu la première des grandes pluies qui ouvrent la saison. La tempête est arrivée de E.-N.-E. L'averse a duré toute la nuit. Demain matin nous nous mettons en route avec Dolisie, un charmant garçon, très instruit et de compagnie fort agréable; il sort de l'Ecole polytechnique. Cette lettre partira avec le courrier qui part de Léopoldville le 18 de chaque mois.

Aujourd'hui, entendant tout près d'ici des coups de fusil, et des cloches indigènes et du tam-tam dans la direction du cimetière noir, je suis allé voir si, par hasard, ce serait un enterrement et c'est avec un grand plaisir que je vis un grand catafalque que douze ou vingt hommes portaient sur leurs épaules. Le catafalque était comme une tour formée d'étoffes de laine rouge et de pièces de mouchoirs rouges, bleus, blancs de dessins différents, les uns en soie, les autres en coton que le vent faisait voltiger; au-dessus de cette tour, il y avait mille plumes, des feuilles d'une espèce de mimosa et tout autour des peaux de chat-tigre et des rubans.

Le catafalque était placé sur trois longues perches dont chaque extrémité était tenue par trois ou quatre hommes.

Il est difficile de se faire une idée d'un pareil spectacle. Figure-toi une tour haute de deux mètres carrés par la base, et bigarrée; figure-toi, en outre, que tous les hommes qui sont à l'extrémité de chaque perche, tournent comme si le catafalque était fixé sur un pivot et tout en tournant soutiennent toujours la tour qui penche et qui tourne. Les hommes qui la portent et qui la font tourner suent et crient à pleins poumons. A la fin ils font le mort et tombent épuisés, ils se relèvent ensuite, empoignent la perche et se remettent à tourner en sautant et trébuchant dans les buissons et dans les troncs d'arbres.

Ajoute à cette confusion que toute la multitude regarde, crie, bat le tam tam, tire des coups de fusil, etc., etc.

Enfin, le catafalque cesse son tournoiement vertigineux et s'approche de la fosse.

Elle était creusée d'avance, de forme cylindrique de un mètre de diamètre et profonde deux de mètres. Le catafalque posé par terre, on détache toutes les pièces d'étoffe qui lui donnaient sa forme (il y en avait une vingtaine) et chacun reprend celle qu'il a prêté pour la cérémonie. Sous le catafalque se trouve un cylindre d'un mètre de diamètre et haut d'un mètre et demi recouvert de laine rouge ; d'un côté du cylindre jusqu'à la partie supérieure il y a une corde qui part du point où se trouve la bouche du mort; le cylindre est alors pris par les hommes et mis à côté de la fosse ; on tire alors un coup de fusil on laisse glisser le cylindre dans le trou et de nouveau on tire des coups de fusil. Sur ce cylindre on a mis une clochette en bois, puis une boîte de fétiches, les femmes tirent ensuite la ficelle au-dessus de la fosse conique ; au-dessus de la petite ficelle on pratique un trou dans le cylindre, et c'est par là qu'on fait boire au mort du vin de palme ; puis tous se retirent.

Avec tout cela imagine-toi que le mort que j'avais vu ensevelir aujourd'hui, avait expiré depuis déjà un mois et qu'on l'avait gardé en cet état dans sa case. Une seule chose m'étonne c'est qu'il n'y ait ici aucune trace de puanteur.

J. B.

XXV

Brazzaville, 30 août 1884.

Aujourd'hui, journée de fatigue; cependant la chaleur n'est pas aussi forte que celle qu'on ressent souvent à Rome : Le ciel est resté serein depuis le lever du soleil et « Maestro bajoccone » resplendit sous un ciel d'un blanc de plomb. Ne crois pas que ce soient les belles teintes de la chère Italie et ses beaux couchers du soleil pleins d'ombre, de lumière et de reflets ; ici le ciel n'est jamais bleu, l'eau n'a jamais le reflet de la nôtre.

En face, le grand lac, le Stanley Pool qui se perd dans l'espace et se confond avec le ciel. Quelque île, voilée comme une timide vierge, s'allonge et trace sur les eaux un long reflet.

Tout autour de moi, des curieux et des curieuses m'examinent comme d'habitude, admirant mon appareil photographique; c'est une chose qui les divertit fort. En ce moment il y a trois jeunes garçons qui sont émerveillés et qui tirent la langue chaque fois que quelque chose les étonne, il y en a un qui a un tatouage récent sur l'épaule, lequel tatouage n'est pas encore complétement cicatrisé.

J. B.

XXVI

22 septembre 1884.

Le passage des magnifiques foliotocol recommence, on entend de loin leurs chants cararactéristiques. Si tu voyais la beauté de ces petites créatures ailées ce sont de vrais émeraudes vivantes; on entend aussi les merles à plumage métallique, mais leur chant est bien loin de la beauté de leur plumage velouté et argenté, on croirait entendre une clef qui grince pour ouvrir une serrure rouillée.

Tu ne pourrais te faire une idée de la quantité d'hippopotames qui se baignent dans Stanley Pool, c'est quelque chose d'énorme ! Quand il arrive quelqu'un on prend la pirogue et on s'en va à la basse-cour des hippopotames comme si l'on allait tuer un poulet. Les missionnaires de Linzolo, quand ils ont besoin de viande, envoient un billet pour prévenir que le lendemain ils enverront des hommes en chercher, et toujours, le lendemain, la viande est prête.

Et c'est par ce seul moyen que les missionnaires arrivent à faire travailler les Ballali. La viande, voilà leur gloutonnerie.

Les Batékés de Stanley Pool sont les indigènes les plus paresseux que j'aie jamais vus; c'est pour ainsi dire la quintessence de la poltronnerie, c'est un vrai peuple gâté par les marchandises.

Le travail n'existe pas chez eux et comme ils sont en décadence, tôt ou tard ils seront remplacés par les Apfourou ou les Bajanji, le peuple le plus travailleur et le plus intelligent que je connaisse.

NAVIGATION A VOILE SUR L'ALIMA

Aujourd'hui les Bajanji qui descendent le Congo avec des pirogues chargées d'ivoire sont obligés de vendre leurs marchandises à ces poltrons de Batékés qui à leur tour vendent l'ivoire aux Bacongo qui viennent de la côte, avec des caravanes chargées de marchandises.

Les Batékés d'ici ne sont pas le même peuple que les Batékés de l'intérieur des terres ; il n'existe, pour ainsi dire, aucun rapport entre ces deux peuplades. Le tatouage, la façon de s'habiller, la coiffure, tout est différent.

Autant que les Assicuja, ou mieux Cuja, les Batékés d'ici se ressemblent dans leur tatouage, dans leur façon de se vêtir, de se coiffer; leur langue ressemble à celle des Batékés proprement dits, mais ce n'est pas celle que parlent les Batékés primitifs qui sont sur le haut Alima (Mbosi); mais, selon moi, les Cuja de même que les Batékés d'ici appartiennent tous comme origine au même peuple primitif des Batékés.

XXVII

Brazzaville, 25 septembre 1884.

En même temps que j'écris, je pense à un article sur le Congo, article que j'ai lu dans un journal dont je ne me rappelle plus le nom. On y parle entre autres choses de la chasse que les Apfourou (Bajanji) font à l'hippopotame dans le Stanley-Pool. L'auteur de l'article raconte, avec emphase, comment les Bajanji descendent en sourdine dans leur pirogue, sur l'avant de laquelle se tient un homme armé d'un harpon ou d'une zagaye. — Ce harpon est attaché par une corde à l'extrémité de laquelle se trouve un morceau de bois qui sert de flotteur. L'Apfourou arrivé près de l'hippopotame lance le harpon, l'animal prend la fuite, se débat et meurt enfin, et le flotteur sert à faire retrouver la bête. Il n'y a pas ombre de vérité, dans tout cela, et je ne sais comment on ose présenter au public de pareilles niaiseries vues probablement en songe, pendant un accès de fièvre. Les indigènes font la chasse à l'hippopotame, très rarement, et seulement quand l'animal est à terre et assez éloigné de l'eau, ils le hassent alors avec leurs fusils. Quand je dis qu'ils la font très rarement, je devrais dire qu'ils ne la font presque jamais, et la raison c'est qu'ils ont une peur terrible de l'hippopotame. L'eau protège trop bien l'animal et les indigènes savent parfaitement que là leurs fusils ne servent à rien.

LA CASE DE JACQUES DE BRAZZA ET DE ATTILIO PECILE

Ce n'est pas comme avec l'éléphant et comme avec le bœuf, qui, une fois frappés, peuvent être suivis par les indigènes.

Au reste, il suffit d'avoir chassé une fois l'hippopotame, pour savoir combien il est lent à mourir, et combien sont limitées les parties du corps où la balle peut produire quelque effet.

Aussi, tu ne seras pas surpris, si un jour ou l'autre, tu lis dans quelque journal, que des Européens se sont servis d'hippopotames pour faire remonter le Congo à leur embarcation.

Je vais maintenant te parler un peu de Brazzaville, la grande ville qui porte notre nom.

Brazzaville est placée sur une belle colline au bord de Stanley-Pool, à environ 30 mètres du niveau de l'eau.

La position est magnifique, et le Congo se présente non pas comme un fleuve, mais comme la nue vue dans l'intérieur d'un estuaire. — Le ciel se confond avec les eaux en une seule teinte d'un bleu céleste et limpide. Au milieu de la colline qui descend en pente rapide vers les eaux, se trouve une végétation luxuriante, et une foule d'arbres et de plantes rampantes qui grimpent les uns sur les autres pour chercher l'air et la lumière. Au-dessus de tout cela, le palmier épineux, à tige mince et flexible, s'attache aux plantes voisines à l'aide de ses feuilles garnies de fortes épines et son sommet seul dépasse le reste de la végétation.

Cette végétation tropicale est vraiment de toute beauté — chaque feuille dénote une fécondité sans pareille. — Au-dessous de ce toit de verdure, sont les fougères, qui, cherchant l'ombre et l'humidité, trouvent là un bien-être parfait.

Le sol est sablonneux, argileux et de couleur gris cendré ; à un mètre de profondeur, se trouvent les sables jaunâtres colorés par le fer.

Je ne te parlerai pas géologie pour l'instant, mais quand j'aurai étudié la rive du Stanley-Pool, peut-être t'en dirai-je quelque chose.

Le géologue, dans ce pays, se trouve dans la situation la plus avantageuse, pour étudier la nature du sol, dans ses rapports stratigraphiques. Le manque de fossile est un fait qui finalement est avéré ; de plus le terrain étant légèrement ondulé, les falaises sont rares et souvent nées d'une végétation fictive.

Ici l'étude devient compliquée, et où le Congo commence, à

partir de Stanley-Pool, et se change en rapide, le sol change également de structure, et on peut voir des roches porphyriques ; de même j'ai trouvé à Linzolo des terrains granitiques qui, probablement, datent de l'époque pendant laquelle se sont formés la plupart des rapides de l'Ogôoué.

Mais revenons à Brazzaville.

Brazzaville est entourée de plantations de manioc. L'eau potable du ruisseau voisin est excellente, limpide, fraîche et sans le moindre goût de matières hétérogènes. Et c'est encore ici que j'ai bu la meilleure eau. Je t'assure que l'eau de Brazzaville n'a rien à envier à celle de Trévi.

D'ici peu, Brazzaville aura un potager, le terrain est presque prêt. Pour la saison des pluies, on pourra récolter l'igname, les patates et de la salade, la saison sèche étant celle où l'on peut voir toutes les plantes potagères européennes, et nous en aurons alors en abondance.

La basse-cour est dans d'excellentes conditions. Les chèvres y sont nombreuses et toutes pleines ; il y en a déjà une qui a mis bas deux petits, la portée étant de deux ici. Quelquefois, rarement, elles en mettent bas trois, mais alors, il en meurt souvent un.

Dans un village un peu au-dessus de Jancui, j'ai vu une chèvre qui avait cinq petits, tous vivants, elle avait les pis comme ceux d'une vache.

Il y a aussi des moutons qui viennent de l'Ogôoué ; les brebis ont aussi leurs petits. Ajoutez-y les cochons, les canards, les poules, le tout complété par une chasse abondante. Les antilopes y sont excellents, les bœufs aussi, la cervelle d'hippopotame est exquise, de même le bouillon fait avec sa chair.

La trompe d'éléphant est le *nec plus ultra* et certainement en Europe, sa chair serait goûtée par les bouches les plus délicates des plus fins gourmets.

A propos de trompe d'éléphant, nous en avons mangé une, le jour que Dolisie est parti pour la station de Diélé, et rien que d'y penser, l'eau me vient à la bouche. Malamine avait tué un éléphant, qui, fait curieux, avait. l'extrémité de la trompe mangée par un crocodile; il en manquait environ 20 centimètres. La blessure était déjà cicatrisée depuis longtemps.

On coupe la trompe à l'extrémité, et on la cuit par le système africain. On fait un trou en terre, on y allume un grand feu qu'on alimente pendant six heures, après quoi, on enlève le brasier et on enterre la trompe garnie de sa peau. On la recouvre ensuite de braise. Vingt-quatre heures après, la trompe est cuite, et mise sur table. Cela a le même gout et la même consistance que la langue de bœuf.

27 septembre. — Ce matin, à peine après avoir fini de déjeuner, Malamine est venu me dire que les Bajanji venaient de descendre apportant la mauvaise nouvelle que, à la station de Bolobo, ils s'étaient de nouveau battus, il y a une vingtaine de jours.

J. B.

XXVIII

Brazzaville, 22 octobre 1884.

Cette lettre suivra la route de l'Ogôoué et sera au Gabon dans près d'un mois.

Voilà comment vont ici les choses.

Pierre, parti de Jancui, comme je te l'ai déjà écrit, par le Diélé, est allé chez les Adouma, il redescend l'Alima avec une grande escorte d'Adouma; il arrivera à son embouchure le 11 août.

Avant de remonter, il m'a écrit qu'il tenait à ma disposition des Adouma et des pirogues. Il m'approuvait en outre de remonter le Congo et de rejoindre Dolisie, qui restera deux ou trois mois chez les Bangala.

Tu peux comprendre si j'ai reçu avec plaisir une telle lettre, et tu comprendras encore mieux combien a été grand ce plaisir lorsque tu sauras que je me trouve en ce moment empêché de continuer ou plutôt de terminer ma carte, bien que j'aie mené ce travail à bon point.

Je te parlerai dans un instant de cette carte.

Donc, après avoir visité le pays des Bangala, il redescendra

GRANDE PIROGUE DE M. F. SAMBA SUR LE HAUT-OGOOUÉ

avec Dolisie, et continuera par Brazzaville, pendant que j'enfilerai l'Alima.

Ce qui me réjouit, c'est que mes collections n'auront pas besoin d'être ballotées jusqu'à Bangala. Je pourrai les laisser à un jour de montagne de l'Alima, où nous avons maintenant une nouvelle station.

La belle chose quand on peut voir un pays nouveau !

J'espère bien, chez les Bangala, pouvoir augmenter mes collections, et surtout mes collections d'armes. Je compte y faire également des observations astronomiques, qui sont d'une réelle importance.

Quand j'aurai enfilé l'Alima, je serai alors, mon cher ami, sur la route du beau pays de mes rêves.

Mais il vaut mieux n'y pas penser encore.

En attendant, revenons à la question de la carte de Stanley-Pool.

Comme je viens de te le dire à l'instant même et comme je l'ai déjà écrit dans mes dernières lettres à toi et à B., j'avais l'intention de faire la carte de Stanley-Pool, carte géologique et topographique, attendu que tous les détails qui y sont manquent totalement d'exactitude.

Pour ce faire, j'avais déjà mesuré la base, et j'avais déjà obtenu une bonne base trigonométrique. J'avais pris la position de différents points et de diverses îles, et j'attendais que la pirogue fût arrivée pour pouvoir aller exécuter les mesures trigonométriques de l'autre côté de Pool, c'est-à dire, comme tu le sais, sur le territoire occupé par l'Association internationale.

Les pirogues arrivées, immédiatement, — c'était hier, — j'allai avec Chavannes à Léopoldville, pour demander au capitaine S... s'il voyait un inconvénient quelconque à ce que mon compagnon et moi, nous abordions à la rive gauche du

Stanley-Pool dour pouvoir y mettre notre théodolithe en place.

Je lui faisais bien remarquer que nous étions tous deux étrangers à l'administration française et que nous avions une mission purement scientifique émanant non d'un ministère politique mais du ministère de l'Instruction publique.

Je le lui répétai, en lui expliquant bien quelles étaient exactement la teneur et les limites de notre mission et en ajoutant que mon compagnon et moi nous étions Italiens et non pas fonctionnaires français.

Chavannes, représentant de Pierre ici, lui donna ensuite sa parole d'honneur, qu'il ne s'agissait d'autres choses que d'études scientifiques.

Le capitaine parut tout d'abord assez embarrassé, mais il se réclama vite de la consigne à lui donnée par le colonel de Winton, à savoir, que chacun devait rester sur son propre territoire.

Je n'aurais jamais cru que cela pût arriver, d'autant plus que le même capitaine n'avait pas hésité, peu de temps avant, à envoyer un blanc de son personnel de Léopoldville, installer une station sur le Giné, avant de savoir s'il pouvait aller de Léopoldville sur le Giné (Gordon Bennett) sans toucher le territoire français. De fait le canot du blanc a dû aborder sur notre territoire, et il a dû y descendre avec ses Zanzibarites.

Et voilà comment s'acheva mon travail de relèvement de Stanley-Pool.

Ne t'inquiète pas pour nous, il n'y a pas de quoi.

Nous allons faire une excursion qui durera environ trois mois et nous nous divertirons comme jamais nous ne l'avons fait.

En ce qui regarde ma santé, je n'ai jamais été aussi bien que maintenant. Depuis que je t'ai écrit de Linzolo, je n'ai plus eu la fièvre. Nous mangeons comme quatre et sommes fort gais. — Que faut-il de plus? Massari, qui était à la station de Mamianga Nord, a remonté, je crois, le Quango, le fleuve qui était sur la rive gauche, près de la station de Gancin. Je n'ai pas pu le voir mais je sais qu'il m'a laissé deux lignes au poste de Gancin, quand il est passé. J'étais alors encore ici, et je n'ai pas reçu sa lettre, qui, je crois, arrivera aujourd'hui ou demain avec les pirogues qui descendent.

Ne te tourmente pas si pendant ces trois mois, au moins, tu ne reçois pas de nouvelles de nous.

Ces trois mois écoulés, tu recevras probablement un billet que je laisserai à la station de Lucolela (Société internationale) avant de remonter l'Alima.

J. B.

XXIX

Brassaville, 22 octobre 1884.

Je n'ai pas le temps de t'écrire : je suis en train de charger

LE STANLEY-POOL VUE DE LÉOPOLDVILLE

les pirogues, qui me serviront pour remonter le fleuve.

Je t'envoie seulement deux lignes pour te dire **que Attilio** se porte bien.

Ici, rien de nouveau.

J'ai vu Massari l'autre jour à Léopoldville ; je l'attendais ici, mais il n'est pas encore venu.

J. B.

XXX

23 octobre 1884.

Je reprends ma lettre, j'en ai le temps. Les pluies, ici, à Brazzaville, n'ont pour ainsi dire pas encore commencé, nous avons eu trois ouragans, mais il n'est tombé que fort peu d'eau.

Le vent venant généralement ici, de l'Ouest-Sud-Ouest, il n'y a jamais de pluie. Quand il change et qu'il vient de l'Est-Nord-Est il pleut alors, et avec les grands vents arrivent les ouragans et les tempêtes.

Maintenant le soleil a donné toute la journée en plein, et il y a des jours où le thermomètre, placé sur le sable, donne $+ 63°$. Je te garantis que, lorsque le soleil est aussi bouillant, on ne marche pas facilement, et nos hommes cherchent l'ombre, comme les chiens qui courent dans les rues sur l'asphalte quand le soleil les a bien chauffés.

A l'ombre la température maxima n'a jamais dépassé $31°$ et en ce moment la température minima n'atteint pas $18°$; tu vois qu'il y a certaine différence de chaleur avec les 40 et 41 degrés, que nous avons de temps en temps à Rome.

De plus ici, à Brazzaville, nous jouissons d'un bon petit vent et je te promets que vous êtes plus à plaindre, vous à Rome, que nous à Brazzaville.

A propos de météorologie, puisque nous y sommes, je tiens à te parler aussi de la lumière zodiacale de ces pays, attendu que les faits m'ont paru être le contraire de ce qui se dit communément. — On dit que dans ce pays, la lumière zodiacale est très belle, quant à moi, je confesse que du jour où j'ai abordé au Gabon, jusques à aujourd'hui, je n'ai jamais vu de lumière zodiacale autant avant le lever du soleil, qu'après son coucher, et je te réponds que pour la voir j'y ai mis toute la bonne volonté possible.

Cette lune se présente ici à mes yeux comme un grand incendie. Parfois elle se teinte en rouge, quelquefois elle passe au jaune pâle, mais elle prend rarement la teinte sous laquelle on montre la voie lactée.

J'ai toujours observé que cette lumière, quand elle est rouge, dure plus longtemps. Hier soir, par exemple, la lune était éblouissante et rouge. On eût dit que le soleil était couché depuis peu, mais en même temps le ciel était criblé d'étoiles scintillantes et la lune resplendissait vivement sans pourtant effacer la lumière de la nuit.

L'atmosphère était limpide; au ciel, pas la plus petite nuée.

Je te donnerai plus tard des détails très précis sur tous ces phénomènes. — A mon retour en Europe, tu pourras également tout en feuilletant mon journal, trouver d'autres particularités sur cette question.

J. B.

XXXI

*Village de Mongo, rive droite du Congo,
à deux jours de pirogue des bouches de l'Alima.*

18 décembre 1884.

MON CHER ANTOINE,

Je t'écris ces lignes pour ne pas perdre l'occasion qui m'est offerte de t'envoyer des nouvelles.

Dans ma dernière lettre, je t'ai dit quelles étaient celles qui m'étaient parvenues.

Vous deviez alors être ennuyés de savoir que toutes les autres lettres étaient perdues.— Mais maintenant ce n'est plus la même chose, parce que, outre les lettres en question, j'en ai reçu un autre paquet pour moi et pour Attilio, avec un volume de Johnston et ainsi, je crois avoir reçu tout votre courrier.

Maintenant voici ce qui nous concerne. J'ai trouvé enfin Dolisie, qui m'attendait au village de Mongo, près des bouches de l'Alima. Nous sommes donc ensemble et en fort bonne compagnie et nous partons chez les Mongala.

C'est un voyage qui nous prendra au moins deux mois ; tu connais notre manière de voyager, cheminer lentement et nous arrêter dans les villages, en faisant des cadeaux aux enfants et aux femmes. La nouvelle de notre arrivée nous précède alors de village en village, et nous sommes reçus avec expansion et cordialité. Dolisie est le chef de l'expédition, je m'occupe seulement de géologie et d'histoire naturelle.

A propos de géologie, c'est ici à Mongo, que j'ai vu, pour la première fois, la terre ferme n'étant pas marécageuse. Le village est environ de 15 à 20 mètres au-dessus du niveau du fleuve.

L'orographie de cette région est chose presque indéchiffrable, on rencontre de vastes marais et d'énormes îles qui semblent être terre ferme. Le village de Mongo est une île.

Selon moi, nous nous trouvons en présence d'un delta du fleuve et tout me confirme dans cette opinion. Mais des indigènes il est impossible d'avoir un renseignement. Et cela aussi pour les noms des villages, ce qui est une chose également très sérieuse.

Ici le gibier est fort abondant et les bœufs sauvages très nombreux. Casimir en a tué trois hier. Les indigènes les chassent aussi avec fureur, ils se servent pour cela de leurs zagayes; Ainsi, une heure avant d'arriver d'ici au village de Mongo, nous avons trouvé dans l'eau un bœuf sauvage tué d'un coup de zagaye; au village même nous en avons vu un autre, tué de la même manière. Parmi les trois bœufs abattus par Casimir, un portait diverses cicatrices.

J'ai trouvé une nouvelle espèce de singe, inconnue sur l'Ogôoué. C'est un singe à poil roux et à très longue queue.

J'ai eu la bonne fortune d'acheter pour une collection, un couteau des plus intéressants. C'est un couteau Niam-Niam. C'est une de ces armes de jet, décrites dans le livre de Schweinfurth. Je crois que j'ai eu de la chance de pouvoir l'acheter, parce que c'est un de ces couteaux qui ont une grande valeur ethnographique, mais qu'on ne peut se procurer à aucun prix. Dans ce cas, bien malgré moi, je me résigne à n'en prendre que le croquis.

Voici l'esquisse de celui dont je t'ai parlé. Il est tout en fer et long d'environ 50 centimètres. Hors le manche, toutes les parties en sont tranchantes.

Que te dirai-je, que Dolisie parlant à un chef à propos de la Licona, a entendu pour la première fois le nom de Niam-Niam qui seraient, paraît-il, parents de cette peuplade.

Pour l'instant, je note le fait, je le discuterai en temps utile.

Par malheur, tous les fils horizontaux qui composent le tissu réticulaire de mon théodolite se sont rompus. Il en restait encore un hier mais aujourd'hui, quand j'ai eu mis l'instrument en position pour prendre la méridienne, je l'ai trouvé rompu. Heureusement, le malheur n'est point irréparable, j'ai un filet de rechange ; l'opération est à la vérité un peu délicate, mais j'éspère pouvoir la mener à bien.

La santé de tous est bonne et j'espère être en mai au Gabon.

J. B.

XXXII

Station de Diélé, 22 octobre 1884.

MON CHER ANTOINE,

Me voici à la station de Diélé, dans la plus délicieuse campagne; Decazes est le plus « charmant homme » que je connaisse. La campagne est, je le répète, extrêmement agréable.

Actuellement, je me trouve occupé à préparer le départ. La journée se passe à emballer des caisses, à achever ses journaux, à envelopper les peaux et les zagayes, etc., etc. Tout cela est enfermé dans des boites de fer-blanc, des sortes de bidons. Ah la méchante perspective que la descente de l'Ogôoué, qui nous attend la gueule ouverte pour engloutir le travail de deux ans et demi d'Afrique. Mes cheveux se hérissent, à la pensée qu'un bout de roche au milieu des rapides peut casser en deux ma pirogue et engloutir tant de richesses réunies avec tant de fatigues. — Bah ! du courage ! J'espère que ma bonne étoile, qui m'a suivi jusqu'ici, me protégera jusqu'à la fin.

Je t'avoue que je pense avec plaisir au jour où, assis dans mon bateau à vapeur, j'aurai toutes mes caisses dans ses soutes sauvées des rapides écumants de l'Ogôoué. Comme je respirerai ! je vous enverrai alors un baiser brûlant à tous, plus brûlant que les sables batékés.

Vers le 15 mai j'espère pouvoir partir de Franceville par la côte. Je n'écrirai plus désormais, j'ai trop à faire.

La date de mon arrivée, je ne te la donne pas, d'abord, parce que je ne la sais pas, ensuite, parce que deux mois de plus, ou un de moins, ne comptent plus pour moi.

La santé d'Attilio et la mienne sont des meilleures.

XXXIII

Madiville (Aduma), 24 mai 1885.

Aux derniers jours d'octobre 1884 Attilio et moi nous partîmes de Brazzaville dans deux pirogues montées par des pagayeurs Aduma. Les pirogues avaient chacune leur mât avec leur voile respective, tout cela fait dans les règles de l'art. C'était un nouveau genre de navigation, que nous, les premiers, nous inaugurions. Pourtant la saison de sécheresse et des vents touchait à sa fin, si bien que, lorsque nous fûmes arrivés a la station de Gancin, ce fut avec une grande satisfaction que nous dûmes abandonner le nouveau système, les vents forts de S.-O avaient cessé de souffler.

Nous passâmes une semaine à Gancin et, pendant ce temps, j'allai faire visite à Makoko.

Les premiers jours de novembre, nous repartimes; les eaux étaient alors très fortes.

Nos deux pirogues étaient chargées de nos collections, et· si nous avions eu une caisse en plus elle n'aurait pas trouvé de place.

Les eaux du Grand Fleuve (je ne sais pas si le nom de « Congo » existe dans la vallée de Stanley-Pool, mais il n'existe pas en fait, tant chez les Apfourou que chez les Batékés: ceux-ci dans leur langue appellent le Congo, le Grand Fleuve); les eaux du Grand Fleuve, dis-je, étaient à leur maximun de hauteur, à tel point qu'à Bolobo et à l'embouchure de l'Alima (Mbossi) nous avions été obligés de dormir en pirogue, n'ayant pu trouver un mètre carré de terre pour aborder. Tout était inondé, aussi bien les îles couvertes de bois que les vastes herbages. Ce fut avec le plus grand plaisir que nous arrivâmes à la station du bas Adouma, sans avoir mouillé nos collections. Nous les laissâmes ici, et repartimes rejoindre M. Dolisie, qui nous attendait sur le Congo, au Nord de l'Alima; nous le trouvâmes au village de Bonga, où nous passâmes une quinzaine de jours, pour radouber la chaloupe à vapeur « Ballay » dont j'ai déjà parlé.

Le village de Bonga est planté comme tous les villages du bas Mbossi, où les cases occupent tout le sol qui n'est point inondé. Le village est assez grand et sillonné de canaux qui vont dans toutes les directions et se perdent dans les herbes. L'hydrographie de ces canaux est impossible à déchiffrer. Il y en a qui viennent directement du grand coude Nord de l'Alima, et c'est par ces canaux que l'énorme quantité de manioc, qui se prépare le long de l'Alima, arrive au Congo. A cet endroit du fleuve il n'existe aucune espèce de plantations quelconques, par cette unique raison, qu'il n'existe pas de terre où l'on puisse planter quoi que ce soit. A chaque saison, s'il reste un peu de terre sèche, il surgit un village dont les cases ont de l'eau jusqu'à leur seuil, pendant les grandes crues.

Le village de Bonga est vraiment pittoresque. Les cases sont longues d'une cinquantaine de mètres et forment de vraies rues, qui vont dans toutes les directions et aboutissent naturellement à la rivière. Plusieurs de ces cases sont pleines de monde, d'autres sont abandonnées et ensevelies sous les grandes herbes; leurs propriétaires sont partis en pirogue pour leur commerce. Dès leur retour les herbes seront fauchées, les toits en paille re-

BANANIERS ET PALMIERS

faits, etc. Les Apfourou ou Bajanji (ce qui est la même chose) sont de vrais marins et ne peuvent vivre, s'ils ne sont pas toujours en pirogues.

Je te disais que le village de Bonga est pittoresque, de fait, outre les cotonniers colossaux hauts de 50 à 60 mètres, et chargés de grappes blanches et de « plongeurs » il y a une grande quantité de palmiers à huile, sous lesquels croissent de beaux bananiers.

Ça et là, près d'une case, un champ de maïs ou quelques plants de tabac, de citrouilles. Le tabac est extrêmement rare; au Nord de l'embouchure de l'Alima, jusqu'aux chutes de Stanley il manque entièrement. Ici on a l'habitude de fumer le chanvre; le précieux tabac se fume d'une façon fort curieuse; on détache la feuille du plant, on la sèche devant un grand feu, et ce n'est que lorsqu'elle est devenue cassante, on la met dans la pipe et alors on la fume.

A Bonga, le gibier abonde. Je me rappelle que, une après-midi, comme quatre bœufs sauvages gisaient dans le village, toute la population, hommes, femmes et enfants s'étaient groupés autour de leurs cadavres et s'en disputaient la chair comme une bande de vautours.

Ce que j'ai trouvé de plus curieux à Bonga, ce sont les couteaux et les lances. Quels beaux couteaux et quelles belles lances! Malheureusement, il n'y a pas moyen d'en acheter: c'était le couteau du père ou de l'aïeul, ou le couteau fétiche : c'était le couteau qui avait tranché telle tête, ce qui le rendait sacré ; en somme, la conclusion fut que j'en devais faire la collection en les dessinant sur mon calepin.

Plusieurs de ces armes ressemblent à celles des Niam-Niam.

Il y a maintenant à Bonga une station française.

De Bonga, en trois ou quatre jours nous arrivâmes au village de Mongo, nous étions alors dans les premiers dix jours de novembre.

Mongo est située sur des petites îles qui sont sur le bord septentrional du Congo. Ce sont les premiers îlots du fleuve qui ne soient pas à fleur d'eau. Ces îlots émergent d'une trentaine de mètres et sont formés à peu de chose près comme ceux qui se trouvent en abondance au Gabon.

Le Congo est un vrai labyrinthe sans fin, et la carte détaillée n'en sera pas faite avant un demi-siècle. Pour te faire une idée de ce qu'est le Congo, figure-toi que sur la rive opposée, où est la station internationale de l'Équateur, on ne savait pas que de l'autre côté du fleuve, existaient des Européens.

Et si je te disais que pendant huit jours nous avons positivement cru être sur un autre fleuve, tandis que nous étions toujours sur le Congo, je crois que cela suffira à te donner une idée de ce Congo, qui, près de l'Alima, n'est plus un grand fleuve, mais un faisceau de fleuves, l'un voisin de l'autre, et communiquant ensemble.

Pour ne pas te fatiguer la mémoire, je ne te nomme pas tous les villages rencontrés. Qu'il te suffise de savoir que nous sommes passés à l'embouchure de la Licona, qui ne s'appelle nullement la Licona dans ce pays-ci, du moins les indigènes la nomment, soit Ncumta, soit Oubargui.

Le point extrême où nous sommes arrivés est à environ 0° 30 lat. N. Le 1ᵉʳ de l'an 1885 nous sommes redescendus, M. Dolisie étant très malade (maintenant il est remis et se porte assez bien).

Pendant ce voyage, j'ai fait la carte de l'embouchure de l'Alima, jusqu'au point extrême atteint. J'ai pu prendre des latitudes et des longitudes sérieuses avec un bon théodolite.

Fin janvier nous étions à la station de Diélé, où nous commençâmes à emballer nos collections pour descendre les rapides de l'Ogôoué.

J. B.

NOTES ET DOCUMENTS

NOTES ET DOCUMENTS

PREMIÈRE PARTIE

NOTES ET DOCUMENTS RELATIFS AU PREMIER VOYAGE

I

EN RECONNAISSANCE CHEZ LES OSSYEBA

Ayant perdu l'espoir de pouvoir voyager avec l'aide des Okanda, je fus forcé de prendre une résolution. Je me décidai donc à quitter seul le quarier général de Lopé, je parie une bonne carabine, et aprè avoir serré la main à mes compagnons, je partis seul, par la forêt, au village des Ossyeba.

En me voyant partir, la stupeur des Okanda fut à son comble. Mon bagage ressemblait à celui d'un de ces prestidigitateurs ambulants qui parcourent nos villages d'Europe. J'arrivai ainsi chez les Ossyeba.

De ce que je me présentai ainsi à eux, sans aucun apprêt

offensif, je leur inspirai confiance et le sentiment qu'éveillait chez eux l'apparition d'un blanc ne fut pas un sentiment d'hostilité mais bien de surprise. Un nombre imposant d'Ossyeba appartenant aux villages limitrophes m'entoura vite; tous étaient armés mais aucun ne faisait montre d'intentions hostiles. Je m'assis au milieu d'eux et quelques instants après la glace était rompue.

Deux jours après, Mamiaka, le chef d'un village considérable, était devenu mon grand ami, et j'avais mis en œuvre toutes les séductions possibles pour capter la bienveillance de ces sauvages aux dents aiguisées. Ce furent de vraies séances de prestidigitation et de pyrotechnie, secousses données par la pile électrique, fusées à la congrève, et autres feux. Mais j'obtins le plus grand succès avec la lumière du magnésium. Je leur montrai l'effet des balles explosibles et je leur persuadai qu'avec ma carabine je pouvais tirer autant de coups que je voulais sans jamais m'arrêter. Je réussis donc au-delà de tout ce que je pouvais espérer à me gagner leur amitié et leur donner une haute idée de la puissance des blancs. Désormais, j'étais assuré que lors de notre passage chez eux nous ne serions pas molestés.

Pour mieux montrer une idée de l'accueil qui me fut fait par les Ossyeba, je vais rappeler quelques détails.

Un jour que j'étais en excursion pour visiter les chutes de Boué, j'avais demandé et obtenu du chef du village, l'hospitalité. Nahman, le chef noir à la longue barbe tressée, m'assigna pour habitation une petite cabane en branches peu différente de nos petites niches à chien. J'y pénétrai par une petite ouverture basse et m'y blottis. Alors, comme d'habitude, le chef envoya ses femmes me servir à manger et je les entendis alors dire : « Venez, venez, si vous voulez voir, je vais lui donner à manger. Quand elles me portèrent des vivres, une con-

ESCORTE ET INDIGÈNES RAMENÉS DE L'INTÉRIEUR

groupe de seize têtes (j'ai eu le temps de les compter) était tout autour de la porte et resta en contemplation tout le temps que dura l'opération. Le soir, nouveau repas et nouveaux curieux qui restèrent à leur poste jusqu'à ce que je me fusse accommodé pour dormir. Il paraît qu'ils attendaient ce moment avec une grande impatience et quand finalement, me déchaussant, j'enlevai mes chaussettes, ils crièrent tous : Il a cinq doigts, il a cinq doigts, et s'en allèrent.

Je retournai ensuite chez Mamiaka. Cette fois mon triomphe fut complet, lorsque je pus décider ce chef à m'accompagner lui-même lors de mon retour à Lopé, chez les Okanda, avec trente-cinq de ses Ossyeba auxquels je jurai qu'ils seraient par moi protégés de toute hostilité et renvoyés chez eux avec des présents.

Je partis donc avec eux, et cette fois de notre station de Lopé.

Grande fut la joie de mes compagnons quand ils me virent revenir avec une si brillante escorte, l'accueil fut enthousiaste.

II

LE PAYS DES BATÉKÉS

Le bananier, qui prospère seulement dans les pays d'une végétation luxuriante, disparaît pour ainsi dire entièrement. L'arbre du manioc persiste encore et produit, et le mil, que je n'avais pas encore rencontré, est cultivé par les indigènes sur une large échelle et ressemble à un tubercule de couleur jaunâtre, de la famille et de la saveur de la pomme de terre, mais de goût un peu amer.

Voilà en quoi consistent les récoltes annuelles et périodiques de la contrée. Le labeur continuel, que la stérilité du sol impose aux habitants, élève de beaucoup le niveau de ce peuple dans l'échelle sociale, et je contemplai ce spectacle fort inattendu, de voir trente ou quarante indigènes travailler ensemble, avec des pioches, le même champ de mil ou de manioc. Les villages construits sur le haut d'une colline assez élevée sont ombragés de palmiers qui abritent les cases des rayons du soleil cuisant. Chaque groupe de village est sous les ordres d'un chef héréditaire qu'ils appellent « Ngancie », auquel appartient en propriété le terrain avoisinant. C'est par ses soins que sont faites les plantations dont les différentes hauteurs indiquent les travaux successifs des différentes générations. Ces palmiers, encore qu'ils ne produisent pas de dattes, sont cependant d'un aide puissant à ces peuples laborieux ; de la graine ils extraient une huile qui sert de condiment, et du tronc une boisson fermentée, le vin de palme.

La manière de l'obtenir est des plus simples : ils pratiquent une ouverture là où le tronc commence à se couvrir de palmes, et ils y appliquent une courge vidée ; le suc en coule avec abondance en même temps que la chaleur du soleil le fait fermenter immédiatement. Avec les feuilles tressées de ce même palmier, ils font une étoffe qui leur sert à recouvrir la courge.

Excepté quelques rares poules, les animaux domestiques manquent. La viande leur manquant, ils recherchent avec avidité dans tout le règne animal ce que peuvent leur procurer les insectes, et mangent gaiement des fourmis blanches qu'ils extraient de terre, ainsi que des chenilles et des sauterelles fumées qu'ils accommodent à l'huile de palme.

Malgré les pluies tropicales fréquentes, il y a quelquefois disette d'eau causée par la trop grande perméabilité du sol, et on n'en trouve que dans les vallées basses et dans les puits creusés dans les sables fort difficiles à découvrir et que les habitants cachent aux étrangers. Le pays tient un peu du désert ; le bois, pour allumer le feu, y est précieux et il est arrivé souvent que, le soir, ayant coupé quelques broussailles près de notre campement, nous ayons eu des difficultés avec les chefs propriétaires du sol, qui criaient à l'usurpation et qui, pour preuve de leur droit de propriété, montraient les limites de leurs plantations.

Nous avons pu constater des relations commerciales assez suivies entre ces tribus et les habitants de la côte. Des caravannes de cinquante à cent personnes apportaient le sel blanc et des tissus de la côte de Majombe. Ils me furent indiqués comme peuples habitant la région Sud-Ouest, après les Bollari, les Bagascia, les Bacù, les Agide, les Aiembo. Les Batékés sont de tempérament belliqueux, mais ils combattent tribu contre tribu. Quelquefois cachés dans les broussailles qui sont sur les hauteurs, ils attendent au passage les caravanes, les attaquent et s'emparent des marchandises. Les fusils, très appréciés, sont fort rares chez eux. Leur arme de prédilection est le sabre ou le couteau courbe à lame large et effilée, qu'ils manient avec dextérité, et les javelots qu'ils lancent très loin avec une précision vraiment admirable.

III

LE PEUPLE APFOUROU OUBANGUI

Un matin, pendant que je précédais le reste de l'expédition, accompagné par trois hommes et suivant le bord du fleuve pour en connaître l'importance, au détour d'un groupe d'arbres, je me trouvai en face d'une cabane de forme extraordinaire. La façade était de 30 mètres comme une place de village; quatre ou cinq hommes étaient assis à l'ombre et parlaient ensemble, n'ayant pas entendu mon arrivée. Pour ne pas les épouvanter, j'accrochai le fusil à une espèce de vérandah et m'assis tranquillement. Ceux qui étaient tournés de mon côté, dès qu'ils me virent, prirent immédiatement la fuite; mais un de ceux qui, assis sur une natte, me tournaient le dos, avant d'avoir pu se tourner pour chercher la raison de cette fuite, se trouva si voisin de moi qu'il eut peur de bouger. Mon interprète fumant tranquillement lui adressa la parole, mais la réponse fut incompréhensible, Rassuré par notre immobilité et notre contenance pacifique, il se leva d'un bond et disparut aussi.

Voici comment eut lieu notre première rencontre avec les

Apfourou que les Batékés nous avaient décrits comme un peuple hostile et armé de nombreux fusils.

C'était donc là ce peuple dont l'arrivée sur les bords de l'Alima, arrivée qui devait avoir lieu sous peu, causait aux Batékés la plus grande peur. Surpris et restés seuls avec l'interprète Denis, nous eussions volontiers fait honneur aux aliments qui bouillaient dans une marmite et que la fuite de leurs propriétaires avait laissés à notre disposition ; mais, fidèle à mon système du respect le plus scrupuleux de la propriété, je me contentai de prendre une noix de coco et de déposer en échange quelques verroteries, un petit miroir et un petit couteau, laissant ainsi des échantillons de nos marchandises.

La cabane qui se dressait devant nous était très longue puisqu'elle mesurait plus de 30 mètres et qu'elle était divisée en chambres de même dimension. Les portes donnaient sur le fleuve; le toit était fait de grandes nattes et d'herbes de marais inconnues aux Batékés et soutenues avec des pieux plantés et enfoncés dans le sol qui formaient devant la case une espèce de portique à l'abri du soleil. C'était une habitation provisoire, apte à être facilement défaite et transportée ailleurs. Nous trouvâmes des filets, des nasses très ingénieusement faites et des harpons. Pendant ce temps, nous vîmes passer un canot le long du fleuve ; les rameurs chantaient une petite chanson qui leur servait à plonger en mesure leurs rames dans l'eau et qui indiquait une longue pratique de cet exercice.

Deux pirogues amarrées à la rive nous donnèrent l'occasion d'en observer minutieusement la construction, différente de celles de l'Ogôoué, ce qui nous démontra qu'elles n'étaient pas destinées à naviguer sur des cours d'eau interrompus par des rapides. En effet l'avant et l'arrière n'étaient pas relevés, et le fond était courbe, l'épaisseur des bordages (environ de deux centimètres) n'eût certes pu résister à une navigation dans les

CARAVANE DE MARCHANDS PAHOUINS

caoutchouc   bananes   manioc   ivoire   huile de palme   noix de palme
     pagaye des rapides   bois rouge

rapides. Dans le fond des pirogues nous trouvâmes des rouleaux de tabac en rôle que nous avions vu fabriquer chez les Batékés, ainsi que des corbeilles d'une forme spéciale dont nous ne pûmes examiner le contenu, fermées qu'elles étaient par des feuilles et attachées par des lianes.

Un petit bout de chemin, dont une partie traversait un petit bois, nous conduisit au seuil du village Apfourou qu'une palissade protégeait entièrement du côté de terre. Quand j'y fus arrivé, et après avoir averti le chef du village de ma visite, j'entrai dans l'enceinte. Au seuil du passage que je trouvai ouvert, sur le terrain, était répandue une couche de cendres, de lianes entrelacées et nouées entre elles ainsi que d'herbes; tous ces sortilèges étaient faits à cause de moi.

Une fois en présence du chef, après avoir échangé les quelques politesses d'usage, je lui fis immédiatement un cadeau composé de tout ce qui me restait en marchandises.

Mes cadeaux et surtout ma boîte de poudre du poids d'un kilo, furent reçus avec une joie mal dissimulée.

Le village était composé de cases basses, longues, adossées sans ordre à la forêt, toutes pareilles ayant leurs ouvertures (c'est à tort que j'appellerais ça des portes) du côté du fleuve. Il présentait un aspect caractéristique et différent des villages Batékés environnants. Des bananiers (toto) donnaient de l'ombre aux cases, et le niveau du sol s'élevait de peu au-dessus de celui du fleuve.

Je sus que je ne me trouvais pas, comme je le pensais, aux confins de leur pays, mais bien dans une des nombreuses factoreries pour le commerce et la manipulation du manioc, qu'ils ont près de leur pays; la récolte faite, ils le macèrent et le réduisent, et l'enferment dans des boîtes de 15 à 20 kilos, de forme spéciale. Ce manioc, une fois arrangé de cette manière, outre qu'il sert pour provision de voyage, se vend aux peuplades qui naviguent sur le fleuve immense où l'on voyage pendant des mois et des mois, en l'échangeant pour de la poudre et des fusils que leur fournissent les Aboma.

La nuit qui approchait à grands pas mit un terme à cette importante conférence avec le chef des Oubangui, et je pris congé après avoir bu dans le verre qu'il me présentait. Il avait d'abord eu soin de se marquer au front d'une raie de plâtre et d'approcher de ses lèvres le verre avant de me l'offrir.

DEUXIÈME PARTIE

NOTES ET DOCUMENTS RELATIFS AU DEUXIÈME VOYAGE

I

EXTRAIT DE LA NOTE AU MINISTÈRE DE LA MARINE
(1879)

Monsieur le Ministre,

« Les dernières découvertes en Afrique nous ont appris que
» le Congo, barré dans son cours inférieur par des rapides et par
» des chutes, est navigable dans son cours supérieur pendant
» près de deux mille kilomètres sans compter la partie navi-
» gable que peuvent présenter neuf affluents qu'il reçoit dans
» cette région.

» L'embouchure du Congo n'appartient à aucune puissance
» européenne. Un peu au-dessus se trouve la colonie portugaise
» d'Angola ; un peu au Nord la colonie française du Gabon. Le
» fleuve, venant du Nord, sa portion navigable se trouve vers
» le Gabon. Des explorateurs français venant du Gabon ont
» déjà planté le pavillon national sur deux grands affluents du
» fleuve qui coule à l'Est du Gabon.

» Frappés des avantages commerciaux que présente cette

» grande artère, diverses nations cherchent à en prendre pos-
» session. Le gouvernement belge, en particulier, vient d'y
» envoyer Stanley avec un matériel considérable et des res-
» sources illimitées. Seule la France, qui a plus de droits que
» toute autre puissance et par la situation de sa colonie du Gabon
» et par l'exploration officielle faite par un officier français, ne
» peut s'abstenir dans cette lutte pacifique. Il suffirait pour
» réserver nos droits, et sans engager l'avenir, d'aller planter le
» drapeau français à Stanley Pool avant que l'expédition belge
» n'ait pu le faire. Ce serait possible si, pendant que Stanley,
» obligé de se frayer une route dans un pays difficile, a sa
» marche ralentie par un matériel considérable et des *impédi-*
» *menta* nombreux, M. de Brazza connaissant le pays partait de
» la colonie française sans bagages et arrivait par une marche
» rapide au-dessus des chutes du fleuve.

» 1° M. de Brazza partirait immédiatement avec un petit
» nombre d'hommes qui lui seraient fournis par le gouverneur
» du Gabon : une dizaine environ. Il remonterait l'Ogôoué en
» pirogue jusqu'à Moshogo et de là irait par terre le plus rapi-
» dement possible jusqu'à Stanley-Pool, tête de la région navi-
» gable, où il planterait le pavillon français.

» 2° M. Ballay préparerait pendant ce temps tout le matériel
» nécessaire pour une expédition complète et l'établissement
» de deux stations : l'une sur l'Ogôoué, l'autre sur le Congo, et
» ferait construire deux canots à vapeur démontables. Ces pré-
» paratifs demanderaient environ quatre mois. M. Ballay parti-
» rait alors et transporterait tout ce matériel sur le haut Ogôoué.

» 3° M. de Brazza viendrait rejoindre M. Ballay. On lui in-
» diquerait un point sur le Congo où M. Ballay devrait le
» rejoindre après avoir fondé la station sur l'Ogôoué.

» 4° Les canots à vapeur seraient lancés sur le Congo. On
» ferait l'hydrographie du fleuve et de ses affluents.

» Pour arriver à ce résultat il faudrait :

» 1° Que M. le ministre de la marine consentît à donner à
» M. de Brazza la mission d'aller planter le drapeau français à
» Stanley-Pool. Cette mission resterait secrète, et ne serait mise
» à exécution que dans le cas où il arriverait avant Stanley.

» Dans le cas contraire, il paraîtrait faire une simple explo-
» ration géographique.

» 2° Que M. le ministre de la marine donnât l'ordre au gou-
» verneur du Gabon de fournir à M. de Brazza, sur le personnel
» noir de la colonie, dix hommes disposés à le suivre.

» 3° Que M. le ministre de la marine donnât l'ordre de cons-
» truire les deux canots à vapeur démontables.

» 4° Que M. le ministre fournît à M. Ballay les moyens de
» préparer son expédition dans les arsenaux et fît porter le
» matériel par les transports de l'État.

» 5° Qu'on fournît au Gabon les trois Européens et les vingt-
» quatre noirs nécessaires pour conduire les canots à vapeur.

II

NOMINATION DU SERGENT MALAMINE

1° Nomination du sergent Malamine

Le sergent Malamine est nommé provisoirement chef de la station française de Ncouna ; il gardera ce poste jusqu'au jour où il sera remplacé par le chef définitif.

Comme chef de la station française de Ncouna, le sergent Malamine doit, dans la mesure de ses moyens, protection, aide et assistance aux voyageurs européens qui viendraient dans la contrée, quelle que soit leur nationalité.

Le sergent Malamine fixera sa résidence soit à Okila, soit au village d'Otiulu ou à n'importe quelle autre place voisine, sans toutefois sortir des États de Makoko.

L'enseigne de vaisseau, Commandant provisoire des Stations Françaises du Haut-Ogôoué et du Congo intérieur.

Signé : P. SAVORGNAN DE BRAZZA.

Okila, le 3 octobre 1880.

III

LETTRE DU R. P. AUGOUARD

Banana (Embouchure du Congo)

Le 25 août 1881

Mardi 2 août. — Nous n'avons eu aujourd'hui rien de particulier, sinon que du haut d'une colline nous avons aperçu les dernières catacartes, au-delà desquelles s'élargissait, comme une mer, l'étang de Stanley. Cela donna du courage à mes hommes; aussi, le lendemain nous fîmes une marche rapide au milieu d'une immense plaine où nous relevions continuellement des traces d'éléphants et d'hippopotames.

A onze heures nous arrivâmes à la rivière Djué (nommée Gordon Bennet par Stanley). Mais nous fûmes arrêtés par le mauvais vouloir et les exigences du canotier qui ne consentit pas à nous passer à moins de quarante brasses d'étoffe. A peine avais-je passé la rivière que je vis arriver M. Stanley, venant à ma rencontre. Notre entrevue fut des plus courtoises. Je remis à l'illustre explorateur le pli dont je m'étais chargé pour lui et nous causâmes pendant plus de deux heures. *Il me raconta* qu'il était arrivé cinq jours avant moi. Il avait été fort mal reçu par les indigènes, qui avaient construit une immense barricade derrière laquelle ils s'étaient retranchés, armés de leurs fusils et de leurs zagayes.

Évidemment M. Stanley, avec ses blancs et ses soixante-dix Zanzibars armés de fusils à quatorze coups, pouvait balayer toute la place en moins de dix minutes. Mais il ne voulait point avoir recours à la violence, et le hardi voyageur se laissa conduire dans une espèce de marécage d'où les indigènes lui défendirent de sortir.

C'est dur pour un homme qui avait ouvert lui-même le chemin et qui trois années auparavant avait laissé le pays ami et parfaitement tranquille. Toutefois je le félicitai de la conduite pacifique qu'il tenait pour ne point compromettre l'avenir. M. Stanley *me conseilla* de camper à l'endroit où je me trouvais, car si j'allais directement au village *il craignait* que je ne fusse reçu à coups de fusil. Je suivis son conseil et j'envoyai prévenir le roi de l'arrivée d'un Français, les seuls nationaux qu'il souffrait depuis le passage de M. de Brazza.

Jeudi 4. — Le lendemain, sur l'invitation du roi, je me rendis à son village et je voulus aller m'établir sur les bords du fleuve. Mais les sauvages Batékés, qui nous regardaient avec un air moins que rassurant, s'y opposèrent.

Je voulus m'établir alors dans un village voisin, mais les habitants déclarèrent formellement qu'ils ne permettraient jamais à un blanc de dormir sur leur terre. Cela me paraissait d'autant plus extraordinaire que je voyais le pavillon français flotter au-dessus de tous les villages. Enfin le roi lui-même vint me chercher et fit établir mon camp près de sa tente, mais non sans me réclamer le paiement.

Quelques heures après mon arrivée au village d'Omfoa, je vis apparaître le sergent Malamine, laissé par M. de Brazza à la garde du pavillon français à Stanley-Pool. Il me montra le traité d'annexion fait par M. de Brazza et dont je vous envoie la copie.

Le soir, j'allai rendre visite au roi avec le sergent et l'on m'offrit un siège, le plus riche que j'aie jamais eu de ma vie.

C'était vingt-cinq grandes défenses d'ivoire sur lesquelles on étendit une natte. Le roi me dit que les indigènes voyaient d'un mauvais œil les blancs venir dans leur pays et ne permettraient absolument à personne de faire une case avant l'arrivée de M. de Brazza, qu'ils attendent depuis plus de six mois.

Vendredi 5. — Le lendemain j'allai au camp de M. Stanley pour lui rendre la visite qu'il m'avait faite. Il était établi dans un horrible bas-fond resserré entre le fleuve et une forêt épaisse et ayant à peine vingt mètres carrés.

C'est là que l'ont relégué les noirs, à deux kilomètres du village, complétement bloqué avec défense expresse de lui vendre aucune nourriture. Nous causâmes pendant plus de quatre heures et les officiers belges me dirent que jamais ils ne l'avaient vu aussi expansif et aussi causeur.

Il voulut absolument me retenir à dîner et en mon honneur il invita à sa table MM. Braconnier, Valke et France, ce qu'il ne fait que très rarement.

Avec la plus grande amabilité il me donna la latitude et la longitude de Stanley-Pool et de Manienka, observations qu'il venait de faire avec la plus grande précision, il me dit lui-même que sur sa première carte il a commis une erreur de soixante-deux milles et demi, et que cela est dû à ce qu'il n'a fait que des observations rapides et approximatives, ayant perdu son chronomètre qui aurait été cassé dans le dernier combat soutenu dans le haut du fleuve.

En rentrant à mon camp, je vis une foule de Batékés armés, qui entouraient mes hommes et qui leur montraient des dispositions hostiles en leur demandant ce qu'ils venaient faire ici et en leur disant qu'ils n'avaient qu'à partir, car les indigènes n'avaient pas besoin d'eux. J'allai me plaindre au roi de la conduite de ses sujets, mais il me répondit que ce n'était point lui qui avait parlé et que je pouvais encore rester trois ou quatre jours (c'est à dire que, si je n'étais pas parti à cette date, lui-même me ferait la guerre).

Samedi 6. — Le lendemain je retournai au camp de Stanley qui m'avait prié de venir le voir. Comme la veille il fut d'une courtoisie et d'une amabilité très grandes et pendant près de trois heures je pus jouir du charme de sa conversation pétillante d'esprit et de finesse. Pendant notre entretien douze Zanzibars, qui étaient allés au loin pour chercher des vivres, revinrent avec de sinistres nouvelles. Ils avaient appris que, pendant la nuit, les trois chefs influents de Stanley-Pool avaient décrété la mort de tous ceux qui vendraient des vivres à Stanley et que, si dans quatre jours les blancs n'étaient pas partis, ils seraient massacrés. Je lui dis que je ne croyais guère à ces rumeurs, mais il me répondit qu'il en était d'autant plus certain, qu'il avait reçu confirmation de cette nouvelle par des espions particuliers qui avaient assisté à ce conseil de mort.

Je retournai à mon camp et j'allai immédiatement chez *le roi qui m'assura que, moi Français, je n'avais absolument rien à craindre,* mais que je ne pouvais pas faire de case immédiatement.

Voyant qu'il n'y avait rien à faire devant cet entêtement, je lui annonçai que j'allais partir, et je lui fis présent d'un manteau rouge brodé d'or et d'argent. Sa joie ne connut plus de bornes et il proclama bien haut que j'étais son meilleur ami. Je lui expliquai le but de ma mission et il me répondit que, lorsque je reviendrais je pourrais, m'établir pourvu que je lui apporte deux ânes et un grand chien noir, parce que Stanley avait fait ce cadeau à un autre chef et qu'il en était jaloux.

Dimanche 7. — Enfin le lendemain, avec les plus vives protestations d'amitié nous nous séparâmes les meilleurs amis du monde. J'allai seulement camper sur la rivière Djué, car je n'avais pas l'habitude de marcher le dimanche, et je me tins prêt à marcher le lendemain. M. Stanley, avec une courtoisie qui me toucha, fit une longue route avec ses officiers pour venir me faire ses adieux. Sur mon chemin et en partant il mit à ma disposition son vapeur pour descendre de Manianga à Manghila.

Lundi 8. — Le voyage de retour s'effectua rapidement, car nous n'étions pas arrêtés par l'inconnu et la mauvaise volonté des guides. Aussi parcourûmes-nous en cinq jours la distance qui sépare Stanley-Pool de la station Est de Stanley, en face de Manianga.

Après avoir attendu six jours l'arrivée de M. Valke, que M. Stanley envoyait pour faire le voyage avec moi, nous partîmes de la station belge le vendredi 19, à huit heures du matin, avec le vapeur « Royal ».

Le lendemain (20), vers le milieu du jour, nous arrivâmes à Manghila.

Le lendemain (21) nous nous mîmes en marche pour regagner Vivi que nous atteignîmes en deux jours et demi, après avoir fait douze à quatorze lieues dans les montagnes.

IV

LETTRE DE M. F. F. COMBER

Monsieur,

Je suis désireux de vous écrire au sujet du traitement subi par mes deux collègues, MM. Crudington et Bentley, à Stanley-Pool par les gens de la ville de Makoko, en janvier dernier.

Je suis à la tête d'une mission et j'ai reçu pour instructions de fonder une station à Stanley-Pool. Depuis longtemps nous avons essayé d'atteindre ce point, de San-Salvador, par Zambo ou Makuta. Mais nous avons été empêchés par les marchands d'ivoire de ces deux districts. Après votre heureux voyage à la fin de l'année dernière nous décidâmes d'essayer le côté du Nord de la rivière. Et deux de mes compagnons parvinrent à atteindre Stanley-Pool, en passant par Isangila et Manianga.

A la ville de Bwa-bwa-Njali, ils furent très bien reçus. A N'tamo, chez Nga-Liema, ils ne furent ni menacés ni maltraités; mais quand ils atteignirent Nshasha, escortés par les soldats que vous y aviez laissés, ils se trouvèrent exposés aux dangers les plus sérieux par suite de l'attitude hostile des habitants qui se livraient à leurs danses de guerre autour d'eux avec leurs lances et leurs couteaux. Par l'intermédiaire de leur interprète, mes compagnons comprirent que la raison de toute cette conduite sauvage et menaçante était qu'on avait dit à ces gens de se tenir en garde contre tous les blancs qui ne viendraient pas avec le pavillon français, à notre mission n'était pas française, était considérée comme ennemie.

Toujours est-il qu'il y eut malentendu. Nous en avons la ferme conviction. Les gens de la contrée que vous avez annexée au nom de la France semblaient croire que, n'étant pas Français, nous étions leurs ennemis : ils nous traitèrent en conséquence. Nous ne sommes que de simples missionnaires anglais, n'ayant aucun rapport avec notre gouvernement, non salariés par celui-ci, et ne poursuivant en conséquence aucun but politique.

Dans six mois environ, nous espérons être de nouveau à Stanley-Pool, pour établir une station dans l'un des grands villages. Si vous y êtes à présent, si vous y arrivez avant nous, ou si vous vous trouvez en communication avec ces gens par l'entremise de l'un des membres de votre expédition, nous serions heureux si vous vouliez bien prendre la peine de chasser l'impression qui a été produite par notre expédition, que nous, n'étant pas Français, nous devions être traités en ennemis.

Vous souhaitant beaucoup de succès dans votre expédition, ainsi que bonne santé, je suis, monsieur, votre bien sincère.

Signé : F. F. Comber.

V

RAPPORT POLITIQUE AU MINISTRE DE LA MARINE
SUR LE DEUXIÈME VOYAGE

Monsieur le Ministre,

J'ai l'honneur de remettre entre vos mains le traité conclu avec le roi noir Makoko, dont la suprématie s'étend sur le territoire situé sur la rive droite du Congo, en amont des grandes cataractes de ce fleuve.

Par ce traité, Makoko se met sous la protection de la France et lui cède une portion de son territoire.

Importance géographique du territoire occupé. — Le terrain concédé est délimité par les rivières Impila et Djoué; il s'étend sur toute la rive droite du lac nommé, par les indigènes, Ncouna (N'tamo), sur un espace de dix milles, le long du Congo, immédiatement en amont de la dernière cataracte. C'est le point *commercialement stratégique* autour duquel s'agite la question du Congo.

En effet c'est *seulement* entre ces limites que peuvent déboucher les grandes voies de communication à établir, par la suite, sur la rive droite pour relier l'Atlantique au Congo intérieur navigable.

Ce traité mérite toute votre attention parce que, *ratifié* dès à présent, *il tranche* cette question à l'avantage de la France. Sans entrer ici dans les détails que j'ai déjà résumés dans un autre rapport, permettez-moi de vous relater, aussi brièvement que possible, les faits qui ont provoqué la conclusion du traité, — l'historique de notre occupation, — et d'indiquer les avantages qui en résultent pour notre avenir.

Le récit de ses nombreux combats avait précédé Stanley dans sa descente du Congo en 1877. — Les tribus qui ne se sentaient pas assez fortes pour résister s'écartaient de son passage, les peuplades puissantes engageaient la lutte. De là, les trois principaux combats : de l'Arouïmi, des Mangala et enfin celui qui eut lieu en aval de l'embouchure du Qouango, en face de la résidence de Makoko. Depuis ce combat, qui fut le dernier, le vide s'était formé autour du voyageur. Même à Ncouna, centre populeux, où il dut s'arrêter pour avoir des vivres avant de s'engager dans les rapides, Stanley ne put s'en procurer que grâce à Itsi, *seul chef* avec lequel il eût des relations et dont le village était situé sur la rive gauche, immédiatement en amont du premier rapide.

Ce chef avait supplanté son père contre le gré de Makoko. Il se trouvait pour cette raison en mauvais termes avec son suzerain et fut *le seul* qui s'écarta de la ligne de conduite tracée.

Le calme s'était peu à peu rétabli dans la contrée. Néanmoins les indigènes jetaient encore des regards méfiants vers le bas Congo.

Motifs des bonnes dispositions des habitants à notre égard. — Sur ces entrefaites ils avaient appris que d'autres blancs, — les Fallàs (c'est ainsi qu'ils désignaient les Français) établis sur le haut Ogôoué avaient ouvert, avec les peuplades voisines, des communications avec la côte, d'où résultait pour la contrée une source de prospérité et de commerce. De là leur désir de gagner l'amitié de ces blancs et de rechercher leur protection contre ceux du Congo dont le retour était annoncé comme une menace.

Situation politique. — La dynastie des Makoko est fort ancienne et son nom était connu à la côte au xv° siècle. En effet, Bartholomeo, Diaz et Ga da Mosto le citent comme un des plus grands potentats de l'Afrique équatoriale de l'Ouest.

Bien que les cartes du xvi° siècle, qui mentionnent le royaume de Makoko, lui assignent une position géographique passablement exacte, Stanley l'avait traversé sans avoir connaissance de cette dynastie qui l'intriguait vivement.

Les chefs qui occupent les deux rives de Ncouna (N'tamo, Stanley-Pool, Brazzaville), espèce de lac formé par le Congo en amont des dernières cataractes, sont tous feudataires de Makoko et reçoivent de lui, à chaque succession, leur investiture, qui implique la pérogative de s'asseoir sur une peau de tigre, et dont le signe distinctif est un collier en cuivre.

Les tribus qui ont le monopole de la navigation arborent le pavillon français. — Si en face de l'îlot où Stanley livra son dernier combat je parvins à conclure la paix avec les tribus les plus occidentales, — qui sont les navigateurs par excellence du Congo, — c'est à l'influence de Makoko que je le dois. — En effet, c'est par son intermédiaire, qu'en signe de paix et de protection le pavillon français fut arboré par ces tribus dont nous avions besoin pour assurer par l'Ogôoué et l'Alima nos communications avec le Congo qui est appelé à cet endroit Niali-Makoko.

Lorsque j'annonçai que les blancs de l'Ogôoué viendraient dans le Congo par l'Alima, pour nouer dans l'avenir des relations commerciales qui amèneraient la prospérité et l'abondance, on accueillit cette nouvelle avec enthousiasme.

Préliminaires du traité. — Makoko tenait beaucoup à ce qu'on établît près de sa résidence de Nduo le nouveau village des blancs. Ce n'est pas sans regret qu'il accéda à ma demande de le fixer plus loin, à Ncouna, lors même que je lui eus expliqué la raison de mon choix qui était d'ouvrir sur ce point une route plus facile aux Blancs-Fallas. — « Ncouna— N'tamo m'appartient, dit-il ; je te donne d'avance la partie que tu désigneras. Ngaliémé donnera ma parole aux chefs qui tiennent la terre en mon nom, et qui dépendront désormais de toi. »

C'est même sur sa demande que je laissai ensuite sur le terrain concédé le sergent Malamine et deux hommes, à l'entretien desquels il s'offrit de faire pourvoir jusqu'à mon retour, car il savait que j'étais dénué de ressources.

Makoko arbore le pavillon français en signe de protection. — En partant pour Ncouna, nous nous quittâmes en fort bons termes ; les cadeaux que je reçus de lui furent plus considérables que ceux qu'il obtint de moi. Je lui fis comprendre que le seul fait d'arborer notre pavillon constituait pour lui une protection effective envers d'autres Européens. Voulant lui donner acte des mesures qu'il avait prises en notre faveur touchant Ncouna, je lui remis un pavillon.

Signature du traité. — Le 3 octobre 1880 l'acte de prise de possession fut rédigé et signé à Ncouna. La décision de Makoko avait été signifiée aux indigènes par Ngaliémé qui se trouvait alors à Ncouna pour percevoir des redevances.

Occupation de la rive droite. — Tous les chefs établis sur le terrain concédé arborèrent le pavillon français et vinrent me rendre hommage pour confirmer la prise de possession.

Les chefs de la rive gauche apprenant que ceux de la rive droite avaient obtenu de moi non-seulement le pavillon français mais qu'ils allaient jouir d'avantages par l'établissement futur d'Européens dans leur contrée, m'envoyèrent une députation pour obtenir les mêmes faveurs.

« Nous sommes, aussi bien que ceux de la rive droite, vassaux de Makoko, disaient-ils, et nous désirons ne pas rester à l'écart de la prospérité que les Fallàs amèneront dans la contrée. »

Sur ma réponse que les Français ne désiraient pas pour le moment se fixer de l'autre côté du fleuve et prendre possession des deux rives, ils insistèrent auprès de Ngaliémé pour avoir au moins un pavillon en signe de protection. Ils réussirent à obtenir de lui que les chefs des deux rives auraient la charge et la responsabilité des hommes que je laissais dans le pays.

J'acceptai ce compromis. Mais connaissant la situation délicate d'Itsi Ngaliémé à l'égard de Makoko, je refusai de le voir et de lui donner un pavillon. Toutefois, sur l'instance du doyen des chefs je laissai un pavillon de plus à condition qu'il le donnerait à Itsi sous sa propre responsabilité.

Les faits qui suivirent ont prouvé que ce traité avait été stipulé par les indigènes avec entière connaissance de leurs intérêts, et qu'ils l'ont observé fidèlement. Le seul reproche qu'on pourrait leur faire c'est d'avoir nn peu péché par excès de zèle.

Arrivée des missionnaires anglais. — Trois mois après mon départ, deux missionnaires évangéliques, MM. Crudington et Bentley, suivant la même route que moi mais à l'inverse, arrivèrent à Ncouna où, surpris de voir flotter notre pavillon, ils demandèrent avec instance aux indigènes s'ils comprenaient l'engagement qu'ils avaient contracté en donnant leur pays à la France.

Les indigènes à leur tour leur ayant demandé s'ils étaient Français, ils mirent peut-être trop d'empressement à afficher « qu'ils n'avaient rien de commun avec les Français, qu'ils étaient Anglais, une tout autre nation ».

Pourparlers. — Cette déclaration, qui décelait un certain antagonisme, et la direction par laquelle ils arrivaient inspirèrent la méfiance. Ensuite, leurs démarches, ayant pour but de s'établir sur la rive gauche, — démarches faites exclusivement auprès d'Itsi-Ngaliémé, — que par mépris ils confondaient avec Ngaliémé, le représentant de Makoko, — dont le nom figurait sur le traité, — leur aliénèrent tous les chefs qui voyaient dans ces pourparlers dont ils étaient exclus une intrigue portant atteinte aux droits de Makoko. — Aussi témoignèrent-ils aux missionnaires des intentions hostiles, que le manque d'expérience de ces derniers et l'ignorance des causes qui les motivaient leur firent exagérer.

Ayant compliqué la situation, ils durent accepter la protection de notre sergent Malamine dont ils auraient désiré pouvoir se passer. Malamine se mit à leur disposition, conformément aux ordres que je lui avais laissés. Cette offre arrivait à propos, car les missionnaires étaient inquiets, au milieu de cette population mal disposée.

Protection donnée par le pavillon. — Notre sergent réussit à calmer les indigènes en leur faisant comprendre que les Anglais étaient frères des Français. Son offre de les accompagner au village qu'il habitait fut déclinée par les missionnaires. Mais à leur demande, il mit pour les rassurer un de ses marins à leur garde.

Départ des missionnaires. — Deux jours après, protégés par le sergent, les missionnaires quittaient la contrée.

J'ose affirmer, comme ils le reconnaissent d'ailleurs eux-mêmes, que notre deuxième station ne leur a pas été inutile, bien qu'ils aient tenu à profiter le moins possible de la protection que notre pavillon leur offrait.

Arrivée de Stanley. — Stanley, informé de ces faits, laissa en arrière à Manianga son matériel et son personnel considérables, et arriva le 27 juillet à Ncouna, à la tête de quatre Européens (dont deux officiers belges) et de soixante-dix Zanzibarites.

But poursuivi. — Il pensait qu'une démonstration de force et de puissance intimiderait ces chefs qui semblaient vouloir défendre d'une manière si exclusive qu'on portât atteinte aux droits qu'ils nous avaient donnés.

Dès son arrivée, Malamine, suivant les instructions reçues, alla à sa rencontre avec deux moutons et une provision de vivres qu'il lui offrit en signe de bienvenue.

Mauvais accueil fait au sergent. — Cédant peut-être à un mouvement de dépit momentané, Stanley eçut très durement le modeste sous-officier représentant l'occupation par la France d'un point qui depuis deux ans était l'objectif de l'Américain.

Les indigènes déclarent qu'ils ont cédé leur territoire et ne veulent laisser personne s'y établir. — Repoussant dédaigneusement toute offre de services il se mettait ouvertement aux yeux des indigènes en antagonisme avec moi, et rendit encore plus vive la crainte et la méfiance que son *seul nom* inspirait. Aussi, lorsqu'il manifesta l'intention de s'établir dans la contrée, les indigènes répondirent à ses avances qu'ils avaient cédé leur territoire et qu'ils ne voulaient laisser personne s'établir sans mon autorisation.

Les indigènes défèrent leurs droits. — A un déploiement de force qui n'était qu'une menace, ils déclarèrent qu'ils répondraient à la force par la force et arborèrent leur pavillon français.

Préparatifs du départ de Stanley. — Le désir de se conformer aux instructions reçues, de procéder pacifiquement et le respect dû à notre drapeau, firent que Stanley *n'osa pas* ouvrir les hostilités contre les chefs qui se couvraient de notre pavillon pour défendre leurs droits. Il accepta de camper à l'endroit que les indigènes lui assignaient pour faire ses préparatifs de départ.

Arrivée d'un missionnaire français. — Ce fut là que cinq jours après le trouva le père Augouard que Stanley avait tenu à devancer. Je ne sais si ce missionnaire français comprit le but de l'extrême prévenance de Stanley à son égard. Mais l'intimité qui s'établit entre le nouvel arrivant et Stanley, auparavant si hostile à nous (à la France), eut pour effet d'inspirer aux indigènes des doutes sur la nationalité que déclarait le père Augouard, sans hisser de pavillon. En un mot je soupçonne que, aux yeux des indigènes, le missionnaire se plaça trop sous la protection de la puissance apparente de Stanley et pas assez à l'abri de la faiblesse et de l'influence réelle du sergent.

Stanley engage le missionnaire français à partir. — Il aurait pu rester sans crainte. Mais ignorant absolument ce qui s'était passé entre Stanley et les indigènes, il avait mal jugé la situation. Il quitta Brazzaville au bout de trois jours à la grande joie de Stanley qui, voulant se débarrasser d'un témoin importun, facilita son départ de *toutes* les manières.

A cette époque j'envoyai des marchandises à notre sergent qui depuis six mois était sans nouvelles de nous. Je convoyai moi-même ce ravitaillement jusqu'à mi-chemin. Comme j'avais appris vaguement par les indigènes l'arrivée d'Européens sur ce point, je leur écrivis une lettre où, offrant mes services, j'exposai la situation et réservai nos droits.

Stanley quitte notre territoire. — Stanley, reconnaissant que notre occupation était un *fait accompli*, jeta les yeux sur la rive opposée.

Intrigues de Stanley avec Itsi-Ngaliémé. — Je ne sais s'il comprit la portée des intrigues qu'il entama avec Itsi et la signification de la peau de tigre qu'il lui envoya, mais ce que je sais, c'est que le but poursuivi était d'amener, sans se compromettre, ce chef à abattre le pavillon français, sous la protection duquel il ne voulait pas se placer. Il l'aurait ensuite engagé à s'insurger contre les institutions du pays, en promettant à ce chef sa protection, et en l'engageant à s'appuyer sur les Bacouo, peuples voisins.

Stanley aposte des hommes sur la rive gauche. — Itsi n'aurait pas osé accepter le dangereux honneur d'être nommé par Stanley chef d'un territoire appartenant à Makoko sans les fusils à répétition des Zanzibars laissés en garnison dans son village.

Stanley quitte la contrée. — Il est tout naturel que les indigènes l'aient pris par la famine pour le forcer à un départ qui coupait court à ses démarches.

Makoko force les hommes de Stanley à quitter la contrée. — Bien que Stanley eût su mettre à profit le temps de son séjour, les germes de discorde qu'il sema dans la contrée avortèrent pour le moment. Itsi n'était pas assez puissant, ni assez sûr de l'amitié des Bacouo. Aussi sous la pression exercée par l'autorité de Makoko il s'est vu bientôt forcé de renvoyer de son village la garnison des Zanzibars qui portait atteinte aux droits du suzerain.

Stanley voyant que sa manière d'agir lui avait aliéné les véritables chefs du pays et que désormais la seule chance de prendre pied à Stanley-Pool se trouvait dans les mains d'Itsi, abandonna la rive droite. A partir de Manianga c'est sur la rive gauche qu'il traîna ses vapeurs pour déboucher à Stanley-Pool, au village d'Itsi.

Se voyant *forcé* de respecter le traité qui nous cède Brazzaville, il comprit qu'il *fallait* compter avec nous et en référa à ses commettants en leur exposant la situation.

Le roi de Belgique demande notre adhésion à l'établissement d'une station. — Informé de l'influence que j'avais acquise à la France, le roi des Belges demanda à M. de Lesseps, président du comité français de l'Association africaine s'il n'avait pas d'objection à faire l'établissement d'une station dans notre voisinage. Par ce *seul fait*, le roi des Belges, avant de s'établir, nous a donné *acte* de la reconnaissance de nos droits, et de la légalité de notre occupation.

Établissement d'une station belge sur la rive gauche, à Ncouna. — Depuis les dernières nouvelles Stanley avait renoué en face et cette fois avec succès les fils d'une politique qui avait déjà subi un premier échec.

Tel est l'historique de la première station belge, établie sur la rive gauche du Congo, qui date de décembre 1881, c'est-à-dire d'un an et trois mois après notre occupation de la rive droite.

Permettez-moi d'insister sur les avantages que donne à la France le traité dont j'ai l'honneur de demander la ratification présentement.

Par le traité que j'ai conclu et par notre occupation jusqu'à ce jour nous avons acquis des droits sur un point qui nous assure une situation privilégiée sur les débouchés du grand bassin du Congo dont ce point est *la clef*.

Ce sont nos concurrents qui, à un moment où ils se croyaient exclus, ont d'eux-mêmes ratifié nos droits en demandant à participer aux bénéfices de l'occupation d'un point qui, conquis en premier lieu par eux, aurait pu devenir à tout jamais inaccessible pour nous.

On parle de la neutralisation du Congo.

Les principaux intéressés, la Belgique et l'Amérique, sont partisans de ce principe, qui n'est en réalité que *fictif*. Il n'est pas, en effet, sans intérêt de signaler les conventions échangées entre le représentant de cette idée internationale et les chefs indigènes.

Par ces conventions, à partir de Vivi, en amont sur la route qu'a suivie Stanley, les terrains propres à être utilisés sont la propriété du Comité d'études du Congo.

Particulièrement aux environs de Vivi il est défendu de s'établir sans demander à Stanley l'autorisation spécifiée dans ces conventions et reconnaître ainsi au Comité d'études du Congo ou la souveraineté ou la propriété exclusive du sol.

La rapidité de notre action et la priorité de notre installation à Brazzaville, sont venues *déjouer* un plan de monopolisation de la voie qui semble difficile à concilier avec la neutralité réelle du Congo.

Il ne m'appartient pas de juger les pourparlers qui ont eu lieu en Europe, entre le roi de Belgique et le gouvernement français, relativement au *rappel* du sergent Malamine, à un moment où les faits qui s'étaient passés en Afrique n'étaient connus *que* par la correspondance de Stanley. Je dirai seulement qu'ils indiquent l'habileté de nos concurrents à profiter de nos moindres fautes.

Situation politique. — Deux drapeaux flottent actuellement sur le point le plus rapproché de l'Atlantique où le Congo intérieur commence à être navigable. Sur la rive droite, à Brazzaville, le pavillon français représente notre droit d'accès au Congo intérieur. En face de nous, à Stanley-Pool, un pavillon inconnu à l'abri d'une idée internationale d'humanité, de science et de civilisation tend à inaugurer le monopole commercial d'une compagnie qui aspire à devenir souveraine et dont le mandataire agit déjà en souverain.

C'est notre droit d'accès que nous ratifions en ratifiant le traité. En ne le ratifiant pas nous laissons le champ libre à la réalisation d'une neutralité de nom et d'un monopole de fait (1).

Avantages de la ratification du traité. — La ratification du traité nous *évite* donc des complications futures, pour le cas où, sans abandonner nos vues sur ces contrées, nous abandonnerions nos stations aux hasards d'un voisinage envahisseur que notre indifférence rendrait plus entreprenant.

Où nous mènera la politique d'exclusion inaugurée par Stanley à Vivi, politique que j'ai déjouée à Stanley-Pool ?

---

(1) Ces conventions sont entre les mains des chefs indigènes, voisins de Vivi. Le père Augouard eut l'occasion de les voir, mais il n'en saisit pas la portée.

Telle est la question qu'il faut étudier et trancher.

Si nous étions restés étrangers au mouvement significatif qui s'est manifesté, il y a trois ans, Stanley aurait passé à Ncouna des conventions semblables à celles de Vivi (1), et le *dernier arrivant* aurait trouvé la place prise. C'était là, en effet, le sort qui nous était réservé, si je ne l'avais pas *devancé*.

Le coup porté au monopole commercial a frappé juste. Stanley n'en a pas caché son dépit.

Mais prenons garde, si nous laissons l'influence étrangère s'établir sur la rive droite du Congo notre Colonie du Gabon, réduite aux ressources du seul Ogôoué, restera à jamais un modeste comptoir perdu sur la côte.

Il est à remarquer que ce traité ne nous engage qu'autant que nous le voulons bien. Et nous n'avons en le ratifiant qu'à prendre les mesures réclamées par *nos intérêts* les plus élémentaires pour le maintien de notre station du Congo.

Le traité entraîne, non pas une acquisition territoriale, mais l'occupation profitable aux intérêts de notre pays d'un point stratégique important pour le combat paisible de la concurrence commerciale.

Le présent rapport ayant pour but de prouver l'urgente nécessité de reconnaître un traité préparé et une occupation effectuée au nom de notre pays, par ma propre initiative, je dois

---

(1) Si, à l'époque où j'appris le fâcheux contre-temps qui retenait le docteur Ballay avec son bateau démontable, je n'avais pas été entièrement dénué de ressources, me mettant à la tête des piroguiers de l'Ogôoué, dont je m'étais fait des auxiliaires, j'aurais pu, au profit de mon influence, les lancer pour la première fois dans le Congo intérieur à la recherche d'un nouveau marché d'ivoire; comme autrefois, profitant de mon influence, je les avais envoyés à la côte, à la recherche du commerce direct avec les Européens.

Ces faits donnent la mesure de l'influence que nous pouvons acquérir par la fondation de Brazzaville.

constater jusqu'à quel point j'ai engagé la responsabilité de la France, et faire observer :

1° Que la ratification du traité ne présente aucun inconvénient.

2° Qu'elle offre des avantages.

3° Qu'elle exige certaines mesures immédiates, indiquées ci-après.

A l'égard du gouvernement, voici quelle était ma situation. Pendant toute la durée de mon voyage, considéré comme embarqué à bord de l'Eurydice avec seize matelots noirs, j'étais ainsi que mon escorte à la solde du département de la marine. Par conséquent Brazzaville se trouve avoir été occupée provisoirement pendant deux ans, par un sergent et par trois matelots noirs français auxquels j'avais donné le droit d'arborer notre pavillon.

N'ayant pas qualité pour traiter, c'est sous ma propre responsabilité, qu'en occupant Brazzaville, j'ai profité des bonnes dispositions de Makoko à l'égard de la France dont j'étais le représentant.

N'ayant fait qu'accepter, sous bénéfice d'inventaire, une cession de territoire, j'ai l'honneur, monsieur le ministre, de vous demander la ratification d'un traité par lequel une seule des parties contractantes (les chefs noirs) se trouve liée.

En effet, je n'ai engagé la responsabilité de la France, ni en assurant d'autre protection que celle qui résulterait du fait d'arborer notre pavillon, ni en promettant d'autres avantages que ceux qui découleraient naturellement dans le présent de l'établissement d'une station dans la contrée, et dans l'avenir des relations commerciales que cette station contribuerait établir avec la côte.

Notre ratification n'aurait pas d'inconvénients.

1° Le fait que ce traité a été maintenu par les indigènes et respecté par d'autres États, grâce à la seule présence de notre pavillon, est la preuve évidente que la ratification ne donnera point prise à des complications futures.

2° Nos seuls concurrents ont implicitement reconnu nos droits de premiers occupants, en demandant à s'établir en face de nous.

3° Aucune complication n'est à prévoir de la part des indigènes, puisque ce sont les avantages qu'ils espèrent tirer de notre présence, qui les ont engagés à venir au devant de nous.

4° La France et le Portugal étant par leurs colonies reconnues les seules nations à portée de cette contrée, il n'y a que ce dernier pays qui pourrait vouloir profiter de sa situation géographique pour revendiquer ses droits d'accès au Congo intérieur par la rive Sud. Mais en donnant même la plus large interprétation à ces traités, tombés en désuétude depuis un siècle et demi, nous sommes à l'abri de ses prétentions puisque le territoire cédé se trouve bien en dehors des limites les plus étendues que l'on puisse assigner à la suprématie nominale du Portugal, qui n'a jamais dépassé le cinquième degré quinze minutes latitude Sud.

5° L'Angleterre, qui, depuis trois ans, a jeté les yeux sur le bassin du Congo, et *cherche*, par ses missionnaires, à se créer des droits, n'a actuellement aucun intérêt commercial à y défendre. En effet, la seule maison anglaise qui existe dans le Bas-Congo, n'est qu'une petite succursale d'un comptoir établi sur la côte.

La ratification du traité aurait des avantages :

1° En effet, le traité nous permet de faire valoir sans contestation, dès maintenant et dans la suite, des droits de souveraineté effective sur ce point. En ne le ratifiant pas nous renonçons de fait à des droits que nous ne pourrons *jamais reconquérir*.

2° Il nous ferait prendre position à l'une des extrémités de la voie qui est fatalement appelée à jouer un rôle considérable dans l'avenir, je veux parler de celle qui reliera l'Atlantique au Congo intérieur navigable.

Les mesures immédiates à prendre pour sauvegarder notre avenir sont :

1° Notifier à Makoko et aux chefs établis sur le territoire cédé, la ratification du traité et leur envoyer les cadeaux d'usage.

2° Continuer l'occupation du point concédé, par l'établissement effectif d'une station scientifique et hospitalière.

3° Prendre pied à l'autre bout de la voie, à Mayombé, en aval des rapides de la rivière Quillou et Loango, point d'aboutissement de cette voie autour de laquelle gravitent les intérêts en question.

Le fait fondamental qui ressort de ce rapport est le suivant :

Nous *renonçons* dès aujourd'hui à toute influence dans des contrées fatalement appelées à un grand avenir, si nous ne sauvegardons nos intérêts par les mesures immédiates que je viens d'indiquer.

C'est donc une lourde responsabilité, celle qui pèsera, dans l'avenir, sur les décisions prises *maintenant* à l'égard du Congo intérieur navigable.

L'occupation des deux extrémités de la voie, par des stations d'un caractère humanitaire et scientifique, nous assurerait en réalité des droits politiques pour l'avenir et préparerait une occupation commerciale.

En effet, notre commerce et notre industrie y gagneraient la garantie de notre protection pour le jour où ils se seraient créé dans cette région des intérêts considérables.

Je viens d'indiquer les mesures réclamées *d'urgence*. Les mesures à prendre par la suite et l'organisation de notre action pour préparer le développement naturel de notre colonie du Gabon feront l'objet d'une note spéciale que je résume ici.

Ligne de politique à suivre. — Il importerait, en fondant sur la côte des stations sans caractère politique, de développer une influence qui nous est déjà acquise par les missions françaises dont il serait bon d'ailleurs de favoriser l'expansion. Nous affirmerions ainsi la réalité de notre influence et rendrions incontestables des droits incontestés.

En maintenant à l'intérieur, en organisant sérieusement les stations existantes, et en établissant des nouvelles sur des points indiqués d'avance, nous consoliderions les bases de notre influence future; nous ferions ressortir aux yeux des indigènes les avantages des relations directes avec les Européens de la côte, et nous les amènerions ainsi, *sans lutte*, à renoncer aux monopoles particuliers et aux jalousies locales.

En un mot, nous grouperions sous notre influence les peuplades les plus nombreuses et les plus puissantes auxquelles nous créerions, en les mettant en relations avec la côte, des intérêts qu'elles se chargeraient de défendre elles-mêmes, une fois qu'elles en auraient apprécié l'importance.

Cette ligne de conduite m'a permis dans l'Ogôoué de disposer de mille à deux mille pagayeurs dont j'avais besoin, soit pour défendre la route du fleuve que je venais d'ouvrir à travers la peuplade belliqueuse des Pahouins, en brisant des monopoles séculaires, soit pour m'y assurer des moyens de transports directs.

Cette ligne de conduite m'a permis entre l'Ogôoué et l'Alima d'avoir à ma disposition les quatre ou six cents travailleurs dont j'avais besoin pour les travaux de route effectués pour le passage des vapeurs que j'attendais et pour m'y assurer le concours d'un nombre considérable de porteurs.

Parallèle entre les questions du Niger et du Congo. — Telle est la ligne de conduite qu'il importerait de suivre dans la vallée du Niari. Tout en nous permettant l'étude technique du parcours de la voie ferrée à tracer dans ces parages, elle préparerait des populations nombreuses et pacifiques à fournir le travail nécessaires pour établir nos moyens de communication.

L'ensemble de notre action devrait être soutenue par la volonté politique bien arrêtée, d'affermir notre prépondérance sur la côte, jusqu'à la rive droite du Congo, en profitant avec empressement de toutes les circonstances qui pourraient motiver notre intervention.

Je dois faire ressortir ici la grande analogie qui existe entre cette question et celle du Niger supérieur, dont le Gouvernement se préoccupe avec raison.

Cette analogie se pose ainsi :

La connexion qui existe entre l'Algérie, le Sénégal et le Soudan justifie les lourds sacrifices supportés pour l'établissement d'une influence politique et pour le développement d'un commerce depuis longtemps établi sur la côte au Sénégal.

Mais la question du Congo et du Gabon, bien que nos intérêts commerciaux n'y datent que d'hier, se présente avec des avantages bien autrement importants, dont le premier est de *ne pas* imposer les lourdes charges que comporterait une occupation militaire.

Ces avantages se résument comme suit :

— Les conditions politiques de la contrée dont les habitants sont groupés sans cohésion nationale, ce qui facilitera l'établissement de notre suprématie (1).

— L'absence de toute influence *musulmane* qui pourrait réu-

---

(1) J'ai pu, en effet, établir sur le Congo un simple sergent, dont la présence a suffi pour faire respecter les intérêts qu'il représentait, et deux hommes porteurs d'ordres et convoyant des marchandises destinées au sergent Malamine, tout dernièrement, ont pu aisément parcourir 1,400 kilomètres de pays, au milieu de populations nombreuses.

nir les populations dans une même idée politique ou religieuse.

— Un plus vaste débouché.

— Des richesses naturelles plus nombreueses et plus abondantes qui peuvent entrer *immédiatement* en exploitation, telles que : caoutchouc, ivoire.

— Sur le parcours de la voie à créer, une population stable, pacifique, adonnée à la culture.

— La main-d'œuvre qu'on trouverait facilement pour la construction de la voie à travers un pays très peuplé (1).

— L'étendue peut-être quintuple du réseau des voies navigables intérieures.

— La longueur moins considérable de la voie à construire pour les utiliser.

Et en dernier lieu, l'avantage qu'offre cette voie, d'aboutir *directement* à l'Atlantique.

Concurrence anglaise à craindre dans le Soudan. — Si l'importance de nos intérêts au Sénégal justifie l'énergie de notre intervention les avantages que je viens de citer en faveur du Gabon et du Congo sont de nature à motiver une action non moins énergique, bien que d'un tout autre caractère. Cette action serait, pour ainsi dire, le complément économique de celle qui nous pousse à chercher nos débouchés dans le Soudan, — complément *d'autant plus* nécessaire que l'Angleterre peut nous faire une concession *sérieuse* dans le Soudan oriental par la Benoué et dans le Soudan occidental, par une voie latérale aux rapides de Bussa (2).

---

(1) Bien qu'on ne puisse compter exclusivement sur le travail des indigènes, les ayant employés à des travaux de route entre l'Ogôoué et l'Alima, je connais l'avantage qu'on pourrait en tirer.

(2) Le Bas-Niger, exploité par deux puissantes compagnies anglaises, procure tous les mois le chargement complet de trois grands paquebots. L'influence anglaise est fortement établie dans le Haussa qui fournit les soldats noirs des

Il serait donc sage de ne pas compter trop exclusivement pour notre industrie *en souffrance*, sur les débouchés du Soudan et de sauvegarder notre avenir dans le bassin du Congo, dont l'étendue représente un cinquième de la superficie totale de l'Afrique.

En acceptant il y a trois ans de prêter au Comité français de l'Association internationale africaine le concours qui m'était demandé, je crus de mon devoir de provoquer la décision que l'établissement de ce pavillon international sur les stations occidentales ne viendrait pas léser des intérêts politiques et commerciaux français, à portée d'une de nos colonies.

Seul, à bien connaître la situation privilégiée faite par les dernières découvertes de notre colonie du Gabon, je crus de mon premier devoir, d'assurer à la France le bénéfice d'une *priorité d'occupation* qui sauvegarde ses droits, dans une contrée devenue l'objectif de toutes les nations.

C'est un devoir que j'ai accompli, en profitant des avantages de la situation, pour occuper de ma propre initiative, au nom de la France, un point dont l'avenir viendra prouver l'importance politique et commerciale.

C'est un devoir que j'ai cru accomplir aussi en entraînant mon pays assez loin, pour le contraindre *à étudier* la portée des intérêts en jeu, avant de renoncer à la situation acquise.

Et maintenant, monsieur le ministre, c'est encore un devoir que j'accomplis, en venant, avec l'autorité que peut me donner la connaissance de la contrée, affirmer que la question du Congo mérite la plus sérieuse attention.

Si profonde est ma conviction à cet égard, que je n'ai pas

---

garnisons anglaises de la côte. *Il est trop tard déjà* pour songer à supplanter l'influence anglaise qui finira par attirer vers le Bas-Niger, en suivant le courant du fleuve, les produits du Soudan.

hésité, même au prix d'une partie de ma fortune, à faire face aux exigences impérieuses de la situation.

Si j'exprime ici ma conviction d'une manière qui peut paraître trop affirmative, c'est que, pénétré de la gravité et de l'urgence de la situation, je tiens à mettre entre *vos mains, dans l'intérêt du pays,* une responsabilité qui pourrait, par la suite, peser lourdement sur moi.

VI

LOI APPROUVANT LE TRAITÉ PASSÉ AVEC LE ROI MAKOKO (1)

Loi *qui approuve les traité et acte signés le 10 septembre et le 3 octobre 1880, par M. DE BRAZZA, enseigne de vaisseau, et le roi MAKOKO.*

Le Sénat et la Chambre des députés ont adopté. Le Président de la République promulgue la loi dont la teneur suit :

Article unique. — Le Président de la République est autorisé à ratifier et à faire ratifier les traité et acte conclus, les 10 septembre et 3 octobre 1880, entre M. Savorgnan de Brazza, enseigne de vaisseau, d'une part, et le roi Makoko, suzerain des Batékés et ses chefs, d'autre part ; traité et acte dont le texte demeure annexé à la présente loi. — La présente loi délibérée et adoptée par le Sénat et par la Chambre des députés sera exécutée comme loi de l'État.

Fait à Paris, le 30 novembre 1882.

JULES GRÉVY.

Par le Président de la République :
Le Président du Conseil,
Ministre des Affaires étrangères.
C. DUCLERC.

(1) Cette loi fut votée *à l'unanimité* à la Chambre des députés et au Sénat.

TROISIÈME PARTIE

NOTE RELATIVE AU TROISIÈME VOYAGE

A PROPOS DES COLLECTIONS
RECUEILLIES PAR LA MISSION DE L'OUEST AFRICAIN (1)

Le Muséum d'histoire naturelle et le Musée d'ethnographie, combinant leurs efforts, ont réussi à installer dans la grande orangerie du Jardin des Plantes une exposition provisoire des nombreux objets de toute sorte, recueillis par la mission de l'Ouest africain. Le légitime renom conquis par M. P. de Brazza, durant les dix années qu'il a consacrées à la conquête pacifique du Congo français, l'intérêt toujours plus grand qui s'attache en France à tout ce qui nous vient de ces lointaines contrées, la curiosité de plus en plus vive qu'excitent chez les personnes cultivées l'histoire naturelle et l'ethnographie ; tout cela, dit M. Hamy, « devrait contribuer à assurer le succès de notre exposition, succès que sont venues grandir encore les attaques passionnées, dirigées dans ces derniers jours contre

---

(1) Cette note a été lue par le Docteur Hamy à la *Société de Géographie*, à la séance du 14 juillet 1886.

ceux de nos compatriotes qui ont été chargés de définir l'extrème limite orientale de nos possessions du Congo ».

Des milliers de personnes (près de trente mille) se sont succédé dans le local où étaient accumulées les collections formées sur notre territoire, depuis le Niari jusqu'à l'Oubangui, et ont pu se confirmer dans cette idée que le Congo français est une terre particulièrement intéressante à tous égards et qui remboursera un jour au centuple les faibles dépenses que son organisation impose en ce moment à notre pays.

M. Hamy passe rapidement en revue les collections d'histoire naturelle, et montre quelles ressources la minéralogie, la botanique, la zoologie peuvent fournir à l'indigène et au colon. Il étudie ensuite les caractères anthropologiques et ethnographiques des diverses tribus, en s'arrêtant plus longuement sur l'examen de celles dont les industries, les mœurs, les croyances, etc., sont matérialisées par quelque série de pièces à l'exposition de l'Ouest africain.

Les races nègres sont nombreuses dans les territoires français de l'Ouest. Ce sont les *Akoa* ou Pygmées occidentaux, apparentés de fort près aux Akka ou Tikki-Tikki de Schweinfurth et de Miani, dispersés un peu partout dans les parties les moins habitables du pays, estuaire de l'Ogôoué, montagnes des Njavis, etc.; les *Congo* proprement dits, qui peuplent principalement le Sud du territoire jusqu'au bassin de la Sette; les *Penges* ou Pongoués de l'estuaire du Gabon, auxquels se rattachent les Orongou du Cap Lopez, les nègres du Camma, les Galoas, etc.; les *Bengas* de Corisco et des côtes voisines, avec lesquels il faut classer les Okota, les Okanda, les Apindjis et quatre ou cinq autres tribus de l'Ogôoué; les Fans ou Pahouins, Ossyeba, Chaké, etc., tout un groupe d'anthropophages, dont la migration est récente et qui ont été précédés dans la contrée par un premier ban d'envahisseurs de même race, les Bakalais. M. Hamy montre que l'état de dispersion des diverses familles nègres de l'Ouest africain, à l'exception de cette dernière, demeurée compacte et marchant en rangs serrés du Haut-Ogôoué vers la mer, met en évidence de la manière la plus nette une loi déjà souvent formulée avec plus ou moins de précision et suivant laquelle les tribus nègres se déplacent constamment du cœur du continent vers l'Ouest ou le Sud-Ouest. Acculées à la mer, qu'elles ont enfin trouvée sur leur route, les tribus d'immigration ancienne finissent par succomber sous la pression des nouveaux arrivants. Les Pygmées sont disloqués en tout petits groupes ; les Congo ont été refoulés dans le Sud; les Pongoués, les Benga représentent sur la carte, au milieu de la masse des envahisseurs Bakalais et Pahouins, une série de taches irrégulièrement parsemées. M. Hamy étudie l'ethnographie de ces anciens habitants de l'Ouest africain en s'attachant plus particulièrement aux tribus de la Loudima et du Niari, chez lesquelles M. Joseph Cholet a formé une belle et curieuse collection, dont l'examen vient confirmer à bien des égards les rapprochements établis jadis par Livingstone entre les mœurs des noirs de cette partie de l'Afrique et celles des anciens Égyptiens.

Les Ossyeba, dont les séries d'objets recueillis à Booué par M. Michaud, font connaitre l'ethnographie presque entière, ont été rattachés à bon droit aux Pahouins du Gabon par MM. de Compiègne et Marche, qui les ont les premiers visités. M. Hamy saisit l'occasion qui se présente de montrer que les renseignements publiés par M. Fleuriot de Langle sur les migrations de ces peuples sont entachés de grosses erreurs ; les Pahouins ou Ossyeba viennent du haut de l'Ivindo, grand affluent de droite de l'Ogôoué, à la source duquel MM. Jacques de Brazza et Pecile ont tout récemment retrouvé leurs tribus; ils ne peuvent pas être sortis d'un grand lac équatorial, profondément ignorants, comme ils le sont, des choses de la pêche et de la navigation. D'autre part, ce n'est point à eux, c'est aux Ovambo du haut fleuve (MM. Tholon et Schwebisch l'ont montré les premiers), qu'appartiennent ces outils en forme de becs d'oiseaux, improprement qualifiés de *couteaux de sacrifice*, et dont l'existence entre les mains des Pahouins et de leurs congénères était invoquée à l'appui de leur origine orientale par MM. Schweinfurth et de Compiègne. Ces deux voyageurs trouvaient à ces couteaux des analogies avec les *pingahs*, armes de jet en fer contourné, des Niam Niam de l'Ouellé. Les nègres du Congo français ont d'autres armes bien plus semblables au *pingah*, mais c'est beaucoup plus haut, sur l'Oubangui, qu'il les faut aller chercher.

Les tribus aux abords de Franceville, Obambo, Ondoumbo, Ovambo, qu'on ne sait encore où classer, sont les plus industrieuses et les plus intelligentes de tout le pays. M. Hamy expose en détail leur ethnographie mise en pleine lumière par les énormes collections recueillies par MM. Schwebisch et Tholon, J. de Brazza et Pecile.

Les Batékés, qui viennent ensuite, sont encore un vieux peuple, coupé en deux par l'immigration des Achicouya, descendus du Nord-Est. M. Hamy rappelle, à leur propos, qu'on trouve leur nom sous la forme du singulier *Meticas* (M'Téké) dans la carte de Dapper, qui juxtapose ce mot à celui de *Makoko*, titre héréditaire des souverains du pays. Les affinités ethniques, révélées par l'étude des collections rassemblées chez les Batékés par MM. de Chavannes, J. de Brazza, Pecile, Tholon, etc., nous reportent de préférence vers le Niger. A ne juger la question qu'au point de vue purement ethnographique, on se sent tout porté à croire que les Batékés se rattacheraient au groupe guinéen, tandis que les peuplades qui habitent en amont de Brazzaville la rive française du Congo et les berges de ses affluents, Alima, Sangha, Nkoudja, se rapprochent étonnamment par leurs manifestations industrielles de celles du centre de l'Afrique et même du bassin supérieur du Nil. M. Hamy cite, à l'appui de cette manière de voir, un certain nombre d'exemples empruntés aux collections formées dans le Nord-Est du Congo français par MM. de Chavannes, Dolisie et Tholon. Certaines particularités, comme l'usage de l'oreiller de bois, sembleraient même indiquer que parmi les immigrants Lobangui, qui sont d'origine toute récente dans le bassin de la Nkoundja, il y aurait de véritables Ethiopiens. Cette intervention d'un élément éthiopien est d'ailleurs fréquemment observée dans l'Afrique équatoriale, où une sorte d'aristocratie appartenant à cette race supérieure, domine les nègres et constitue chez eux une véritable féodalité.

En terminant sa communication, M. Hamy fait ressortir l'intérêt des recherches ethnographiques pour l'étude des relations des peuples et de leurs mouvements à la surface du sol. C'est par ce dernier côté que l'ethnographie se rattache surtout à la géographie. Ce sont quelques-uns de ces faits bien frappants, bien démonstratifs, observés par lui dans les collections de la mission de l'Ouest africain, qui l'ont surtout engagé à accepter la proposition qui lui était faite par le bureau de la Société de venir entretenir ses collègues de l'exposition du Jardin des Plantes.

« C'était aussi, ajoute l'orateur, dans le but de contribuer, si peu que ce fût, à attirer l'attention du public scientifique sur un grand pays, aujourd'hui français et qui mérite l'intérêt le plus réel. C'était enfin pour avoir l'occasion de rendre justice une fois de plus à M. Pierre Savorgnan de Brazza et à l'état-major qui l'environne. Les explorateurs et les administrateurs de l'Ouest africain ont prouvé que la science pouvait compter sur eux; ils ont rassemblé sur une vaste contrée, hier encore presque inconnue, les documents les plus nombreux et les plus remarquables : ils peuvent compter sur nos efforts pour utiliser ce magnifique ensemble au mieux des intérêts de la science et de la patrie. »

FIN

TABLE DES MATIÈRES

I

EXPLORATIONS FAITES DE 1875 A 1878

PREMIÈRE PARTIE

CONFÉRENCE

CHAPITRE PREMIER

En croisière sur les côtes d'Afrique. — A bord de *La Vénus*. — Projets d'exploration. — Voyage de MM. de Compiègne et Marche. — Le secret l'Ogôoué — A l'intérieur du continent mystérieux. — Insuccès des expéditions étrangères. — Ma lettre au ministre. — Plan du voyage. — Organisation de l'expédition. — Missions diverses...................... 1

CHAPITRE II

Départ de Bordeaux (4 avril 1875). — Au Sénégal, puis au Gabon. — Dans l'Ogôoué. — Lambaréné, point extrême des établissements européens. — Cupidité des indigènes. — Des pirogues et des porteurs. — Difficultés avec les Okota. — Le D' Ballay malade. — La fièvre (1876).

— Chez les Apingis. — Naufrage dans les châlis. — Pillés. — Les Okanda. — Lopé quartier général. — Négociations. — Les malades évacués sur le Gabon. — Excursion chez les Fans cannibales, avec trois hommes. — Voyage très pénible. Souffrances et privations. — Loyauté de Zaburet. — Le D' Lenz. — Arrivée de MM. Ballay et Marche au pays des Sébés. — Très malade. — M. Marche à la rivière Lékélé. — 1877. Retenu à Lopé. — M. Marche malade rentre en Europe............ 16

CHAPITRE III

Seconde partie du voyage. — Dans l'inconnu. Où vais-je? — Infructueux palabre avec les Adouma. — Un grand féticheur soudoyé : opportune malédiction du Bas-Fleuve. — La petite vérole. — « Les caisses de maladie ». — Ballay grand féticheur. — Départ de chez les Adouma. — Les bonnes caisses. — Naufrages successifs. — Je perds mes instruments. — Nouveau quartier général aux chutes Poubara (confluent de l'Ogôoué) résolu. — Le pavillon français connu et respecté dans l'intérieur de l'Afrique. — L'Afrique inconnue. — Le secret de l'Est. — Plus de porteurs... 23

CHAPITRE IV

Difficultés inouïes pour les porteurs. — Emploi des esclaves futurs affranchis. — L'odieux esclavage. — Au pays des Batékés. — Le domaine du lion. — Sans chaussures. — Nous marcherons pieds nus! — En danger. — Nos Batékés révoltés. — Hostilité croissante. — Dispositions suprêmes. — Une Sainte-Barbe. — Prêts à sauter. — Fétiche! — Sauvés. — L'Alima. — Le sel du Soudan. — Vais-je au Ouaday?.......... 30

CHAPITRE V

Dénués de tout. — Faut-il retourner en arrière? — Je tiens conseil. — Unanimes — En avant vers l'inconnu! — Renseignements précieux. — Le peuple Apfourou. — Premiers campements. — Effroi de ce peuple. — Les Apfourou apprivoisés. — Achat de pirogues. — L'industrieux quartier-maître Hamon. — Sur le fleuve. — La guerre! — Coups de fusil. — Blobués dans la passe. — Branle-bas de combat. 86

CHAPITRE VI

Bataille gagnée. — Courage des Apfourou. — Insuffisance des munitions. — Résolution suprême. — En retraite. — Regrets. — Les collections sacrifiées. — Pénible retraite. — Personne ne faiblit. — Retour au pays des Batékés. — La soif. — Rationnement. — Hors du bassin de l'Alima. — En éclaireurs. — Division de la colonne. — Les Anghiés. — Le pays mystérieux de La Licona. — Peuples aquatiques..................... 45

CHAPITRE VII

Jambes enflées. Je ne puis plus marcher. — L'oiseau de la saison des pluies. — Triste retour sur l'Ogôoué. — Encore le sel. — Le problème africain est résolu. — Importance de l'Alima. — Le bassin de l'Ogôoué relié à celui du Congo. — Importance pour la France. — Pauvres porteurs. — L'esclavage. — Rapide descente de l'Ogôoué. — Voie des Okanda. — Envoi de la Société de Géographie et du roi des Belges. — Enfin ! La police française. — Témoignages de reconnaissance. — L'œuvre est à peine commencée... 51

DEUXIÈME PARTIE

LETTRES

I. — 2 Novembre 1875. — *Au Gabon, A bord du* MARABOUT............ 59
II. — 13 novembre 1875. — *Ilimba-Reni*............................ 61
III. — 24 décembre 1875. — *Ilimba-Reni*............................ 63
IV. — 10 janvier 1876. — *Ilimba-Reni*............................. 69
V. — 6 avril 1876. — *Lopé*.. 76
VI. — 22 avril 1876. — *Lopé*...................................... 81
VII. — 23 novembre 1876. — *Lopé*.................................. 86
VIII. — 20 avril 1877. — *Dumé, Rebagni, Adouma*................... 111
IX. — 17 juin 1877.. 127
X. — 3 juillet 1877. — *Dumé*..................................... 129

II

EXPLORATIONS FAITES DE 1879 A 1882

PREMIÈRE PARTIE

CONFÉRENCE

CHAPITRE PREMIER

Résultats incomplets du premier voyage. — Appui dans le monde savant. — Les découvertes de Stanley — Ses coûteux projets. — Note au Ministre de la Marine. — Je pars seul.................................... 137

CHAPITRE II

Organisation de ma caravane au Gabon. — MM. Noguez et Michaud. — Au confluent de la Passa et de l'Ogôoué. — Achat d'un village. — Fondation de Franceville (juin 1880). — *Le morceau d'étoffe*. — La femme au Congo. — Privilège du grand chef blanc.................................... 143

CHAPITRE III

A la rencontre de Ballay. — En route pour le Congo avec le sergent Malamine. — Jugé par M. Stanley. — Au-devant des Apfourou. — Changement de paysage. — Au feu les fourches d'esclavage! — Abolition de ce trafic. — Les Aboma. — Le roi Makoko. — Message de paix. — Pour la France! — Le fleuve. — Patriotique émotion.................................... 146

CHAPITRE IV

Encore les Apfourou. — « Cartouche ou pavillon. » Le Batéké Ossiah. — Dans les États de Makoko. — Audience solennelle. — Cordialité de l'accueil. — Dynastie de Makoko. — Bonté des noirs. — Echange de la terre et de drapeau. — Le pavillon français symbole d'amitié et de protection... 155

CHAPITRE V

Une flotte africaine. — Imposant palabre à Nganchouno. — Dignité des chefs Oubandji. — L'îlot fatal. — La guerre enterrée. — Distribution de pavillons. — Une flotte française. — Sur le Congo. N'couma (Stanley-Pool). — N'tamo (Brazzaville). — Malamine et trois hommes restent à N'tamo. — En route vers l'Ouest. — Volés en musique. — Solo de fusils. — Mines de cuivre. — Traces de blancs. — Rencontre de Stanley. — Deux explorateurs.. 165

CHAPITRE VI

L'ennemi c'est l'esclavage! — Au Gabon. — Suis-je oublié? — En route pour Franceville. — Mon propre chirurgien. — Potager, basse-cour et bétail. — Comme à Montmorency! — Route vers l'Alima. — Grosses difficultés — Un conseil noir des ponts et chaussées. — M. Mizon à Franceville. — Ballay n'est pas arrivé.................................... 175

CHAPITRE VII

Malamine ravitaillé. — Les sources de l'Ogôoué. — Riche vallée du Quillou-Niari. — Coups de fusils. — Six blessés. — En retraite sous la pluie. — Les Bassoundis. — Arrivée à Banana (17 avril 1882). — Résultats politiques, géographiques et humanitaires du second voyage — à rendre définitifs... 181

DEUXIÈME PARTIE

LETTRES

Le 4 mars 1881. — Haut-Ogôoué en partie au pays des Okanda et partant pour Adouma... 189
   Choix des stations.. 191
   Communication entre Franceville et l'Atlantique......................... 191
   *Communication entre la station de Franceville et N'tamo (Brazza-
    ville)*.. 192
   Chemin de la station de Franceville à la station du Congo............... 193
   Travaux à exécuter.. 194
   Avantages humanitaires déjà acquis par l'expédition..................... 195
   Entreprise de Stanley... 196
   Parallèle entre les deux routes du Congo et de l'Ogôoué................. 198

III

EXPLORATIONS FAITES DE 1883 A 1886

PREMIÈRE PARTIE

CONFÉRENCE

CHAPITRE PREMIER

Résultats du second voyage. — Encouragements. — Réception solennelle du conseil municipal de Paris. — Le traité ratifié par le Parlement. — Les crédits votés. — Nommé lieutenant de vaisseau et commissaire général de la République dans l'Ouest africain. — Composition de la mission.. 207

CHAPITRE II

Départ de l'avant-garde avec M. de Lastours. Malamine à Dakar. — Difficultés du Gabon pour le débarquement des marchandises. — Sur l'Ogôoué. — Les établissements du fleuve. — M. le lieutenant de vaisseau Cordier commandant le *Stagittaire*. — Son habileté politique. — Traité du Loango. MM. Dolisie et Manchon sur la côte............................ 211

CHAPITRE III

A Lambaréné. — Ballay sur l'Alima. — Le canot à vapeur est monté. — N'Djolé, Ashouka, Madiville fondées. — Départ pour l'Europe de M. de Rhins. — A Franceville. — Le D' Ballay chez les Apfourou. — Le portage de l'Ogôoué au Congo, organisé par M. de Chavannes. — Heureuse issue de négociations. — Je rejoins Ballay. — Les Apfourou le conduisent au Congo.. 219

CHAPITRE IV

Nouvelles stations créées. — Le *Ballay*. — Triste mort de Flicotteau. — Sans nouvelles de la côte. — En vapeur sur l'Alima. — Nouvelles du Gabon. — Arrivée de M. Dufourcq. — Dans le Congo. — A N'Gantchou. — Salué par une ambassade. — Audience solennelle. — Remise du traité. — Arrivée à Brazzaville. — Fidélité et déférence des indigènes. — Mauvais vouloir des agents de Stanley. — Palabre solennel. — Les droits de la France établis................................. 226

CHAPITRE V

Monsieur de Chavannes reste à Brazzaville. — Son habileté. — Ses notes. — La chasse. Cent-un éléphants en trois jours. — Retour à Franceville par terre. — En vapeur sur le Haut-Congo. — Rencontre de M. Dolisie, venu par le Niari. — Je l'envoie vers l'Est. — Retenu à la côte (décembre 1884).. 235

CHAPITRE VI

Rive de l'Ogôoué. — La canonnière hors de service. — M. Dolisie découvre le Mossaka et le Shanga. — Nombreux traités. — Mort de M. de Lastours. — MM. J. de Brazza et Pécile vers le Benné. — Convention de Berlin. — Préparatifs hostiles. — Ordre de rentrer en France. — Arrivée à Libreville (octobre 1885)... 243

CHAPITRE VII

Conclusion. — Travaux de tous genres accomplis : astronomiques, géographiques et hydrographiques. — Résultats économiques importants. — Conquêtes pacifiques des populations. — Nos possessions territoriales agrandies. — Les désidérata... 255

DEUXIÈME PARTIE

LETTRES

I. — 9 février 1883. — *Libreville, Gabon*............................ 269
II. — 23 février 1883. — *Libreville, Gabon*.......................... 271
III. — 4 mars 1883. — *Lambaréné*.................................... 275
IV. — 26 mars 1883. — *Village de Bundana*.......................... 277
V. — 14 avril 1883. — *De Dumé*...................................... 280
VI. — 3 mai 1883. — *Lambaréné*..................................... 282
VII. — 5 juillet 1883. — Poste de l'Alima ou plutôt de Kenkuna, dans l'angle formé par le Diélé et le Gambo, qui, réunis, forment l'Alima.. 284
VIII. — 3 août 1883. — *Franceville*................................. 301
IX. — 21 décembre 1883. — *De l'Alima (bouches du Lékété)*......... 308
X. — 26 décembre 1883. — *Des bords de l'Alima*.................... 312
XI. — 30 décembre 1883. — Poste de Lékété sur l'Alima, rive gauche, un peu plus près de l'embouchure de Lékété..................... 320
XII. — 19 février 1884. — *Gancin*................................... 325
XIII. — 7 mars 1884. — *Bords de l'Alima à 3 jours du Congo*...... 331
XIV. — 26 avril 1884. — *Gancin*..................................... 332
XV. — 8 mars 1884.. 336
XVI. — 9 mars 1884.. 340

XVII.	— 13 mars 1884..	342
XVIII.	— 9 mai 1884. — Gancin.............................	343
XIX.	— 18 mai 1884. — Gancin............................	346
XX.	— 19 mai 1884.......................................	349
XXI.	— 26 mai 18884. — Gancin...........................	350
XXII.	— 27 mai 1884......................................	351
XXIII	— 8 août 1884. — Brazzaville......................	356
XXIV.	— 13 août 184. — Saint-Joseph de Linodo...........	360
XXV.	— 30 août 1884. — Brazzaville.....................	367
XXVI.	— 22 septembre 1884...............................	368
XXVII.	— 25 septembre 1884. — Brazzaville...............	371
XXVIII.	— 22 octobre 1884. — Brazzaville...............	376
XXIX.	— 22 octobre 1884. — Brazzaville.................	382
XXX.	— 22 octobre 1884.................................	384
XXXI.	— 18 décembre 1884. — Village de Mongo, rive droite du Congo, à deux jours de pirogue des bouches de l'Alima............	389
XXXII.	— 22 octobre 1884. — Station de Diélé............	386
XXXIII.	— 24 mai 1885. — Madiville (Adouma)............	391

NOTES ET DOCUMENTS

PREMIÈRE PARTIE

NOTES ET DOCUMENTS RELATIFS AU PREMIER VOYAGE

I.	— En reconnaissance chez les Ossyeba................	399
II.	— Le pays des Batékés..............................	404
III.	— Le peuple Apfourou-Oubangui.....................	407

DEUXIÈME PARTIE

NOTES ET DOCUMENTS RELATIFS AU DEUXIÈME VOYAGE

I.	— Extrait de la note au ministre de la marine (1879)............	413
II.	— Nomination du sergent Malamine...........................	416

III. — Lettre du R. P. Augouard... 417
IV. — Lettre de M. F. F. Comber... 422
V. — Rapport politique au ministre de la marine sur le deuxième voyage.. 427
VI. — Loi approuvant le traité passé avec le roi Makoko............ 444

TROISIÈME PARTIE

NOTE RELATIVE AU TROISIÈME VOYAGE

I. — A propos des collections recueillies par la mission de l'Ouest africain... 445

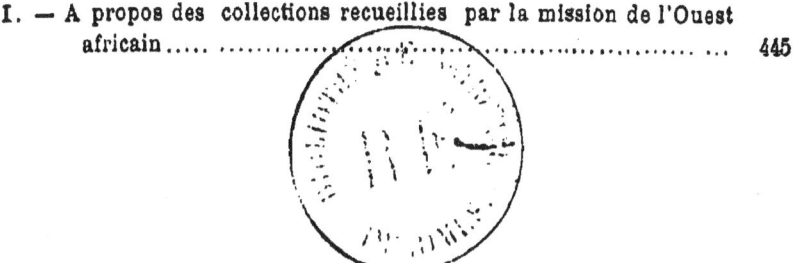

FIN DE LA TABLE DES MATIÈRES

TABLE DES GRAVURES

TABLE DES GRAVURES

Paul du Chaillu..	3
Carte du bassin du Congo, dressée en 1877 d'après les itinéraires de Stanley et de Cameron...	5
Le marquis de Compiègne..	7
Un rapide de l'Ogôoué...	9
M. Alfred Marche..	13
Le docteur Lenz...	17
Types de Bakalais (d'après une photographie de 1876)...................	25
Une cataracte de la rivière Passa.......................................	33
Campement au nord de l'Ogôoué..	40
Un instant de faiblesse eût tout perdu.................................	41
Vieux chez Apfourou..	49
Village indigène (d'après une photographie de 1873)....................	53
Un hippopotame renversa l'embarcation de Ballay........................	55
Je conduisis à la nage ma pirogue......................................	68
Groupe de porteurs indigènes...	73
Mais une balle de mon revolver arrêta les pillards.....................	78
Femme et enfant Ossyeba ou Pahouine....................................	83
C'était un troupeau de quatre bœufs sauvages...........................	89
Jeune féticheur galois...	100
M'bouri fétiche..	101
Petite pirogue sur l'Ogôoué..	105
Une grande pirogue des rapides...	107
Le docteur Ballay..	119
Pagayeurs Pahouins...	121

« Landa » la pirogue amirale	142
Les Gabonais, anciens esclaves, brûlent les fourches d'esclavage	149
Marche sur le plateau des Achicouya	147
Vue du Congo à N'gantchou, embouchure de l'Alima	151
Le grand féticheur de Makoko souhaitant la bienvenue	153
Le roi Makoko	158
Réception solennelle chez le roi Makoko	163
Chaque jour Makoko fait hisser le pavillon devant sa case	168
... Et d'abord on enterra « la guerre »	169
Je pris mon couteau et je taillai	176
Aspect général de Franceville en 1882	177
En vain j'arrachai à un de mes Sénagalais le fusil	185
La station de Franceville	192
Vérandah de la salle à manger à Franceville	193
Anciens esclaves émancipés (Franceville)	197
La case du voyageur à Franceville	198
Une factorerie de Libreville	201
Le *Stagittaire*	213
Le sergent Malamine	217
M. Joseph Michaud	222
Ce premier vapeur français sur le Congo je l'appelai *le Ballay*	227
Makoko me reçut avec une pompe peu usitée et des démonstrations de joie	233
M'pohontaba premier vassal de Makoko	236
Un poste de l'Alima	240
Prenant les mains de tous il les mettait dans les miennes	241
M. Rigail de Lastours	249
M. Decazes	252
M. de Chavannes	253
P. S. de Brazza	265
Le poste de Lambaréné	273
De temps en temps il touchait mon papier	285
Une halte de porteurs Batékés	289
Insectes que mangent les Batékés	291
Larves de papillon que mangent les Batékés	291
Chaloupe du docteur Ballay avant son lancement	292
Jacques de Brazza	297
Engagement de porteurs Batékés	305
Hadjou	310
Nids de termites ou fourmis blanches	313
Un troupeau de bœufs sauvages attaqués par des lions	321
Poste de Léké sur l'Alima	327
Marécage aux bouches de l'Alima	327
Grandes cases de Makoko	329
Cela me donne l'air d'un échappé de mascarade	338

TABLE DES GRAVURES

Toutes les femmes du village veulent voir le frère du grand commandant...	344
Village de Galois à Franceville...	349
Case des Galois près de Franceville...	350
Factorerie de M. Bruno Stein sur l'Ogôoué...	358
Makoko revêtu de son collier...	363
Le catafalque était comme une tour formée d'étoffes...	364
Navigation à voile sur l'Alima...	369
La case de Jacques de Brazza et de Attilio Pécile...	372
Grande pirogue de M. F. Samba sur le haut Ogôoué...	377
Le Stanley-Pool, vue Léopoldville...	382
Bananiers et palmiers...	393
Escorte et indigènes ramenés de l'intérieur...	401
Caravane de marchands pahouins...	409

FIN DE LA TABLE DES GRAVURES

ASNIÈRES. — IMPRIMERIE LOUIS BOYER ET Cⁱᵉ.

www.ingramcontent.com/pod-product-compliance
Lightning Source LLC
Chambersburg PA
CBHW070200240426
43671CB00007B/497